金剛經宗通

——第五輯

——平實導師 述

ISBN:978-986-6431-48-7

執著離念靈知心爲實相心而不肯捨棄者，即是畏懼解脫境界者，即是畏懼無我境界者，即是凡夫之人。謂離念靈知心正是意識心故，若離**俱有依**（意根、法塵、五色根），即不能現起故；若離**因緣**（如來藏所執持之覺知心種子），即不能現起故；復於眠熟位、滅盡定位、無想定位（含無想天中）、正死位、悶絕位等五位中，必定斷滅故。夜夜眠熟斷滅已，必須依於**因緣**、**俱有依緣**等法，方能再於次晨重新現起故；夜夜斷滅後，已無離念靈知心存在，成爲無法，無法則不能再自己現起故；由是故言**離念靈知心是緣起法**、**是生滅法**。不能現觀離念靈知心是緣起法者，即是未斷我見之凡夫；不願斷除**離念靈知心常住不壞之見解**者，即是恐懼解脫無我境界者，當知即是凡夫。

——**平實導師**——

一切誤計**意識心為常**者，皆是佛門中之常見外道，皆是凡夫之屬。意識心境界，依層次高低，可略分為十：一、處於欲界中，常與五欲相觸之離念靈知；二、未到初禪地之未到地定中，暗無覺知而不與欲界五塵相觸之離念靈知，常處於不明白一切境界之暗昧狀態中之離念靈知；三、住於初禪等至定境中，不與香塵、味塵相觸之離念靈知；四、住於二禪等至定境中，不與五塵相觸之離念靈知；五、住於三禪等至定境中，不與五塵相觸之離念靈知；六、住於四禪等至定境中，不與五塵相觸之離念靈知；七、住於空無邊處等至定境中，不與五塵相觸之離念靈知；八、住於識無邊處等至定境中，不與五塵相觸之離念靈知；九、住於無所有處等至定境中，不與五塵相觸之離念靈知；十、住於非想非非想處等至定境中，不與五塵相觸之離念靈知。如是十種境界相中之覺知心，皆是意識心，計此為常者，皆屬常見外道所知所見，名為佛門中之常見外道，不因身現出家相、在家相而有不同。

——平實導師——

如聖教所言，成佛之道以親證阿賴耶識心體（如來藏）為因，《華嚴經》亦說**證得阿賴耶識者獲得本覺智**，則可證實：證得阿賴耶識者方是大乘宗門之開悟者，方是大乘佛菩提之眞見道者。經中、論中又說：證得阿賴耶識而轉依**識上所顯真實性**、**如如性**，能安忍而不退失者即是**證真如**、即是大乘賢聖，在二乘法解脫道中至少為初果聖人。由此聖教，當知親證阿賴耶識而確認不疑時即是開悟眞見道也；除此以外，別無大乘宗門之眞見道。若別以他法作為大乘見道者，或堅執**離念靈知**亦是實相心者（堅持意識覺知心離念時亦可作為明心見道者），則成為實相般若之見道內涵有多種，則成為實相有多種，則違實相絕待之聖教也！故知宗門之悟唯有一種：親證第八識如來藏而轉依如來藏所顯眞如性，除此別無悟處。此理正眞，放諸往世、後世亦皆準，無人能否定之，則堅持離念靈知意識心是眞心者，其言誠屬妄語也。

——平實導師——

目次

第二輯：

第三輯：

第四輯：

第五輯：

第六輯：

第七輯：

第八輯：

第九輯：

自　序

《金剛經》原名爲《金剛般若波羅蜜經》，意爲證得金剛不壞心而產生了實相智慧，由此智慧而到達無生無死彼岸底經典。本經是中國大乘佛法地區佛教徒中，家喻戶曉之大乘經典，在家居士及出家諸僧，多有人以本經作爲日課而持誦不斷者。本經是將大品般若及小品般若的實相教理，濃縮成爲一部文字較少而簡要的般若經典；若再將此經加以濃縮，則成爲二百餘字的極精簡經典，即是大眾耳熟能詳的《心經》，如是亦可證知本經所說的內涵是金剛心，並非解說一切法空。以此金剛心如來藏的實證，能使人看見本來就無生無死的解脫彼岸，由此實證而發起本來自性清淨涅槃的智慧。有了這個無生無死的本來自性清淨涅槃的現觀，知道阿羅漢們捨壽入了無餘涅槃中的境界以後，再現觀此時猶未捨壽之際，自己與眾生的金剛心如來藏，依舊不改其本來自性清淨涅槃的境界，那麼死後入無餘涅槃或不入無餘涅槃，就無所差別了。菩薩因爲如是實證、如是現觀，因此發起大悲心，願意盡未來際不入無餘涅槃，願意盡未來際利樂眾生永無窮盡，不辭勞苦。

然而《金剛經》之宗義，漸至末法時期，由於六識論的凡夫臆想中觀流行於世，同將本經解釋爲一切法空之說，致使本經中所說的第八識金剛心密意全面失傳；縱使有善知識繼出於人間，欲將本經之眞實義廣爲弘傳，亦屬難以達成之目標。由是緣故，必須先將禪宗之開悟實證法門推廣，眾皆信有開悟之事，亦信自身可能有緣開悟，然後教以禪宗之開悟即是親證第八識如來藏妙心之眞義，最後方得以本經之宗義如實闡揚，令大眾周知本經中所說「此經」者，實即第八識金剛心如來藏。然後依金剛心如來藏之清淨自性、離世間相自性、離出世間相自性、離三界六道自性……等，一一鋪陳敷演，得令已證金剛心之大眾隨聞入觀，一一現前證實 佛之所說誠屬眞實語；亦令未證金剛心之大眾歡喜信受，願意盡形壽求證之，以期得入大乘見道位中，眞成實義菩薩。以是緣故，應當講授本經，如實顯示本經之眞實義。

又，《金剛經》屬於破相顯宗之經典，是故講解本經時，除了顯宗以外，亦應同時摧破各種邪見相，令今世後世一切眞正學佛之人，讀後快速遠離各種外道常見、斷見相，亦得同時遠離各種佛門凡夫相。以是緣故，講解本經時，必須於顯示大乘自宗勝法時，同時破斥各種外道相及凡夫相，方能使聞此經典眞實義者同獲大利；由此顯宗同時破相之故，永離無因唯緣論的緣起性空、一切法空邪見，則此一世實證大乘般若實智即有可能。

又，若能如實理解本經中之眞實義，則能深入證實「宗、教不離」之正理，由是得以藉教驗宗、藉宗通教，漸次成就宗通與說通之自利利他功德，非唯自通得以自利而已。從此以後即能爲人解說宗門與教門非一非異之理，則人間有緣眾生即得大利，不久即得因如是善知識之弘化而得實證大乘般若，是故應當講授本經，並應於顯宗之際同時破相，令末法時代佛門四眾同得法利。

又因本經所說皆是直指金剛心之本來涅槃境界，然而未證金剛心之凡夫位菩薩，雖讀而不能現觀金剛心之本來解脫境界，於是不免臆想分別而產生偏差，終究無法如實理解本經中的 世尊意旨。爲救此弊，乃出之以宗通之方式而爲大眾講授，是故名之爲《金剛經宗通》；即以各段經文中與中國禪宗互有關聯之公案等，附於每一段經文解說之後說之，藉以引生讀者未來見道而實證《金剛經》宗義之因緣，是故即以宗通方式而作講授。復次，以《金剛經宗通》爲名而講授本經者，亦因鑑於明朝曾鳳儀居士所講《金剛經宗通》並不符實，顯違佛門宗通之智慧，後人讀之難免為其所誤，以是緣故，亦應於經文中與其有關之處加以拈提，條分縷析而令佛門四眾了知其錯謬所在，不復以其錯謬之宗通註解作為依止，後日參究眞如本心時，庶能遠離偏斜，則親證本經宗旨即有可能，是故即採宗通方式講授之。今者《金剛經宗通》之錄音已整理成文字，並已略加潤色，刪除口語中重複之贅言，總共達到一百三十餘萬言；今已將之編輯成書，總有九冊，仍以成本價流通之，以利當代學人；即以如是感言及緣起之說明，以為序言。

佛子 **平實** 謹序

公元二〇一一年初冬 於竹桂山居

《金剛般若波羅蜜經》

〈究竟無我分〉第十七（上承第四輯〈究竟無我分〉未完內容）

接著我們再來講一段「理說」，這是針對悟後的人說的。悟了以後不許住於佛見、法見之中，應該要轉依於眞如法性，無所得、無四相，如是而住。眞如，禪宗祖師常常說眞如就是第八識如來藏，那是一個方便說，其實眞如只是第八識所顯示出來的眞實性與如如性；因爲第八識是眞實可證的，祂是眞實法，祂能生萬法，所以祂是眞實；世間、出世間、世出世間法，都由祂而生、由祂而顯，所以祂是萬法的根源，當然眞實；又因爲祂在一切萬法之中運作時，從來不動心，永遠如如不動；因此，禪宗祖師就由這個緣故，而說如來藏就是眞如。可是，如來藏這個眞實如如的法性，證得如來藏以後，卻不是用來炫耀的；可別證得如來藏以後，遇到會外那些人時就炫耀說：開悟的聖者說如何如何。那就表示沒有轉依成功，轉依成功的人不會這樣講話。因爲轉依如來藏以後，無我、無人、無眾生，也沒有壽者相，怎能夠再開口說「開悟的聖者」怎麼樣又怎麼樣。

以前惟覺老和尚有一次開示說：「聖人說法是不說謊的，聖人說法是不打誑語的。」大意是如此。哪一天遇到了，我就會問他：「聖在何處？」他如果要開口講，我就劈面給他五爪金龍。「你爲什麼打我？」我說：「因爲你不知道聖在何處，你正要開口時就已經錯了。」「雖然是如此，你又何必打我？」我說：「我打你，是在告訴你：聖在何處。不打怎麼行？」等到他有一天證得如來藏了，他才會懂得說：「原來所謂之聖，無聖可說。」到那時，才知道我打他的時候，是多麼慈悲爲他，那時才是我在書裡公開印證他開悟的時候。所以找到如來藏以後，現觀祂能生萬法，現前觀察到祂是萬法的根源；可是祂生了萬法之後，與萬法並行運作當中，祂卻從來沒有佛見、法見，沒有眾生見；祂什麼都不見，無一切見，離一切見；所以在這個情況下，去轉依祂，自然就離開了四相，離開了有所得的境界相。別以爲這是我自己發明的創見，有文爲證：

《佛祖綱目》卷四十一記載：【古人云：「**佛見、法見，是二種鐵圍山。**」**若有所見，盡成其障。所以〈證道歌〉云：「心是根，法是塵，兩種猶如鏡上痕。痕垢盡除光始現，心法雙忘性即眞。」**】

種鐵圍山。』」被鐵圍山圍住了，還能出脫嗎？離不開生死了。也就是說：「**假使有所見，就全部成爲成佛之道過程中的障礙了。**」因爲有佛見、有法見、有身見，這都是五陰之事，菩薩不該有這兩種見，也不該有身見。所以克勤大師有一次開示說：「**講到『佛』這個字，就要漱口三天。**」所以老趙州說：「**佛之一字，吾不喜聞。**」他說誰要是講「佛」這個字，我聽到了，就很不喜歡。這就是說，不應該有佛見，因爲實際理地，無佛、無法、無人亦無僧。這就是找到如來藏以後，轉依如來藏的境界而住；從如來藏自住境界來看，沒有佛，沒有法，沒有僧，沒有眾生，沒有一切法，這才是涅槃的境界。而且這個大乘涅槃不禁制一切法，祂允許萬法叢生，所謂「萬象森羅許崢嶸」，諸法同時存在，不斷地各自都在顯現、都在演變，全都沒關係，實際理地之中仍然是涅槃。

《佛祖綱目》這麼開示：「有古人說：『**有佛之見，有法之見，這就是兩**

這就是說，如來藏的自身境界中本來就是涅槃，不是像外道五現涅槃一樣，要在欲界中修得；譬如密宗的雙身法樂空雙運而自稱是不生不滅、得涅槃，那還是要修而後得，其實是外道五現涅槃中的第一種外道涅槃。外道修得二禪、三禪、四禪，也是修得，當他們出定而離開禪定境界相時，可就不是涅槃了。這些涅槃其實不是真正的現前涅槃，其實都叫作妄想涅槃；但外道們並不知道，自稱現前證得涅槃，所以佛教中就說這五種是外道的五現見涅槃，不是眞正的涅槃。可是菩薩所證，現前眞的就是涅槃，因爲「此經」如來藏是眞實存在的，現前就可以親見祂的無生無死、不生不滅，就是涅槃。乃至菩薩有時候對眾生開示說：「你當下也是涅槃。」見到了螞蟻菩薩、蜈蚣菩薩，也說這螞蟻、蜈蚣菩薩現前境界也都是涅槃；因爲法界中本來如是，眞實涅槃不是像二乘人那樣修來的。即使是像二乘聖人那樣證得無餘涅槃，其實他們滅了十八界而入無餘涅槃時，也還是本來就不生不死的如來藏境界，而如來藏是本來就涅槃的。要這樣實證，才能離開法見。依金剛心如來藏自住境界來看，沒有佛，沒有法，沒有僧；所以如果有誰悟了說：「我是開悟菩薩，你是還沒有開悟底凡夫僧。」哪一天給我當面撞見了，我就當頭打他一棍；因爲他心中起了佛法僧見，起了菩薩見，起了聲聞僧見，就是還沒有轉依成功，枉費我度他開悟。所以說佛見與法見，就是兩個鐵圍山，如果有所見，成佛之道就不好修了。

因此，永嘉玄覺大師的〈證道歌〉裡面說：**心是根本，諸法是心所顯現的種種塵；可是心現前，法現前，這心與法兩個會相應，其實都是虛妄法，都只是如同鏡上的痕跡而已。**眞的就只是鏡上的影像而已，那個鏡子才是眞實法。誰要是眞的能把我見、我所煩惱給除掉了，痕垢盡除了，「**光始現**」——智慧之光才會現前。如果落在覺知心上面，落在六塵的境界上面，不管是有念靈知境界或者離念靈知的境界，或者離念靈知進而修到未到地定、初禪乃至非非想定的境界，都仍然是法塵境界。如果能夠了知這都是虛妄的，不再認定五陰中的某一個法是常住法，這個時候轉依於「此經」如來藏了，深般若底智慧光明才會現起。或者說，還沒有開悟的人，如果能先斷我見，死也不承認五蘊中的全部或局部是眞實法，他才有可能找到如來藏而生起深般若的智慧光。如果繼續落在意識心中，慧光是永遠不會現起的，所以說「**痕垢盡除光始現**」。永嘉大師接著又說：「**這時候轉依了如來藏，心法雙忘，剩**

下的自性心，就是眞實法。」可是，那一些當代大師們讀了永嘉大師這一句話，總是誤解而這樣開示說：「你就是要打坐，坐到忘了自己也忘了諸法，那時候你就是開悟了。」所以，就有靜坐求離念靈知境界的錯悟大師們的開示出現。理說講完了，再來看看宗門裡怎麼說：

《佛果圜悟禪師碧巖錄》卷三：【南泉云：「文殊、普賢，昨夜三更，起佛見、法見；各與二十棒，貶向二鐵圍山去也！」時趙州出衆云：「和尚棒，教誰喫？」泉云：「王老師有什麼過？」州禮拜。】

趙州從諗禪師是南泉普願禪師的徒弟，有一天南泉師父上堂開示說：「文殊菩薩與普賢菩薩，昨天半夜三更突然起了佛見與法見，我王老師給他們每一個人二十棒，把他們貶向二鐵圍山去了。」是眞的給他們二十棒了嗎？不是啦！這裡「文殊」講的是智慧恆生；「普賢」講的是六度萬行、十度萬行，不斷地利樂衆生。南泉的意思是說：智慧不斷的出現，那就是起了法見；不斷地利樂衆生是爲了成佛，這就是佛見；這兩個人都該給他二十棒，趕向二鐵圍山外去。趙州當然知道他的意思，但是他爲了大衆，於是特地站了出來請問說：「和尚！您這棒，要教誰吃？」因爲文殊不是 文殊，普賢不是 普賢，您要打誰呀？他知師父南泉禪師講的文殊並不是在講 文殊的色身，那麼南泉的棒是要打誰呢？普賢也一樣不是指 普賢的色身，那麼南泉的棒是要教誰吃？根本就沒有誰能吃棒。

「文殊」與「普賢」，套一句陳履安講的：「我會以眞心為大家作事。」當初陳履安出來競選總統的時候，他印出了一本書，裡面就這樣寫著：我當選了以後，會以眞心為大家作事。有好多人說：「他那個境界應該是在講開悟了吧？」我說：「還不是開悟。」他當時自認爲開悟了，但他說的眞心是哪個心？是離念靈知，所以他要用離念靈知眞誠地爲大家作事，他講的「眞心」二字應該是這個意思，不是一般人講的：眞心誠意爲大家作事。他那本書我們還有收存吧？應該有啦！可是他這個眞心是眞心嗎？那只能叫作凡夫所知的眞心，不是證悟者所知所見的眞心。文殊、普賢既然是以如來藏爲眞實我，所以趙州從諗就當場請問南泉和尚：「您南泉禪師打他們二十棒的時候，您的棒到底是給誰吃？」就算 文殊、普賢眞的現前，讓你各打了二十棒，你打著了沒有？就算他們身體眞的各挨二十棒，他們實際上還是沒有吃棒。所以趙州就出來質疑：「和尚，您的棒子到底是要教誰吃？」眞的沒有人吃棒呀！南泉卻反問說：「我王老師有什麼過失？」對呀！因為不管他怎麼講，他都沒有過失；因為他的用意是在講那個弦外之音，不是眞的在講文殊、普賢各挨二十棒，那麼趙州當然得要回應；可是他又要怎麼顯示王老師眞的沒有過失呢？（南泉俗姓王，人們尊稱他為王老師，後來他如此自稱。）為了要顯示王老師沒有過失，於是趙州就跟他禮拜了。然而趙州如此禮拜，究竟是何處顯示南泉無過失呢？

這如果是一般淺學者，可能看了這件公案就說：「南泉與趙州師徒二人，活脫脫是兩個精神病患者！」所以他們淺學者都不講禪宗公案，他們自稱開悟以後也從來都不用公案印證的。這「老師」兩個字，在古時候叢林裡可不許隨便用呵！古時在政治上也不能隨便用這二字的。什麼人可以稱為老師？在政治上只有太子太傅可以稱為老師：他是太子的老師。禪門裡面誰可以稱為老師？也許有人說：「開悟了以後就能用。」我說：「不行。」古時許多開悟的禪師都不敢自稱老師的，自古以來在禪門裡面被稱為老師的人不多，你們從一千七百則公案中，可以找看看有多少人被稱為老師？很少很少的。然而南泉普願竟然自稱老師，這表示當代禪師都公認他是個大悟徹底的人。現在回過頭來，南泉反問徒弟趙州禪師說：「我王老師有什麼過失？」趙州爲什麼竟禮拜他？「很簡單嘛！因爲禮拜了師父南泉，南泉很高興就不會打他。」不過這是野狐說的，不是咱家說的。想要知道趙州禮拜南泉是什麼意思嗎？當然，趙州的意思就是要顯示說：不在佛見中，不在法見中。然而問題是，要如何才能眞的瞭解，如何是不起佛見、不起法見？何妨把這個公案擺在那邊端詳看看：如何不起佛見、不起法見？這好像是在辦禪三。怎麼樣可以不會被貶向二鐵圍山？——禮佛三拜，不許開口。

【「須菩提！於意云何？如來於然燈佛所，有法得阿耨多羅三藐三菩提不？」「不也！世尊！如我解佛所說義，佛於然燈佛所，無有法得阿耨多羅三藐三菩提。」佛言：「如是！如是！須菩提！實無有法，如來得阿耨多羅三藐三菩提。須菩提！若有法，如來得阿耨多羅三藐三菩提者，然燈佛則不與我受記：『汝於來世當得作佛，號釋迦牟尼。』以實無有法，得阿耨多羅三藐三菩提，是故然燈佛與我受記，作是言：『汝於來世當得作佛，號釋迦牟尼。』何以故？如來者即諸法如義。若有人言如來得阿耨多羅三藐三菩提，須菩提！

實無有法，佛得阿耨多羅三藐三菩提。」】

講記：「須菩提！你的意下如何呢？如來於然燈佛那邊是不是有得到一個法，而可以得到無上正等正覺呢？」須菩提答覆說：「不是這樣的！世尊！假如我眞的已經瞭解佛陀您所說的義理，如來在然燈佛那裡，並沒有得到一個法來證得無上正等正覺。」佛陀開示說：「正是這樣啊！正是這樣啊！須菩提！眞實，沒有一個法，如來得到無上正等正覺。須菩提！如果有一個法，如來因爲得到它而證得無上正等正覺，然燈佛就不會爲我受記說：『你於未來世將會作佛，佛號爲釋迦牟尼。』由於眞實、沒有法，得到無上正等正覺；以這個緣故，然燈佛爲我受記說：『你於未來世應當可以作佛，號爲釋迦牟尼。』爲什麼然燈佛這樣說呢？因爲如來的意思，就是諸法都如的道理。如果有人說如來得到無上正等正覺，須菩提啊！眞實、沒有法，佛得到無上正等正覺。」

從文字表面的意思讀來，其實無法眞正瞭解這段經文的意思。佛陀故意問說：「須菩提！你的意下如何？我釋迦如來在然燈佛那裡被受記成佛，我在那裡是不是有得到一個法，而能夠成就無上正等正覺呢？」須菩提已經明心了，當然知道不是這個道理，所以他就作了回答；不過回答的時候，他也不能班門弄斧，所以要很客氣地說：「不是這樣的！世尊！如果我能瞭解您所說的道理。」要這樣講，千萬不要說：「佛陀！我知道啦！您在講的就是如此、如此啦！」那就表示你不知道 佛在講什麼。因爲 佛陀說法常常有弦外之音，所以須菩提很客氣地說：「如果我能夠理解佛陀您所說的道理，那麼佛陀在然燈佛那裡，並沒有得到某一個法能證得無上正等正覺。」佛陀就讚歎他說：「就像是你所講的這樣子！須菩提！眞實而沒有法，如來得到無上正等正覺。如果是『有』的法，」不管它是欲界有、色界有或是無色界有，「如果是因爲『有』的法，而說得到無上正等正覺，然燈佛就不會對我受記說：『你將來是可以作佛，叫作釋迦牟尼佛。』因爲眞實、沒有三界有的法，才能得無上正等正覺。由於眞實、沒有三界有的法，所以然燈佛才會爲我受記說：『你於未來世將會作佛，號爲釋迦牟尼。』」

所以，不是否定了諸法以後來印證成佛的，而是「實、無有」的法。實，是一個眞實的法，但是這個眞實法不是三界有中的法，不屬於三界有等法所函蓋。正是因爲眞實、非三界有的法，才能證得無上正等正覺；因爲這個緣故，所以 然燈佛才會為 釋迦佛受記。因為已經成為如來的時候，當然知道如來是什麼，所以 佛就為須菩提說明：「如來就是『諸法如』底道理。」佛說眞實、沒有三界有，又是於諸法中如，這就是提出三個要點來說：第一、祂是眞實的；換句話說，不論你用什麼辦法，都不可能暫時把祂毀壞，都不可能把祂中斷一下子。眞實的意思又是講什麼？又是說祂不屬於三界有所函蓋的範圍。眞實的意思又是說，祂出生三界有；三界一切有情，任何一法都是從祂而生，所以祂有眞實的體性，這就是眞實。

第二、無有法。「無」就是沒有，「有法」是指三界有所含攝等諸法；換句話說，「無有法」這個法，並不屬於三界有。所以欲界的十八界等法、色界的五陰等法、無色界的四陰等法，都屬於三界有所攝的法；可是這個眞實法，沒有三界有的法。「無有法」，如果翻譯得白一點，就說是「沒有三界有等諸法」。請問：「三界有以外，能有什麼法存在？」就是如來藏；而三界有都是由如來藏所生，如來藏不攝在三界有中。這是兩個道理了：眞實，沒有三界有。

最後第三說，這個眞實、沒有三界有的法，於諸法中都如。這個眞實法，非三界有，卻於你的意根運作時，祂也如；於你的五根運作時，祂也如；於六塵中，祂也如；於六識中，祂也是如。假使現在被逼債，意識覺得眞是活不如死，痛苦得不得了，心裡說：「算了！自殺死了就不受苦了。」如來藏那時也還是如；當你想要自殺，祂也是如，祂都不會有意見。祂絕對不會告訴你說：「再考慮一下吧！好死不如賴活。」祂不會這麼跟你講，一點點反應都不會有；所以當你下決心要自殺時，祂也沒有意見，祂也是如。正在參禪，參得好辛苦，如喪考妣，這禪三期間四天三夜，眞不是人過的日子；你覺知心意識不如——離念靈知那時候很痛苦，老是參不出來；尤其是到了第四天早上，急得不得了，苦得不得了，又悶得不得了，心裡面起了一個念說：「以後不要來參加禪三了。」有好多人是這樣，可是當你不如的時候，祂也還是如。又如老闆逼你提出一個方案，有時逼急了連夜趕辦：「只剩下一個鐘頭，天快亮了，我現在都還沒有辦法弄好，明天要怎麼面對老闆？」這時你很不如，但祂照樣如。於諸法中，祂始終都如。

如果認定離念靈知是常住心，是眞如，結果有一天想到說：「我發願要行菩薩道，死後不能不入母胎；如果離念靈知是常住不壞的，那我這個離念靈知入母胎以後，在那九個月、十個月，都住在很侷促的空間裡，什麼都不能作，我要怎麼過？」想起來還眞的不如！確實是不如，可是如來藏住胎期間照樣如。只有「諸法如義」，才能眞的叫作如來。請問：「哪一個是諸法如？」你說：「就是如來。」請問：「是哪個如來？」「釋迦牟尼佛。」請問：「釋迦牟尼佛晚年背痛，到底色身如不如？」還是不如呀！可是祂還有一個如，所以祂沒有煩惱；所以這個如來講的是自心如來，不是講應身如來。現在 佛陀開示說：「如來者即諸法如義。」說如來就是於諸法中都如，這個道理才是在講眞實如來。這樣三個條件記住了呵！眞實，諸法如，並且說祂沒有三界有的法，祂不含攝在三界有裡面。有三個條件，這樣記住了，那麼想要求悟就有個方向了，就不會老是落在五蘊中了。

佛接著說：「如果有人說如來得到了無上正等正覺。須菩提啊！眞實、沒有三界法，佛因此得到無上正等正覺。」因爲確實是有 佛證得無上正等正覺，可是 佛是怎麼樣證得無上正等正覺？是由於眞實、沒有三界有等諸法，才能有 佛得到無上正等正覺。

這個實，彌勒菩薩解釋說：「於實爲了因，亦爲餘生因。」也就是說，在《金剛經》這一段經文中所說的這個「實」，祂是個了因；因爲你要圓滿成佛的過程，要完成佛果的功德，都靠這個「實」，這個「實」是了因。可是祂又不只是了因，祂同時也是其餘一切諸法的生因，因爲成佛時是靠這個眞實法—於諸法中如的這個眞實法—非三界有所攝的這個眞實法，來成佛；不是靠這一世的意識心來成佛，而是靠你自己本來就有的這個眞實法，名爲自心如來，亦名如來藏，亦名異熟識，佛地改名無垢識，現前當下叫作阿賴耶識，因此是了因；以這個眞實法—以這個不屬於三界有的法—來成佛，不是靠這個腦袋瓜，也不是靠意識心。離念靈知是無法使人成佛的，因爲這一世死後就斷滅了，是虛非實；入胎的時候永遠斷滅而不再現前，下一世的離念靈知、有念靈知，是靠下一世的五色根爲緣而生起的，已經是另一個意識了，不是這一世的同一個意識；所以離念靈知不能使人成佛，祂是三界有法。

而且，這個離念靈知不能於一切法中如，如果有人膽敢上門來說：「我這個離念靈知，是於一切法中如。」他還沒有講完，你就給他五爪金龍，看他還如不如？五爪金龍印到他的臉上，他就臉紅脖子粗了，雖然強忍著沒有跟你破口大罵，卻已經很生氣，氣得發抖了！如不如呢？根本不如呀！所以，如果有人膽敢上門來說：「離念靈知於一切法中如。」你儘管給他五爪金龍，他如果開口罵了，你回說：「你不是於一切法中如嗎？現在如不如？」他就不敢再罵了，所以沒事。他也不敢告你，因爲他告了你，就不如了，等於拆穿自己的謊言了。所以，自心如來是於一切法中如；但五陰不如，捨報了，眼看著畜生中陰現前了，知道自己要往生畜生道時，惶惶然恐怖怕懼，可就不如了，可是他的自心如來仍然是如。得要證得這個於一切法中都如的，才能叫作開悟，才能叫作懂得金剛般若。所以，成佛是靠這個自心如來，靠祂於一切法中如，靠彌勒菩薩講的「於實爲了因」；祂是圓滿成佛之道的正因，成佛是靠祂，不是靠意識，意識去不了未來世；所以說，這個實是了因。但這個實既是了因，也是其餘一切萬法的生因，所以說「亦爲餘生因」。亦，就是說祂同時爲其他諸法的生因；諸法由祂而生，祂自己時時刻刻都是涅槃，可是這個涅槃境界並不禁制諸法，可以繼續出生諸法，所以說「亦爲餘生因」。我們再來看看補充資料：

《宗鏡錄》卷二十二：【《淨名經》云：「若彌勒得阿耨多羅三藐三菩提者，一切眾生皆亦應得。所以者何？一切眾生即菩提相；若彌勒滅度者，一切眾生亦當滅度。所以者何？諸佛知一切眾生畢竟寂滅，即涅槃相，不復更滅。」故知，已成不更成，已滅不更滅。為未知者方便說成，方便說滅；若執方便，則失本宗。】

《淨名經》就是《維摩詰經》，我們已經講解過了；《優婆塞戒經》第八輯出版過後，就會出版《維摩詰經講記》（編案：共六輯，都已出版完畢）。永明延壽在《宗鏡錄》中說：「《淨名經》說：『如果彌勒得到無上正等正覺的話，一切眾生應該全部同樣得到無上正等正覺。為什麼呢？因為一切眾生本來就是菩提相，一切眾生本來就是覺悟相；如果彌勒將來會滅度的話，一切眾生也將會跟彌勒一樣同得滅度。為什麼這樣說呢？因為諸佛都知道一切眾生畢竟寂滅，諸佛都知道一切眾生本來就是涅槃相，所以不需要再滅了。』所以說滅度眾生以後，不需要再把眾生五陰滅除，因為眾生的自心如來本來就是滅度相。

也許你還沒有破參，你說：「哪有？我現在就是還沒有滅度，才要來正覺修學。」可是等你悟了以後，你說要滅度、要證涅槃，卻發覺說自己本來就是涅槃了，還要證什麼涅槃？我們以前也講過，阿羅漢入涅槃，其實沒有眞的入涅槃。話說回來，其實阿羅漢沒有入涅槃以前，就已經是涅槃了，只是他們自己不知道，因為他沒有證得「**諸法本母**」。《阿含經》講的「**諸法本母**」就是講本識，是能夠入胎出生名色的本識——眞實如來。阿羅漢入了涅槃，只是把自我斷滅了，五蘊自我不存在了；可是他們把自我斷滅而不存在以後，所顯示出來的涅槃，是誰的境界呢？已不是阿羅漢所住的境界，而是他們的自心如來本來就住的不生不死境界；所以還是他們的自心如來本來就已涅槃，本來就是不生不滅，不生不滅就叫作涅槃。而他們把自己滅了，他們的如來還是不生不滅，那麼他們滅盡五蘊自己而入無餘涅槃，豈不是多此一舉了嗎？

阿羅漢正是多此一舉，因為他們把自己滅了成為無餘涅槃以後，可是那個無餘涅槃還是他的如來藏——自心如來，是依他的如來藏不再入胎出生名色而說的。而他的如來藏本來就涅槃，他又何必滅掉自己？他就繼續保持著自己，繼續受生、繼續度別人成為阿羅漢，就是大乘通教菩薩，這不就結了！為什麼還要滅掉自己？結果滅了自己還是等於沒滅，依舊是原來的如來藏所住的涅槃，所以說阿羅漢愚癡。如今天下人敢罵阿羅漢愚癡的，大概就只有我們，再也沒有別人了，他們確實是愚癡。所以，永明延壽禪師援引《淨名經》維摩詰大士所說，諸佛都知道一切眾生本來就是涅槃相，因為眾生是依自心如來而有；可是自心如來從來是畢竟寂滅的，斷語言道。連六塵相都沒有，當然是寂滅；既然是這樣，那本來就是涅槃，何必還要更滅？不必滅除十八界自己，就已經是涅槃了。

所以永明延壽禪師說，由於這個緣故就可以知道，已經成的不必更成；因為如來藏的涅槃是本來已經成就，何必再一次地成就祂的涅槃？已滅的也不必更滅，因為如來藏本來就沒有一切煩惱，祂本來就已滅一切煩惱，何必要再滅？所以，成與滅，都是為了那些還沒有了知的人、還沒有親證的人而方便說應當要滅；也是為那一些還沒有滅的人，方便說應當要滅，也方便說阿羅漢已經滅。可是如果把方便的成、方便的滅，執著為眞實法，那就是把方便當作眞實法，就是失掉了本宗。

所以你們看，印順法師寫的《成佛之道》，他講的五陰虛妄雖然是正確的，卻又建立五陰中的細意識為常住法，重新落入識陰中，他何嘗了知五陰的虛妄？不知五陰虛妄於先，然後說要滅掉我見、滅掉我執來成佛，連成為阿羅漢都不可能，連成爲初果人都不可能。請問，滅掉我見、滅掉我執，入了無餘涅槃，縱使眞的能成佛，又是誰成佛？連五陰都滅掉了，還能有誰成佛？所以說，印順的《成佛之道》眞是癡人說夢話。在睡夢中講夢話，竟然還責怪別人都還沒有醒來，說只有他醒著，都不知道自己也在睡夢中夢囈。所以只要證得深妙般若本來的宗旨，就不必說成、不必說滅；因爲沒有成可說，也沒有滅可說，成與滅都是爲還沒有證的人而方便解說的。所以，善知識何嘗不知、何嘗不曉，早已轉依斷語言道的如來藏了，卻要出來爲眾生說一大篇的道理，目的是爲了未知未證者方便說。可是未知未證者聽了善知識解釋說：「佛陀說法四十九年，眞的沒有講到一個字。」那些未知未證者根本不懂其中的眞義，竟然也拿這一段話來堵善知識的嘴，辜負了善知識對他開示的慈悲，所以叫作愚癡。

一定要了知本宗是什麼，也就是要先了知禪門講的宗風，才能懂得深般若。所以常常有人初悟以後出世弘法時，人家就會問他：「禪師宗風嗣阿誰？」說你的宗風是從哪裡繼承得來的？這就是禪門的古風。不管是什麼人，只要證悟後出世說禪，眞悟者都要來參訪他：入門須辨主，當面分緇素。你膽敢出來講禪，就表示你是向天下宣示已經證悟了。那麼我進得門來就要分辨你：到底心中有主或無主。你若是眞已經找到了那個眞主，那麼你我就同樣是家裡人，那時才算承認你眞的穿黑衣；若是還沒有找到那個眞主就膽敢出來說禪，即使他穿著黑衣，禪師們也還是要拿他當白衣看，說他不是眞正穿黑衣的出家人，所以自古以來禪門都說要「當面分緇素」。緇就是指黑衣，素就是指白衣。宗門裡向來都要當面分清楚：你是有主、無主？我是有主、無主？要互相分清楚，不是單方面的。

所以，想要上門向別人踢館時，也得要讓人家辨一辨他自己是有主、無主？如果沒有找到那個眞主，那就是依草附木精靈，禪門裡都叫作「鬼家活計」，他所幹的一切活，都是住在鬼家中所作的。鬼家就是死人，換句話說，他依舊是個死人，說他法身慧命還沒有活轉過來。如果他眞的悟了，找到了自己五陰背後的眞主時，就是有主的人，才能夠說他是穿著黑衣的僧寶；否則把衣服從上到下，包括把臉都染黑了，也還是穿白衣的在家人。這就是禪門古來的宗風。禪門中自古以來都不許賣人情，所以禪師出來弘法，廣有徒眾開悟了，如果他的老父母聽到兒子出世弘法而想要求悟時，還是要照規矩來。供養歸供養，禪師對老父母的常情供養一定會履行，因爲他們畢竟還是父母；但是父母若想要求法，還是得照規矩來，佛法不能拿來賣人情。因此，進得禪門修行，一定要把本家宗旨找出來；如果本家宗旨還沒有找出來，空腹高心說得一堆大話，在眞悟禪師面前都不管用，都叫作野狐禪。

可憐的是，如今台灣、大陸佛教界大師們，個個自道開悟了，卻都在否定如來藏，都不承認禪宗祖師所悟的如來藏，那你說他們能落在哪裡？只有兩個落處：一個就是最普遍所墮的意識，第二個就是落入意根。全都只能落在這裡，因爲一切人只有八識心王，沒有超過八識的；但是偶爾有減少的，那叫作身障人士。如果他的眼根生來是壞的，他就沒有眼識現前；若耳根生來就是壞的，就沒有耳識現前。如果是正常人，總共都有八個識，不多也不少。如果不承認有第八識如來藏，他們的落處就只有兩個：一個就是意識，有念靈知或離念靈知；第二是意根的處處作主——我死了以後，我一定可以作主。他在六塵中一定可以作主，死時可就作不了主；因爲他落在意根裡面，這表示他被我見與我執所繫縛，他的俱生我見以及分別我見都存在，才會公開說：「**我死了以後，一定可以作主。**」正因爲他堅持要自己可以作主，想要作主，所以他到了中陰境界就作不了主；因爲他有我見，我見還沒有斷，不得解脫果，當然就作不了主。

意識，最簡單而且容易理解的，就是清清楚楚、明明白白、了然分明，這就是意識心，其實大多數人是落入識陰六識的總合中。如果再加上處處作主，那就是識陰、意根都具足；因爲作主的就是意根，恆審思量。現在海峽兩岸的佛門大師，全都不超出意識與意根的境界，所以到底諸位是應該要傷心還是要慶幸呢？如果是爲自己，就應該慶幸；若是爲眾生著想，可就傷心了。有慶幸而沒有傷心，那個人是個自了漢，因爲他都沒有想到眾生，所以才不會傷心。他想的是：「我已經進了正覺學法了，那都跟我無關了。」所以沒有爲學法的許多眾生傷心，那就不是菩薩了。如果爲眾生傷心，你自然就知道自己應該作什麼，這才是菩薩。再來看下一段「理說」：

【有爲法之行善、供養、護法等，皆屬修道與成佛應有的福德資糧；縱然有了大福德，也不足以進入修道位而被受記；一定得要由於見道而滅掉四相，才能被佛受記將來成佛。】

所以，以前 釋迦佛以金幣買了非常殊勝的蓮華來供佛，遇到 然燈佛時還以自己的頭髮鋪於泥地中，遮蓋泥濘的地面讓 然燈佛走過，這些功德都是非常之大；可是這麼大的福德，仍然不是成佛的正因，還只是資糧而已。釋迦佛之所以會被受記當來成佛，是因爲後來見道的緣故，也就是這一段經文說的：「**以實、無有法，得阿耨多羅三藐三菩提，是故然燈佛與我受記。**」所以才說：「**如來者即諸法如義。**」說眞正的如來就是於諸法都如的眞正妙義。由此看來，只有證得眞如的人才有被作受記的因緣，廣修福德而沒有大乘見道智慧的人都不可能離開四相，都永遠不可能得到 佛受給記別。這一段經文講的正是這個道理。

釋迦佛於因地時，聽人家說 然燈佛要從此經過，就以自己的身體和頭髮鋪在溼泥地上，讓 然燈佛從他身上走過去，因此而發大願，蒙 然燈佛開示而得證悟無生，當場即被受與成佛的記別。在人間並不是能夠常常值遇諸佛的，當時他以身上的五百金錢（以金子作的錢，在以前黃金很貴，金跟銀的兌換比數很大，不像現在金與銀的兌換倍數已經比較少了，以前金是非常尊貴的，遠超過白銀很多倍），向一個女人買了五朵蓮華。蓮華本來沒有那麼珍貴，可是因爲被國王搜括一空，國王規定全部要賣到王宮去，他要用來供佛，因此市面上就很難買到蓮華。後來終於遇到一位女人，她擁有七朵蓮華，也想要供佛；那時候根本沒有地方可以買到了，正好還有那幾朵沒有被國王買了去，他就想用金錢買她的七朵蓮華。沒想到那女人也不想賣，她說：「我也要供佛，我才不賣。現在誰都沒有蓮華，就只有我有，這時我來供佛，功德可大了。」可是 釋迦佛還在因地當時，他希望能用蓮華供養 然燈佛，別處都不可能有了，就只有那個女人有；他就死說活說，總是求她賣，後來這個女人說：「我是以五百金錢買到的，我可以賣五朵給你去供佛，但是你要跟我成就夫妻，否則我不賣給你。並且，未來世我還是要當你的妻子，所以我剩下二朵蓮花就請你代我供佛，把這個綁在一起的共同的大福德，作為我們未來無量世繼續當夫妻的因緣。」這時候 釋迦菩薩只好答應了，不然就失去供佛的機會了。所以，釋迦菩薩一世一世娶得的妻子都是有往世因緣的，那個女人後來就與 釋迦菩薩當了很多世的夫妻；因為菩薩承諾了，當然不得不娶她當夫人。不論他未來世是什麼樣的人，那個女人都願意去當他的妻子。你看，他為了供佛，寧可把辛辛苦苦求得的五百金錢去買五朵蓮華來供佛，這個福德眞是不得了。

他聽見說　然燈佛即將要從這裡過，大家都把最好的衣服拿來鋪在地上，讓　然燈佛不會踩到不淨的土地上，他沒有寶貴清淨的衣服，就把自己身上的鹿皮解下來鋪在地上，卻被人嫌棄說不清淨，被丟到很遠的地方，不許他這樣供佛。他心裡想：「佛陀應該也會知道我想要供養的至誠之心吧。」然燈佛當時知道了，就在另一處地上化作溼泥地，大家怕髒了鞋子，都不敢靠近；他就把身體當作木頭一樣伏在溼泥地上，又把長髮解開來，把頭髮也鋪在泥地上；那時　然燈佛故意走上去踩住他的頭髮，問他是否願意發下大願？他當場就發了大願，大地震動；然燈佛知道他本來就是菩薩，於是爲他說法，使他證得無生之法；然後踩過去，成就了他的大福德；因爲想要成就他的功德，必須要這麼一踩；當　然燈佛踩了而跨過去以後，隨即遮止後面所有的比丘們：「你們都不能去踩到，你們若是踩到了，就會大損福德。」所以，你們如果將來成爲菩薩跟在　佛身後，佛所踩的，你就不要隨便去踩。要有智慧，否則損了大福德，都還不知道是怎麼損的。

你想，他作了這兩件供佛的事，功德大不大？很大，可是依舊沒有得到成佛的受記，證明不因爲有這樣的大福德就能獲得受記。供佛以後是因爲　然燈佛爲他說法而使他親證了「實、無有法」，並且所證的心於「諸法如」，才終於在 然燈佛時被受記將來成佛。所以有爲法的廣大福德不足恃，有爲法都不值得來炫耀；假使明天你成爲百億富翁，你說：「我撥一半出來，以五十億元護持正法。」可是你仍然不會得到受記，我也不會拿金剛寶印幫你蓋章。因爲這個印證的前提，必須要所悟的心是「實、無有法」，而且這個心是於「諸法如」；若是這個「諸法如」的眞「義」，所證就能符合成佛之道的深般若，若有遇到應身佛時，你自然會被受記；但可能是顯受記，也可能是密受記，並不一定；但必須要因爲這樣，才能得佛受記。

那麼這樣想一想，一天到晚四處去爲窮人服務，四處去作布施，都以平等心去布施，至少是意識心上覺得是平等；不論他在財物布施上作得多麼大，可是於佛法中依舊得不到受記，因爲他的心並不是於「諸法如」，不符合「諸法如義」。當他爲一個貧病的老人家處理事情，爲他把屎把尿，爲他燒飯洗衣整理環境，還幫忙把老人家的尿壺擦得雪亮，沒想到這老人家突然講了一句話說：「你爲什麼把我那個東西擦得那麼亮？我看了不習慣。」這時候心裡面想：「我好意爲你作事，你還嫌我弄得太亮，說什麼不習慣，豈有此理！」這時可就於諸法不如了。雖然嘴上沒有罵出來，心中早已開罵了，當然這時候於諸法不如；於諸法中不能永遠是如，就不可能被受記。這就是說，廣修福德而沒有智慧，並不是學佛的正道。廣修福德以後，一定要有解脫的智慧，還要有佛菩提的智慧，才能得到受記，這才是眞正在學佛。

目前佛教界所謂的學佛，是不是眞學佛呢？我看都不是，大多是在學世間法，不離人、天乘，並且他們想要與佛法相應，都還是差好大一截；眞是一丈還差了九尺，只有進展一尺而已，因爲最多只有欲界定。天乘之法並不是只有欲界天的法，四禪天所應得的四禪，有沒有得？四空天所應得的四空定，有沒有得？都沒有。這些大師們，你去看，沒有一個得初禪的；不管誰自稱有初禪，其實都沒有。檯面下的就不敢說了，因爲檯面下也許有人已經得初禪，但是他已經離欲而沒有出來弘法。但是檯面上的都沒有，所以他們的天乘也是不具足。三界有九地，他們都還在欲界地中，最多只得欲界天的果報，那麼這樣子，天乘的色界、無色界，這種天乘他們有沒有得？都沒有。至於三乘菩提的見道，可就別提了，所以說一丈還眞的差了九尺；因此，解脫智、佛菩提智就甭談了。

所以《金剛經》的難解就在於此，因爲「諸法如義」確實難知難會。對於「諸法如義」誤解的人很多，這是自古已然，不是現在才如此的。有何證據呢？來看看《景德傳燈錄》卷六的記載，這是大珠慧海禪師的典故：

【問：「如何是佛？」師曰：「清譚對面，非佛而誰？」衆皆茫然。良久，其僧又問：「師說何法度人？」師曰：「貧道未曾有一法度人。」曰：「禪師家渾如此！」師卻問曰：「大德說何法度人？」曰：「講《金剛般若經》。」師曰：「講幾座來？」曰：「二十餘座。」師曰：「此經是阿誰說？」僧抗聲曰：「禪師相弄！豈不知是佛說耶？」師曰：「『若言如來有所說法，則爲謗佛，是人不解我所說義。』若言此經不是佛說，則是謗經。請大德說看。」無對。師少頃又問：「經云：『若以色見我，以音聲求我，是人行邪道，不能見如來。』大德且道：阿哪箇是如來？」曰：「某甲到此卻迷去。」師曰：「從來未悟，說什麼卻迷？」僧曰：「請禪師爲說。」師曰：「大德講經二十餘座，卻未識如來。」其僧再禮拜：「願垂開示。」師曰：「『如來者，是諸法如義』，何得忘卻？」曰：「是！是諸法如義。」師曰：「大德！是亦未是？」曰：「經文分明，哪得未是？」師曰：「大德如否？」曰：「如。」師曰：「木石如否？」曰：

「如。」師曰：「大德如同木石如否？」曰：「無二。」師曰：「大德與木石何別？」僧無對。良久卻問：「如何得大涅槃？」師曰：「不造生死業對。」曰：「如何是生死業？」師曰：「求大涅槃是生死業，捨垢取淨是生死業，有得有證是生死業，不脫對治門是生死業。」曰：「云何即得解脫？」師曰：「本自無縛，不用求解。直用直行，是無等等。」僧曰：「如禪師和尚者，實謂希有。」禮謝而去。】

我們《金剛經宗通》〈究竟無我分〉的理說部分，上週把「諸法如義」的理說文字唸過了，現在依上週唸過的這段文字來講一下「諸法如義」。自古以來誤會經義的人就是很多，這並不是現在才有。就好像「無分別義」也是一樣，也是自古以來誤會的人非常多，也不是今天才如此。如，一般大師都是從意識心的如或者不如來著眼，所以**諸法如**的道理，都是用強迫性的、壓抑性的方式，來要求意識覺知心自己在諸法中要如。就像是無分別的道理，一般的善知識也都是著眼在意識心要無分別，因此就產生了許多的笑話；可是這種笑話，只有賢聖聽了才會噴飯，一般人聽了都會信以爲眞，根本不知道什麼地方可笑。**諸法如**的道理也是一樣，古今皆然，法同一誤（誤會的誤，不是開悟的悟）。《景德傳燈錄》卷六所記載的，大珠慧海禪師的典故，正好是一個現成的例子，證明千年之前佛門法師、居士誤會**諸法如**的道理，早已經是如此了；所以如果你們在同修會中證悟了，聽到外面的人對於「**諸法如義**」弄錯了，你要瞭解那是正常的。因爲如果眞的沒有弄錯，那表示他已經是正法中的賢聖了。可是在大乘正法中要成賢成聖是何等困難，所以那一些大法師、大居士們誤會了「**諸法如義**」，也都是平常事，不要責怪他們。只要他們不去誤導眾生、亂作印證，不害人大妄語也就夠了。

大珠慧海禪師，有僧人來問他：「**如何是佛？**」當然這個佛是指自心如來，大珠慧海禪師就答覆說：「**清譚對面，非佛而誰？**」這是說，正當座主你坐在我的對面而與我清淨地談論佛法時，這個心不是佛，那還會有誰呢？假使這樣悟不了，也還可以自己弄個古鏡，磨亮了對著鏡中的自己談話。可是古人鏡子是很稀有的，通常都是銅鏡；那銅鏡想要打磨得很亮很平整，照了面也不會變形，那可是要眞功夫才能製得成；如果材料又是很好的，那銅鏡可是很貴重的；從古時候而能夠流傳下來的，就叫作古鏡，有時候叫作古鑑。那都是做得很好的銅鏡，都是傳家之寶；而且背面還有雕刻，其中有雕刻十二生肖的，也有雕刻種種吉祥圖的。所以那都是傳家之寶，一代一代傳下來，因爲都是傳很多代，所以叫作古鏡。

後來，這古鏡就被禪宗引用，作爲自心如來、眞如佛性的代表名詞。所以，有時候，譬如雪峰義存禪師，看見猴子在摘他的稻子去吃，就罵：「這群猴子，一個一個背著一面古鏡，偷摘老僧稻禾。」古鏡，那是有錢人才有的。古時沒有玻璃鏡，而且以前玻璃貴得很；在古代玻璃是寶物，不像現在，到處有玻璃，地上到處有碎玻璃都沒人要。古人認爲玻璃是寶物，因爲很難得。一般人沒有銅鏡，他要照自己的臉怎麼照？就找清澈而無波的潭水，在清潭下面這樣照。你們有沒有看過，猴子看到鏡子或者看到水裡面有一隻猴子，然後在那邊齜牙咧嘴要打架？因爲牠們沒有對於五陰「我」的自覺。古人出門在外時，若要照自己的臉有沒有清潔，就在清潭裡面去照。

話說回頭，當僧人問：「如何是佛呢？」大珠慧海禪師就答覆說：「與我對面清譚的人若不是佛，還能有誰是佛？」你們現在無法面對大珠慧海禪師了，何妨面對自己？就用家裡浴室的明鏡，跟你的臉面對面，與鏡子裡的人說說佛法，那麼你看到的若不是佛，還會是什麼？這樣說，看起來開悟好像很簡單的樣子。只要往鏡子裡面一照，鏡子裡面的就是佛了，是不是？可以說是，也可以說不是；可是你如果沒有找到，是或不是都錯，因爲那鏡子裡面映現出來，明明就是有自心如來映現出來；可是你如果說對，那就要看你講的是哪個部分了，因爲那裡面有眞有妄。可是大珠慧海答覆說：「清譚對面，非佛而誰？」卻是別有用意，大眾弄不清楚他是在講哪一個，所以說「眾皆茫然」。

但他也就不再講了，就坐在那邊等著，看有沒有別人還會再問，不然他就寧可閉嘴不說。因爲這麼珍貴的法，怎麼可以嘰嘰呱呱講一大堆呢？這就是禪宗的門風。不過我如今坐在這裡講經，可就不是禪師，而是法師、經師了；既然又談到宗門，那又是禪師了；這叫作特別老婆的禪師，才要講這麼一大堆。大珠慧海開示完了，結果是「眾皆茫然」；經過了好久，那個僧人又問：「師說何法度人？」問大珠慧海師父說：「您是講什麼法來度人呢？」從這個稱謂看來，原來那是外面來的僧人，還不是大珠座下的僧人，大珠禪師就答覆說：「貧道我，不曾有一個法來度人。」

古時候的證悟僧人爲什麼都自稱是貧道？有的人就自稱山僧，說他是住在山裡面的野外僧人；信徒們可別希望禪師對他們很文雅，因爲禪師們往往自稱爲山僧。有時候自稱貧道，是什麼意思呢？貧，出家修行就是要貧；如果出家修行以後竟然聚集了一、二百億元，那就不是貧道，那叫作富人，成爲懂得富有之道的世俗人；他們那種大法師們一天到晚都在想方設法聚集大量金錢財產，還有可能是眞正的修道人嗎？眞修道人，努力修道，想要求證道，連剪指甲的時間都沒有了，還有閑情花心思在擴建大道場吸收錢財上面嗎？顯然這些人都不是貧道。爲什麼出家修行要貧？因爲貧才好修行；三更半夜房門都可以敞開，若是正好有小偷來了，就告訴他：「你看到什麼中意的，你就拿吧！借給你，別說是偷的。」其實也沒什麼東西可以給他偷，不過是幾領僧衣，一個鐵鉢或銅鉢，大不了就是銅鉢。「你要什麼，就拿去吧！但別說是偷的。」古時候叢林裡面都是穿草鞋，草鞋賣不了一文錢；小偷若是也想要，就讓他拿去吧！所以禪師往往自稱貧道。

這個貧，不單是要身貧，還得要心貧。如果心中有很多東西，今天想著：「我俗家那個老婆，不曉得現在怎麼樣了？」那心就不貧了。如果是比丘尼出家想著說：「我出家前那些子女，不曉得現在怎麼樣了？」心中也不貧了。

如果心中再想著說：「爲什麼這個月還沒有人送錢來供養？」那更不貧。心若不貧，可就無道可說了，所以心中也要貧。也因爲這個緣故，香嚴智閑禪師說：「去年貧未是貧，今年貧始是貧。」說他去年貧窮，那個貧窮還是窮得不夠徹底，因爲心中還有東西；今年才是眞的貧，表示說他現在心中什麼都沒有了，所以自稱爲貧道。心中有一大堆的東西貪求著，這個人就不貧，就不能自稱貧道，所以想要自稱貧道還眞的不容易。

然而這個「貧道」就有一個典故，也就是公案，〈無門關〉裡面的公案，有僧來問曹山禪師：「我清稅禪師既孤又貧，請禪師拯濟。」他覺得自己眞的既孤又貧了，眞是解脫了；結果曹山本寂聽了他這麼說，就當場叫喚了一聲：「稅闍黎。」清稅就應答說：「諾。」結果他不曉得曹山本寂喚他是幹什麼，不知不覺就答應了：「諾。」曹山本寂就責怪他說：「泉州白家的三盞酒已經吃過了，你還跟我說你沒有沾脣。」這裡面可有機關，但是曹山禪師什麼地方給稅闍黎喝了白家三碗酒？稅闍黎班門弄斧，竟然敢在曹山本寂面前說自己眞的孤貧，還自稱貧道；曹山本寂可不准他使用貧道這兩個字，因爲他還不夠貧，還落在意識境界中，心中有物，怎能說是眞貧？那你想想：貧道這兩個字能隨便用嗎？可是你們看道家那些人，動不動開口就說：「貧道如何、如何。」貧在何處？他們可眞是富有得不得了。所以你們看台灣那四大山頭，哪個堂頭和尚可以自稱貧道？一個也不行！因爲每一個山頭都聚集了幾十億或幾百億元台幣的財產，哪有貧？最重要的是他們腦袋瓜裡面裝滿了亂七八糟的東西，裝太多了！心中有物，焉能稱貧？這就是一個貧道公案：「稅闍黎。」「諾。」「近前來」，結果只是答了一聲又走進前，就被曹山禪師罵了：「你把泉州白家的酒吃了三碗，竟還說你沒有沾脣，還敢說你貧。」所以貧道這兩個字不好用，稅闍黎這個時候眞的沒資格自稱貧道呢！

大珠慧海卻敢自稱貧道，他說：「貧道我不曾有一個法來度人。」那外來的僧人就說：「禪師家，渾如此！」那麼譯作現在的話就說：「你們禪師的門風，怎麼同樣都是這種樣子。」他這麼一講，大珠禪師必須把禪師與俗法中的法師分際爲這僧人分清楚，就反過來問他：「請問大德，你是講什麼法來度人呢？」這個僧人回答說：「我講《金剛般若波羅蜜經》。」大珠禪師就問他：「你講過幾遍了？」一座就是一遍，不是上座一次算一座，是上座把它講完一遍叫作講完一座。大珠禪師反問他說：「你講過幾座來？」「我已經講過二十餘座了。」這個眞不簡單，《金剛經》可以講二十餘遍。如果像我這樣講，不曉得能講幾遍？他沒多久已經講完二十幾遍了。大珠禪師就問他：「這部《金剛經》是阿誰說的？」這個僧人很不服氣就高聲（抗聲就是提高了音量，跟他抗言的意思）說：「禪師！你怎麼跟我相捉弄呢？豈不知道《金剛經》是佛說的嗎？」還眞的振振有詞。大珠慧海聽他這麼一講完（這其實就是用套索跟那講經僧套好了，所以現在開始要把繩索收緊了），就用經裡面的話問那僧：「『若言如來有所說法，則爲謗佛，是人不解我所說義。』經中是這麼講的。可是你如果說這一部《金剛經》不是佛說，那你又是謗經。請大德你說說看。」

佛說：「你如果說這一部經是我講的，那你就是不懂我所說《金剛經》中的義理，你就是謗佛。」可是大珠慧海問他：「你如果反過來說這部經不是佛說，那你又是謗經，可又謗法。謗佛、謗法都是地獄業，請大德你說說看。」這個僧人這時候只好口掛壁上，因爲他臉上的嘴已不是他的，講不出話來了。然後大珠禪師等了一會兒，又問他：「《金剛經》裡面說：『如果以色身來見我，或者以音聲來求我，這個人就是行於邪道之中的人，他是不可能見到如來的。』大德！你倒說說看，阿哪個是如來？」這可是問到關節了！因爲你若是想要見佛，一定是要以色身來見，而且要見到佛的色身，才能說是見到佛，可是 佛陀卻開示說：「如果有人是以色見佛，以音聲求佛，都是行邪道，根本就看不到如來。」請問諸位，這個如來是講什麼？諸位都知道是自心如來、是如來藏，可是他們不知道，他們都落在表相上，說是在講 釋迦如來。這眞的是，不只是一丈差了九尺，而是十丈差了九丈九，原來他只懂得一尺。

到了這個地方，講經法師可就答不出來了，所以就說：「我某某人到這裡，可就迷失而不懂了。」因爲不得不承認是迷人了。這還算好，承認自己迷了；肯承認，也算不錯了。可是你們看，台灣四大山頭，有哪一個肯承認他沒有悟？他們都不肯承認，都還在迷中，卻都自認是開悟了。慈濟證嚴法師還寫書，在暗示說她已經是十地大菩薩了（編案：證嚴法師還自稱或者默認是宇宙大覺者，意謂已經成佛了）；可是她連我見都還沒有斷除，只是凡夫一個，敢冒稱幾地菩薩，那是什麼業？（眾答：大妄語業。）可憐她自己都還不知道。公案中這個僧人倒好，他肯承認，說自己還沒有悟，說自己「到此卻迷去」。大珠禪師卻不客氣地說：「你從來就沒有悟，說什麼『到此卻迷』？」你看，禪師可真不客氣呵！直接當面就講：「你從來就沒有悟，還講什麼到這裡才迷失了？」因爲他說「到此卻迷去」，是表示說：原來是有悟的，講到這個地方才有迷惑。所以大珠就指示他：「你從來就沒有悟，說什麼迷去？」這個僧人只好服氣接受。因爲既然透不過人家手裡，只好接受人家的說法；大珠門庭是怎麼樣的家教，他都要接受，要受人家教。

他就請求說：「請禪師爲我說法。」大珠禪師卻沒有因爲這樣就放過他，還要再責備他幾句。若是不責備，他不會死心塌地，所以就說：「大德！你講《金剛經》二十餘座，卻不認識如來。」這個僧人聽他再一次責備，只好趕快禮拜他說：「希望您垂下開示來。」這一下講話比較恭敬了。前一句話說「請禪師爲說」，現在說「願垂開示」；這表示說：「你禪師是證量很高，我很低。」所以才叫作垂，終於有一點恭敬心了。這個時候大珠禪師才正式爲他說法：「如來者是『諸法如義』，你爲什麼可以忘掉了呢？」這個僧人就說：「是，是『諸法如義』。」只好承認，所以大珠慧海的這一招，我還眞要學一學，因爲以前就是沒有學這招；不管誰來，一開始我就全盤托出，跟他講到很微細處。結果呢，我初期弘法這樣子老婆，會見外面的人也會見了很多，有哪一個法師留下來？都沒有！那時候也有好多法師、也有好多居士都見過，並且還引到我家裡去見。結果有沒有一個人留下來？都沒有，連一個也沒有。因爲他們還沒有起恭敬心，我就給很多法；他們問一個東西，我給他們三個東西，他們心裡就全都不珍惜了！所以後來有許多人寫信來、打電話來，說要來見我，全都見不到了，因爲見了根本就沒有對他們產生利益。所以當禪師就是要苛刻一點，我就是沒有拿出禪師的架子，太輕易相見了，所以人家都不相信。看來有些眾生還眞的是賤骨頭，你苛刻一點，他們倒是很珍惜。

這時候那個講經僧已經很恭敬了，又再禮拜：「願垂開示。」大珠禪師就說：「如來就是諸法都如的道理，你怎麼忘了？」僧人回答說：「對！對！對！就是諸法如的道理。」大珠又問他：「請問大德，你到底是信受，或者不信受？你要弄清楚呀！要確定一下。」這個僧人就說：「經文講得很清楚，哪裡可以說不是如？」既然是這樣，那麼大珠禪師就開口問了：「請問大德，你如不如？」僧人回說：「如。」如，就是絕對不動心。那僧人的意思是說：

「如，我不動心。」大珠就問他：「木頭跟石塊如不如呀？」木頭、石塊也都不動心，所以僧人就回答說：「如呀！同樣是如。」大珠就質問他：「大德！你是不是跟木頭、石塊一樣的如呢？」僧人回答說：「同樣都如呀！」既然聽到如，就要答如，所以那僧人回說：「沒有差別，一樣是如呀！」大珠慧海可就質問了：「大德！那麼你跟木頭、石塊有什麼差別呢？」那僧人這下子又不敢答了。

你看，他講了二十幾座的《金剛經》，來到禪師手裡就死定了。其實都只差在沒有一念相應，如果他對「此經」如來藏有一念相應，只要去跟如來藏相應到了，從此以後就不會這樣。可是，他並沒有跟如來藏相應，所以大珠問他：「你如不如？」「如呀！」「『如』是什麼？」「不動心呀！」「木頭、石塊動不動心？」「不動心呀！」「是不是同樣都如？」「都是如呀！」「那你跟木頭、石塊是不是一樣？」喔！糟糕了！這時候知道上當了，卻又沒辦法收拾了。禪師慣會設圈套的，所以這個圈套丟出去，即使對方知道那是圈套，還是逃不掉。你們看，我們正光老師寫書回應慧廣法師，就預設了好多圈套。這些圈套丟出去，慧廣知道全都是圈套，他依然不得不上套，還是得要上套。

因爲悟與未悟之間就是有這個差別，明知道那些都是圈套，看人家丟過來時也無法閃開，因爲閃這邊也死定，閃那邊也死定，只好停在那邊，人家丟過來底圈套當然會套上他脖子去。套上去以後再想要逃時，逃這邊也不對，逃那邊也不對，全都是死路；因爲活路就只有中間這一條，他執定主意要偏到兩邊去，當然都不行。可怪的是，這個圈套很活，不管逃到哪一邊，慧廣跟那僧人一樣都會被套住。悟了就是有這樣的手段。

所以，這個講經僧來到大珠慧海的手裡就沒辦法了，怎麼答就怎麼錯，不論答哪一邊都錯。諸位來正覺學法，就是要學這一招；當你悟了以後，你隨便丟出一句話，對方不管怎麼答都錯。笨的人就會跟你抗衡：「我偏要答給你看。」稍微有一點世間智慧的人，稍微懂一點佛法了，他就不敢答，因爲越答，面子就越難看。本來臉上只有一點小小的污點，這一答就只能把它抹開，那就是半邊臉都黑了，全都污了。所以你看，佛門裡面誰最聰明？那位都不答我話的大法師，那個人就是最聰明的；雖然他沒有三乘菩提智慧，但是眞的有世間聰明。如果他不信邪，看見我書中辨正說他的法義錯了，硬要跟我槓上，他就是死路一條；只有滿臉豆花，絕對沒有好處。所以你看印順眞的聰明，別人評論他一句，他就要寫出一百句來抨擊對方，讓人家回不了嘴；昭慧也是一樣，也是聰明，對任何人都很不客氣。可是爲什麼我書出了這麼多，評論他們這麼多，爲什麼他們都不敢寫個一言半語的文章來回應我的法義辨正？因爲他們有世間智慧，而且愛惜羽毛；他們如果硬要槓上的話，一身毛都會掉光，再也不能飛了！從此無法再飛了，只能在地上走著，讓人瞧不起。

所以，這個法師就是不懂，還到大珠慧海面前來賣弄，他就吃虧了。這時候他等了一會，想一想，實在是沒辦法答；沒悟就是沒悟，落到人家手裡能怎麼辦？這時只好挖寶。吃了虧沒關係，要懂得挖寶，挖到了寶可就不吃虧了；前面的吃虧，那就成爲得便宜了。因爲前面吃虧若是算作一塊錢，挖到寶時那可就好幾萬塊錢，這個生意要懂得作。這個僧人懂這道理，可是大珠慧海禪師比他更懂；所以這位法師想一想，就問法，乾脆就求法了：「如何能夠得到大涅槃？」從來不出不入、不生不死的才可以叫作大涅槃，二乘阿羅漢那個涅槃是有出有入的，有出入就不是大涅槃，所以那僧人就問：「如何能夠求得大涅槃？」大珠慧海就跟他答覆說：「不要去造生死業來面對。」

請問：「他答了沒有？」（有人說：答了。）認爲已經答了，這是家裡人講的話；可是還沒有入門的人，就不知道這是哪個地方答了。因爲他只叫人家不要去造生死業，不面對生死業；從文字表面看來，那只是阿羅漢道裡的事。阿羅漢們都不造生死業，結果他們有沒有證得大涅槃？全都沒有，他們只得到二乘涅槃。你們看，大珠禪師這話，顯然沒有答覆僧人問的「如何去證得大涅槃」，可是我們好多同修卻又說已經答了，究竟答在何處？這是參禪僧眾要探究底地方：答在何處？如果知道大珠慧海答在什麼處，那你就可以自己去讀般若諸經了。

這個僧人還是沒有聽出他的弦外之音，所以乾脆就打破砂鍋問到底，想要一直追問到自己想要的答案，就問：「如何是生死業？」大珠慧海就說：「你想要求大涅槃，這就是生死業；你想要把汙垢捨了，取得清淨的境界去安住，那也是生死業；你得到大涅槃，也是生死業；你證得大涅槃，也是生死業；凡是不能脫離對治門的種種法的修行，都是生死業。」本來他是直接答覆了，可是這個講經法師弄不懂。這個僧人既不是禪師，他是依文解義講佛法的，專門說法，所以叫他法師。他聽不懂，大珠禪師只好從法理上面來說：「凡是不能脫離對治門的修行方法，都是在造生死業；所以心裡面一直想要求開悟，求開悟也是生死業。」

我這個說法跟那些大法師講的完全一樣，對不對？他也說：「不要想求悟才能悟，想求悟的人就不能悟。」你們有沒有聽過？聽過嘛！哪一位講的？（有人答：聖嚴法師。）我這個說法跟他好像一樣，對不對？表面上看來一樣、意思好像也沒有不同；可是骨子裡大不相同，因爲我講的跟他講的其實不一樣。他是在事相上講說：「你不要求開悟，才會開悟；所以你們都不要跟師父我來求開悟，這樣才會開悟。當你們打坐的時候，心裡也不要想悟，你才會開悟。」因爲他講的開悟，是意識覺知心裡面都沒有妄想，才叫作開悟，所以：「你心裡面想要開悟時就已經有妄想了，有妄想時就不是開悟。當你心裡面沒有想要求開悟時，表示你心中就沒有妄想了；沒有妄想時才是悟，那才叫作悟。」心裡面想要求開悟就有妄想，有妄想就不是悟境了。他講的是這個道理。

但我講的道理與他講的不同，我講的是說：當你自己覺得悟了，或者你正在求悟，這都是意識心的事；所以，你想要求大涅槃，就得不到大涅槃，因爲你已經落在意識裡面。你不能把求悟之標的落在意識裡面，求大涅槃的心是意識境界，不能實現大涅槃；求悟的那個人，一直把求悟的心當作是眞實心，可就悟不了。開悟時證悟之標的是眞心如來藏，是「此經」如來藏；這個眞心從來不求悟，所以，你要用求悟的意識覺知心，去找到那個從來都不求悟底如來藏金剛心。大珠禪師講的也是這個道理：你想求離開生死，你這個求離生死的心本身就是生死心；眞心是從來不求離開生死的，祂從來都不求大般涅槃的；因爲祂自己本來就沒有生死，本來就是大涅槃了，還要求什麼大涅槃？所以，你這個想要求大涅槃的意識覺知心，一直在求，這就是造作生死業。

捨垢取淨，那也是意識心；修行人的意識覺知心，都是想要把汙垢給捨掉，然後要讓自己改住到清淨的境界裡面去；所以上了餐桌時，今天媽媽煮了一道好菜：「哇！很棒！」夾了一口以後，其實很想要再夾一口來吃，可是意識心裡面想：「不行！這是貪。」就故意去夾別的比較不好吃的來吃，修行人都有這種補償心理。所以，遇到一個漂亮的女人，看了一眼，然後想一想：「我起貪了。」趕快再去找最不漂亮的看，就去找那一個最醜的去看。

這是人類常有的補償心理，心理學不是有講補償心理嗎？所以，如果幹了一件惡事，要趕快作一件好事來彌補，這叫作捨垢取淨。但是這個捨垢取淨，全都是意識心的事。想要捨垢取淨，就沒有辦法離開生死業，因爲捨垢取淨以後所取的清淨境界都是三界中的境界；只是離開比較低層次的眾生境界，轉換到比較高層次的眾生境界，只是這樣而已，無助於脫離三界生死。

所以文學、藝術等等，只是一種轉易法，互相對治；因爲去跟人家偷竊，幹不好的事，那是下劣的事情；想要提升自我的身心靈，要把自我身心靈提升起來，就會講一些佛法，因此就認爲自己都不會去造惡業，自己的心變清淨了。可是這都是意識境界，因爲身心靈都是五蘊中的法，所以捨垢取淨也是意識境界；那都是對治門，只是各種對治門中的一種而已，所以不脫生死。那一些外道們，一天到晚在想的就是捨垢取淨；台灣那一些在講禪的大山頭們，講的也都是捨垢取淨，不離對治門，不曾觸及了義門。有哪一個大山頭不是在講捨垢取淨？不然爲什麼要講清涼菩提、環保菩提、醫療菩提、草根菩提……一大堆的菩提？菩提哪來這麼多？菩提就只有一種，就是唯一佛道的佛菩提；講個二乘菩提，都還是方便說呢！佛門哪有這麼多的菩提？

這意思是在顯示說，他們都落到捨垢取淨的對治門去了，所以就告訴大家說：「我們要讓大家都清淨自己底心，要讓大家都說好話，安好心，行好事。」然後教大家要怎麼安心：「心要怎麼安？我們都不要生起煩惱妄想，要這樣清淨地安心下來。」這不就是捨垢取淨嗎？這樣安心，安到後來，等到有一天他自稱開悟了，你去告訴他說：「你這個悟，不是開悟的悟，而是耽誤的誤。」他馬上就生氣起來了。這一生氣起來，心還能安嗎？安不了！當然就違背「諸法如義」了。所以捨垢取淨本來就是生死業，因為全都是意識的境界；最多就是從人間提升到欲界天，從欲界天提升到初禪，從初禪提升到二禪；就這樣子而已，不斷地一直提升，始終都在三界裡面，無法離開生死業；天上報終，還是要下墮三惡道裡；因為善業的福都享完了，只剩下以前造作的那些小惡業，那當然要去畜生道受報償還欠債。那時牽犁拽耙，那都還算好的；怕的是落到雞鴨羊裡面，是要等著被人家殺很多很多世的；因為他只剩下那些小小的惡業，以前吃了人家半斤，現在要還人家八兩；以前詐了人家的錢財，現在要當牛馬去牽犁拽耙還人家，就是這樣披毛戴角還。所以，捨垢取淨是生死業，並不能了掉他的舊業；將來還是要去畜生道裡以身體還給人家，報償完畢了才能離開惡業的生死業，重新回到人間。

「有得有證是生死業」，請問得到了佛法時是誰證得？是意識心。證到了佛法的種種境界時是誰證的？還是意識心。可是意識心是生死心，凡是落到意識心裡面就是生死業；而你要去證的大涅槃，那個大涅槃是如來藏，祂本來就存在，所以你的大涅槃是本來就存在的。這個大涅槃既然是如來藏心體自身的境界，是依如來藏的不生不死，而且是因爲本來就不生不死，所以叫作大涅槃；二乘涅槃也是依祂的本來涅槃來施設，所以「此經」金剛心如來藏就叫作大涅槃。既然大涅槃是屬於祂，而你去找到祂，發覺祂才是眞實我，這個自己的祂是本來就涅槃，本來即無生死，這就是禪宗禪師們講的證得大涅槃了；因爲自己這個金剛心如來藏的本來涅槃，是無始劫以來就不出也不入的，所以稱之爲大。既然如此，你找到了你的祂，覺得與祂之間的關係很親密，所以說是你的祂，或者說我的祂。年輕人常常說：「我的她怎麼樣、怎麼樣。」好朋友、密友有時候也問候說：「妳的他，現在怎麼樣了？」但在佛門裡面一樣要跟你講的「你的祂、我的祂」，遠比諸位在少艾時期談戀愛時所說的「妳的他、我的她」還要親密；因爲祂就在你身上，你從來離不開祂。

既然大涅槃是金剛心「此經」所有的，而不是你意識覺知心所有的境界，那些錯悟的大師們卻一天到晚在說：「**我已經證得大涅槃。**」請問：這個證得大涅槃的我，是不是生死法？是生死法。你證得祂以後，你說：我已經得到大涅槃了。你有得，可是你的祂沒有得，因爲祂本來就已經有大涅槃，你只是去證實祂本來就有大涅槃。可是證實以後大涅槃仍然屬於祂，不屬於你意識覺知心，可是結果你開悟後很久了竟然還在說：「**我找到祂，所以我知道我住在大涅槃裡面，所以我已經得到大涅槃。**」這個有得的覺知心其實還是你的意識心；這個意識還是住在生死業中，所以大珠慧海禪師才會說「**有得有證也是生死業**」。

換句話說，這三種都是對治門。可是我們大乘法跟二乘法不一樣，二乘法是用對治門把自己給滅了而入無餘涅槃；我們大乘法則是用對治門把自己否定了，卻不滅掉意識覺知心自己，然後現前觀察到自己的如來藏本來涅槃，從來不出不入於涅槃；這個涅槃無出也無入，要這樣從意識的立場來說已經證得大涅槃。所以所證與能證是同時存在的兩個法，意識本身是生死的，但卻可以證得那個所證的如來藏大涅槃。所謂的開悟實相般若，必須是具足能證與所證，才是法界的眞相，才是佛菩提道的實義門，而不是能證及所證都是同一個心。

金剛般若的實證，並不是對治門的法；大乘佛法中也有對治門，但卻是在證得這個如來藏之前，要如何去觀行五陰十二處十八界以及內我所、外我所的虛妄，以及建立對於法界實相的正知正見。修學佛菩提道的菩薩們，這個對治門還是要先修；修了這個對治門，不會重新再落到五蘊十八界裡面；然後去參禪證得這個眞實如來以後，就不會再退轉。所以大乘門是函蓋對治門以及實義門的，不是只有對治門而已，也不是只有實義門而已；因此，凡是所修的各種法門是屬於不能脫離對治門的，全都是生死業。

請問諸位：「阿羅漢的法是不是生死業？」（有人答：是。）是嘛！因爲他一定要死，他若是不死就不能入無餘涅槃，所以他證的也是生死業。雖然說這一世死了就沒有後有了，可是這一世還是得死，還是有生死。菩薩雖然未來生生世世都有蘊處界生死，可是轉依眞實如來以後再來看未來無量世的生死時，根本就沒有生死；因爲所有蘊處界的生死，都只是在眞實如來的表面生了又死、死了又生，而眞實如來自己從來沒有生死。這個蘊處界的生死只是一個表相，是虛妄的表相，依附於眞實如如而從來沒有生死的如來，才會有假相上的五蘊生滅而說有生死，但五蘊所依的如來藏卻是從來都沒有生死，所以菩薩因爲這樣就沒有生死。明明有生死卻說沒有生死，這種大話只有菩薩們能說，三明六通的大阿羅漢們都不能講的。因此大珠慧海說：不脫對治門，那都是生死業。

這個僧人心裡想：「本來我這麼一問，他大概會指點我，就證得大涅槃了。」沒想到還是沒有指點，大珠慧海禪師開示了四句話，這講經僧人還是聽不懂，那只好乾脆直接就問了：「要怎麼樣才能夠得到解脫？」眞是敞開天窗說亮話，直接就問：「我就是要得解脫，請問禪師，要怎麼樣才能讓我得解脫？」想要從禪師手裡挖寶，沒那麼容易的，所以大珠就說：「你自己本來就沒有被繫縛在生死裡面，不用去求解脫；你只要直接的去用祂，直接的去運作，那就是無等等法。」你看，從禪師手裡要撈好處，沒那麼容易撈的；當然他也有爲你之處，已經爲你明說了，但你就是撈不到。

禪師們就好像放了一條價值百萬元的金魚在那邊，然後給你一個沒有網的網子去撈。不過我們禪三裡面，我給你們的那個網子還是有半張網的，當然不是給全張的；但是總比古時那些禪師們好一點，我還有半張，你好歹還是有機會撈起百萬元價値的金魚來，只是不能完全奉送，得要你自己也拚幾下才行。所以你看，大珠禪師說：「本來自己就沒有繫縛，所以不用想要去把它解開。」這個法師眞沒辦法，心想：「我就是因爲有三界生死的繫縛，才要來求解開這個繫縛，現在大珠禪師竟然告訴我說本來就沒有繫縛；可是我明明就被生死繫縛住，還眞拿他沒辦法。」你看，他說：「你直接去運用祂，直接去運轉祂就行了，那就是無等等、無間等的法。」可是他又沒有指示出在哪裡，就告訴他說：「你就直用直行，是無等等。」你看，眞要命呵！

所以，外面那一些開悟的人來到正覺講堂，開口說他悟了，要我印證。當然平常是找不到我啦！如果禮拜二講經時段來，剛好遇見了，告訴我說他找到眞心了、悟了，我可就不客氣：「在哪裡？」我只問他三個字就好了：「在哪裡？」他得要拿出來給我看。可是所有自稱開悟的人都說：「眞心無形無色，我怎麼拿得出來？」就是可以拿出來，所以不論誰來了，我都要問他：「在哪裡？」不客氣就問：「在哪裡？」你別講那麼多廢話，我不要聽廢話；

拿不出來，那自己就把嘴巴堵死，別再開口說開悟了。

在宗門裡面，自古以來就沒有那麼多的囉嗦，見了面就要拿出你的寶物來；這寶貝要拿出來看，你若是拿得出來，你就看見我的寶貝了，我也不跟你隱藏；你若拿不出來，我的寶貝也不給你看。可是說句不客氣的話，不拿給你看，其實早拿給你看了。所以你說，大珠慧海講：「**本自無縛，不用求解。**」他這四句話中，真沒有拿給他看嗎？有呀！非常分明地拿給他看了，可是那僧人還是沒辦法看見。總之，你看他不斷地問，大珠慧海都有話講，都有在告訴他密意，可是他就拿不到；那僧人自己悟緣未熟，那也無可奈何。所以，這時候終於死了心，放棄了，就只好說：「**如同禪師和尚您這樣的實證，實在是非常希有。**」於是就禮謝了，也只好空手而歸。你看，進了寶山還是空手而歸。可是你不要怪我說：「**那你蕭老師既然講的是『金剛經宗通』，怎麼都不告訴我：在哪裡？**」其實我早把祂塞到你的手裡面了，你就是不曉得要把祂抓起來而已，我也沒有辦法。對不對？早就塞在你手裡了。以上是一半宗說、一半理說，我們再來看看宗門裡，純粹的宗門裡又是怎麼說的：

《佛祖綱目》卷三十八：**【大慧宗杲頌黃龍三關曰：我手何似佛手？天**

下衲僧無口；縱饒撩起便行，也是鬼窟裏走（諱不得）。我腳何似驢腳？又被黐膠粘著；翻身直上兜率天，已是遭他老鼠藥（吐不出）。人人有箇生緣處，鐵圍山下幾千年；三災直到四禪天，這驢猶自在旁邊。】

你看，大慧宗杲也眞會作怪，黃龍三關不是說「我手何似佛手」嗎？他見了人來，就把手舉起來說：「我手何似佛手？」翻作現代話就是說：「我的手爲何這麼像佛的手？」這是黃龍慧南禪師，他也眞的會搞怪。然後人家弄不清楚，他又把腳垂下來給人家看，就說：「我腳何似驢腳？」說：「我的腳爲何這麼像驢子的腳？」前面這一句「我手何似佛手？」也許有的人會想：「你這麼會攀緣，你算老幾？還跟佛攀上。」可是後面這一句好像又把自己貶了，說：「我的腳爲何這麼像驢子的腳？」這黃龍禪師凡是遇到有人前來論法時，總是耐心地解說，講到最後人家請問開悟的因緣時，他就說：「人人盡有生緣處，哪個是上座生緣處？」是說每一個參禪人的法身慧命都有出生的因緣，隨即追問對方法身慧命出生的因緣在什麼處？如果對方還弄不清楚，他就有佛手與驢腳的開示，這就是有名的黃龍三關。說白了，這三關其實只是一關，跟禪門三關不一樣；他其實只是開悟明心一關，但是考問人家時有三關考問。說實在的，黃龍夠老婆了。

大慧宗杲也眞會搞怪，拈出黃龍三關來，把黃龍禪師這三句話，再用自己的話把它接上去說：「我手何似佛手？天下衲僧無口。」所有普天下出家的僧人都沒有嘴巴。爲什麼沒嘴巴？從事相上來說，沒有開悟就講不出來宗門下事，當然就是沒有嘴巴；從理上來說，因爲天下眞正的衲僧確實都沒有嘴巴，眞正的出家人不就是你們自己底金剛心嗎？祂確實沒有嘴巴。所以，你們出去看見哪個法師跟你說法炫耀他的智慧，你就說：「原來你有嘴巴。」他會隨即質問你：「你這是什麼意思？」你就告訴他：「眞正衲僧是沒有嘴巴的。」且看他懂不懂。

大慧宗杲接著說：「縱然你把這個衣裳下襬撩起來了就走，也還是在鬼窟裡暴走。」然後，他就加上個註腳：「諱不得。」註腳，知道嗎？譬如說，人家講歇後語；歇後語懂嗎？有的人還是不懂，你們的文學造詣都太低了吧？譬如說，人家不是說：「這件事打著燈籠天下難找。」滿天下烏漆墨黑地，看都看不清楚，得要打著燈籠找很久以後才能找得到，當然是天下難找。可是如果換一句話說「外甥打燈籠」，那叫什麼？外甥打燈籠，當然是照著舅舅，爲舅舅照路；所以這句歇後語就是「照舊」，還是依照舊有的慣例。懂了沒？這叫作歇後語。歇後語，講文雅一點叫作「註腳」。「外甥打燈籠」，註腳是什麼？是「照舊」。又譬如說「馬尾巴拴豆腐」，你用一根長長底馬尾毛，把豆腐四邊繞過來打了結，能不能提得起豆腐？不可能，輕輕一提就裂成四塊了，所以這句話的註腳就叫作「甭提了」。現在大慧宗杲自己講了這三句話，去接黃龍禪師的話；首先對那句「我手何似佛手」，加了個註腳（也就是歇後語）：「諱不得。」這個註腳明明白白告訴你說：「我手何似佛手，以及我大慧宗杲講的這三句話，其實都明明白白告訴你了，根本就沒有辦法遮藏。」等你悟了，你就知道確實已經分明顯現了，所以說「諱不得」，眞的沒有辦法向誰遮藏。

關於黃龍禪師底第三關：「我腳何似驢腳？」大慧宗杲又續了一句：「又被黐膠粘著。」說黃龍禪師這一句「我腳何似驢腳」，學人若是不會，可又被黐所製造出來的膠給粘住了，又落到「我腳何似驢腳」這句話上面去了。大慧宗杲又說：「假使聽完了這句話，忽然懂了；這一翻身，直接就跳上兜率陀天去了！雖然有人能夠這樣，早已經是遭了他黃龍的老鼠藥了，已經死透了。」意思就是說，當黃龍禪師把腳垂下來說「我腳何似驢腳」的時候，學人總是又被他的言語機鋒給粘住了；假使有個人不被他的機鋒給粘住，能夠跳出去；這一跳就跳到欲界第四天去了，直接跳到彌勒內院去了，其實也已經遭了黃龍慧南禪師的老鼠藥了，早就死了。死了俗命，法身慧命就是活過來了，所以活了法身慧命就是死掉世俗命了。究竟是死了什麼世俗命？就是死了這個猻猴子。因爲意識覺知心最會攀緣，所以說這個猻猴子若是死不掉，就沒有辦法超生，法身慧命就活不過來。所以《西遊記》的寓意是告訴你：就是要打死猻猴子。所以唐三藏一天到晚要把猻猴子壓下來，懂嗎？讀《西遊記》時，要懂得用八識心王去讀，才會讀得通。

縱然轉身跳出了禪師的閑機境，這一翻身直接跳到兜率陀天的彌勒內院去了，見了 彌勒菩薩時，其實早已經遭了黃龍慧南禪師的老鼠藥了——這個錯認五蘊身爲眞實我的邪見早就死盡了；當這五蘊身死了，法身慧命就活過來了。有人如果說：「我才不要吃這個老鼠藥，我要趕快吐掉。」沒想到大慧宗杲早就加個註腳在那邊，說你一定吐不掉。因爲你悟後，從此不會再去認這個五蘊作眞實法了，這個老鼠藥已經篤篤定定的在你身上起作用了，所以大慧宗杲加個註腳：「吐不出。」

黃龍慧南禪師的第一關問得好：「人人盡有生緣處，哪箇是上座生緣處？」他這句話講得很好，每一個參禪人確實都是生緣處處。每一個人法身慧命出生的因緣，是一天二十四小時都有；到處都有，你數不盡的。你如果要數的話，也只能等到眞悟了才會數。可是悟了以後究竟應該要怎麼數呢？又說沒辦法數；因爲太多了，根本數不完。如果勉強要數的話，有的人可能會數一數說：「我數下來的結果，每天都有幾百個生緣。」有的人數一數說：「不只，快有一千個了。」有的人也許重新詳細數一數說：「何止一千個？」因爲太多了。數得少的是他的心太粗，數得細的，是因爲他悟得細；就只是這樣差別而已，所以說「人人盡有生緣處」。

然後，大慧宗杲又續了第三段話：「人人有箇生緣處，鐵圍山下幾千年；三災直到四禪天，這驢猶自在旁邊。」這個人間就是在鐵圍山下、鐵圍山內，所以叫作鐵圍山下住了幾千年；在這幾千年之中，每一個人可都忽略了自己法身慧命出生的因緣。竟然可以在鐵圍山下住上幾千年而都沒有絲毫警覺到法身慧命出生的因緣，也眞會混。

後來終於悟了，當這三災—火災、水災、風災—從欲界開始往上去，先有火災燒了欲界人間、欲界天、初禪天；再有水災淹了二禪天，又有風災吹壞了三禪天；業風一直快到四禪天時，四禪天中看著都很清楚。在初禪天可以看到欲界常常有火災，爲什麼有火災？因爲欲界中的人們貪著五欲，特別是男女欲，所以慾火燒心，因此一定會有火災。然後，初禪天人就會慶幸說：還好，還沒有燒到我。可是初禪天人也別慶幸得太早，因爲那欲界的火燒起來可是很燙的，燒到初禪天都會發燙，也沒法兒住了；所以趕快修定，趕快往生到二禪天去。到了二禪天有定水滋潤，不必被欲界大火所燒，太好了！可是你有定水滋潤，過一段時間以後，就有水災開始淹到二禪天了，因爲欲界眾生也有水也有火，二禪天裡無火卻是有水的。這時候水開始淹，淹到二禪天，把二禪天的宮殿都淹壞了。那三禪天人就慶幸說：「還好！沒有淹著我。」可是看看底下浪濤洶湧，還是很危險，心想：「哪一天萬一淹到我這裡來，那可怎麼辦？而我們這裡有風災，越來越大。不行，我得要趕快努力再修，不但要離二禪天遠一些，還得要離開三禪天。」所以他要趕快修，離開三禪，進入了四禪天去了。四禪天人都沒有呼吸，在那裡不需要呼吸，就表示不需要空氣，那就沒有風災了。所以當他有一天，看到三禪天有大風災了，是從欲界一直吹，吹到三禪天來全都吹壞了。心想：「還好，我有趕快生到四禪天來，不然我也被吹死了。」這就是說，火、水、風三災，直到四禪天的下方才停止，講的是這個道理。也就是說，從四禪天看著底下在吹大風，可是四禪天裡吹不到；但是四禪天人會領受到：「那風災不得了，眞的很恐怖。」即使是這樣，不論是住在欲界人間的人們，在人間過了幾千年鐵圍山下的年歲，你身中的那頭驢子一直都在你身邊，不曾離開過；即使這幾千年中，火、水、風等三災從欲界吹，都快到四禪天了，人們往生到四禪天時，沒想到這頭驢子還是在他的旁邊，都不曾離去。究竟是哪一頭驢？大慧宗杲在這裡可就沒有下註腳了，那麼我就來幫他下個註腳好了：「咩……。」驢在何處？

這才是宗門裡的說法啦！在那邊講了老半天，全都是意識情解思惟得來的，那算什麼宗門？在宗門裡就是當下便見，禪師家舉手投足隨意拈來都是法；而你悟了以後用他所教你的這個法，把三乘經典請出來，一一印證完全相符，沒有絲毫的矛盾與衝突，這才是眞的開悟。而這個開悟在人間是可能的，我跟諸位保證：到末法最後五十二年都還是可能，只是容易證以及難證的差別而已。但是到了末法最後五十二年的時候很容易證，因此你不會相信；因爲那時都已經寫在文字上直接告訴你了，那時你都沒有體驗的過程，也還不曾斷除我見，所以根本就不會相信。你現在來正覺會裡求證，我沒有公開寫在文字上，我們都把密意遮覆著，所以你可以擁有參究體驗的過程，就會有智慧生起；也能眞的斷除我見，就不會退失。容易證的就沒有參究過程的體驗，很容易退失，請問：你們是要容易證的，還是難證的？（有人回答：要難證的。）好，那就不要怪我禪三刁難你了。（大衆笑⋯⋯）禪三裡面越是刁難，品質就越好；這就像黃金剛提煉出來時，那裡面是雛型的黃金，雜質還很多，還得要一煉再煉，全都要經過烈火再三煉除雜質。這樣煉過還不算數，還得要進一步把它做成某一種產品，比如有錢人家用金碗吃飯，所以要做成金碗。但是做成金碗就好了嗎？也還不行，還要用瑪瑙去把它推揉，讓它平滑光亮。現在不曉得用什麼把它推亮，我不知道；現在也許比較進步了，古人是用瑪瑙推揉的。所以宗門應當如是，得要經過再三鍛鍊，所以黃檗禪師說：「不是一番寒徹骨，爭得梅花撲鼻香。」

結果大慧宗杲結尾說：「這驢猶自在旁邊。」你看，鐵圍山下住了幾千年，後來三災也都已經吹到四禪天了，結果這頭驢子還在你這五蘊旁邊。如今住在人間，也還在鐵圍山裡面；祂死了沒有？沒有！即使三災吹到四禪天停止下來時，也都沒有讓這頭驢子死掉。你看這頭驢子好不好？（有人答：好。）好！那你就要想辦法找出來，每週就騎著這頭驢子來正覺講堂，眞的要這樣。太上老君那一頭牛還會死，這頭驢子可是火燒不死，水淹不死，風吹不死。這頭驢子才是棒，那我們爲什麼不騎這頭驢，要學太上老君去騎那頭會死的牛？那頭牛會死，這頭驢子不死，你要選哪一個？聰明的就進正覺來。這樣子講完了，那就要問你：「阿哪個是鐵圍山？阿哪個是這頭驢？」鐵圍山眞的很厲害，因爲這不是世間凡鐵；那世間的鐵百煉變成了精鋼，都還不如鐵圍山的鐵。因爲這不是世俗凡鐵，這個鐵非凡得不得了，而我們大家全都住在自己的鐵圍山裡。

我們再來看看祖師又怎麼說，《禪宗正脈》卷八：【西峰豁禪師，晉謁清涼，問：「佛未出世時如何？」涼曰：「雲遮海門樹。」曰：「出世後如何？」涼曰：「擘破鐵圍山。」師於言下大悟。】

這位西峰豁禪師想要求悟，所以去晉謁清涼禪師，他就問：「**佛未出世時如何？**」說 釋迦牟尼佛還沒有出世的時候，是怎麼個狀況？那當然就是問，父母未生前的本來面目。清涼禪師答覆說：「**雲把海門的樹遮住了。**」海門樹，一個港口或者一個海灣，前面如果有一座島，大風浪就被那座島擋住了，就是個好的海灣、好的港口，那島就稱為海門。那個海門島上面種的樹，只要有霧氣來了，就把那些樹給遮住了，只剩下那島的下緣靠近水面的地方顯現出來，這叫作「**雲遮海門樹**」。可是他這個答覆好像是風馬牛不相及，人家問的是父母未生我之前的本來面目，那是在問自心如來；清涼禪師竟然答覆說：「**那雲把海門島的樹遮住了。**」八竿子也打不著，是不是？對呀！八竿子都打不著。可是等你悟了，你就說竿竿都打著，沒有一竿不曾打著。這個豁禪師當然是體會不到，於是又問：「**佛出世了以後如何？**」因為佛出世以前的本來面目問不到，所以就問佛出世以後的本來面目在哪裡；總是要想辦法問，不然千里行腳走到腳都起泡了，哪有那麼容易說一句話就退下去？當然還要再問。他問了這句話，清涼禪師就說：「**佛出世以後，就把鐵圍山給擘破了。**」擘，就是兩隻手把它拉開；很用力地拉開，這叫擘——

拉成兩半。佛出世以後如何？把鐵圍山給擘破了，這個豁禪師當下就大悟了。

人家這樣就開悟了，而我已經講了多少？你看，今天晚上一開始就往你們手裡一直塞、一直塞，你們都不想要，以現在的話說：「能奈汝何！」請問：他悟在何處？回到剛才的問題：阿哪個是鐵圍山？鐵圍山還有一個名字叫作五蘊山，五蘊山就叫作情山，因爲不離五欲六情。如果能夠把五蘊山給擘破了，鐵圍山就擘破了；鐵圍山一擘破，你就發覺「這驢猶自在旁邊」，原來這頭驢子還不曾走掉。這時候，你就說：「原來我正是這頭驢！」當人家罵你：「你這個人眞笨！笨得跟驢子一樣。」你就說：「我正是驢子。」「爲什麼你是驢子？」「因爲我什麼都不會。」「你明明這麼會講話，怎麼說你都不會？」你就答覆說：「我也不知道。」

【「須菩提！如來所得阿耨多羅三藐三菩提，於是中，無實無虛，是故如來說一切法皆是佛法。須菩提！所言一切法者，即非一切法，是故名一切法。須菩提！譬如人身長大。」須菩提言：「世尊！如來說人身長大，則爲非大身，是名大身。」「須菩提！菩薩亦如是，若作是言：『我當滅度無量眾生。』則

不名菩薩。何以故？須菩提！實無有法名爲菩薩，是故佛說一切法無我、無人、無眾生、無壽者。」】

講記：佛不問而說：「須菩提啊！如來所得到的無上正等正覺，於這裡面沒有實也沒有虛；由於這個緣故，如來說一切法全部都是佛法。須菩提！我所說一切法的意思，就不是一切法，所以叫作一切法。須菩提啊！就好像人的色身長大一般。」須菩提說：「世尊！如來您說人身長大，那就不是大身，這樣才叫作大身。」佛說：「須菩提！菩薩也是像這樣，如果這樣說：『我應當要滅度無量無邊的眾生。』他就不能稱爲菩薩了。爲什麼呢？須菩提！如果是有一個眞實而沒有三界有的法，那才能夠稱爲菩薩，所以佛說一切法中沒有我、沒有人、沒有眾生，也沒有壽命相。」

〈究竟無我分〉的第三段，我們再從理上來說說吧！佛說，如來所得到的無上正等正覺，在這個不可比擬的正等正覺之中，其實沒有實可說，也沒有虛可說；所以如來才會說，一切法都是佛法。在無上正等正覺之中，如果說有一個法是眞實可以觸摸，眞實可以拿出來說：「我賣給你，你賣給我。」當作是有這樣的眞實法的話，那就不是無上正等正覺。如果因爲無實，就說那都是虛妄的，那也不對；因為沒有三界有等自性的法，不表示祂是斷滅，不表示是空無，所以祂也不虛，所以才是「實」而「無有法」——沒有三界諸法。這個法固然不能夠移轉增減，不能拿來送人，然而祂卻是可以出生名色蘊處界的，所以你也不能夠說祂是虛無斷滅的空無，所以說祂無實也無虛。正因為這個緣故，所以如來說一切法都是佛法。

講到這裡，就又有禪門的笑話了，因為一切法都是佛法，那麼就有大師解釋：「佛說一切法都是佛法，禪師也講『日用事無別，搬柴與運水』，所以行住坐臥都是佛法。你們要怎麼樣一切時中都住在佛法呢？師父告訴你，你吃飯的時候要專心吃飯，走路的時候要專心走路。你都要很清楚自己正在吃飯，不要打妄想；你吃到什麼味道，你要很清楚那是什麼味道。你作事的時候，要很清楚在作事，不要打妄想，不要攀緣。那這樣的話，你每一天二十四小時，都住在佛法中了。」這什麼大師講的？這可不只是一位，有好多位呵！可是如果這樣就是佛法、就是開悟的境界，那真悟祖師公案一翻出來，為什麼都變成無頭公案？摸不著頭，也找不到尾，讀了老半天說：「每一個字我都認識，可是都讀不懂。」為什麼？這就表示說，他們講的「一切法皆是佛法」全都是誤會了。

可是來到正覺講堂，不管什麼法都是佛法。你要是不信的話，提出來質疑說：「那請問殺人是不是佛法？」我說：「也是，怎麼會不是呢？」那大惡人在殺害眾生的時候，他自己也是很清楚地說著法——很清楚地顯現佛法。談到殺人，那談談醫師好了，你們當醫師的注意，在爲病人開刀，不也是殺人嗎？不過那個是善刀善殺；可是這殺人也是佛法，手術刀拿著把人家肚皮胸膛消毒了，一刀劃下去，那一刀也是佛法，因爲那一刀也含攝在一切法中，不離一切法。如若不然，開膛剖肚以後，在跟病人做後續處理的時候也是佛法，所以殺人也是佛法。

甚至於，我還告訴你：「藏密的雙身法也是佛法。」也許你不服氣，跳出來質疑：「你好幾年來一直說藏密是邪法，怎麼現在又變成佛法了？」我就告訴你：「從另一個角度來看，譬如從雙身法中的如來藏心來講，這也是佛法，但不是藏密講的那樣。」你說：「我才不信。」你不信嗎？我眞的告訴你，婆須蜜多可是用這一招在度人證菩提，你說她那個雙身法是不是佛法？她度人有很多方便，有的人來到她面前看見她，悟了；有的人來到她面前，要跟她講話才能悟；有的人跟她講話還悟不了，還看她嘻笑才悟；有的人悟不了，還要跟她拉拉手才能悟；有的人就不行，還要跟她抱一抱。抱了能悟也不錯，因爲根基最差的，得要跟她上床過夜才能悟。那上床過夜是不是雙身法？是嘛！但不是藏密雙身法的樂空雙運那個宗旨。同樣是雙身法，但是她在其中有爲人處，能幫人悟得「此經」如來藏，一樣可以悟，這才能夠說實相心自心如來是遍一切時。

藏密的雙身法是樂空雙運而不是悟得如來藏心，樂空雙運的境界沒有辦法遍一切時；都是上床悟了，下床就沒有悟，所悟的淫樂境界不能遍一切時，那算什麼開悟？開悟，哪有說一時悟、一時不悟的？悟後永悟，哪有悟後還會落入沒悟境界的？又譬如意識境界的離念靈知，上座時不生妄想，說是開悟了；下座後起了妄想，又變成沒有悟了，所以那個離念靈知也不對。藏密的雙身法更不對，因爲樂空雙運是意識、識陰境界而非第八識實相心境界，也是常常會中斷的無常境界，當然是不對的，因爲祂不能遍一切時。可是婆須蜜多用雙身法幫人家悟的，所悟之標的是遍一切時的實相心如來藏；只要在那裡面悟了，就知道善知識幫人拉手也可以悟，擁抱也可以悟，視笑也可以悟，說話也可以悟，有什麼時地是不能幫人悟入的？這樣才是婆須蜜多的開悟法。她這樣幫人開悟之標的，與藏密是完全不一樣的。

一切法皆是佛法，是因爲所悟的《金剛經》，也就是此經、就是如來藏，祂是遍一切時、一切處永遠都在；你下了座，打妄想，祂還是在；你上了座，不打妄想，祂還是在；白天清楚分明，祂在；晚上睡著了，祂也在。悶絕了，祂也在；死了，祂也在；投胎時祂也在，遍一切時都在。祂遍一切時都在，而在什麼地方顯現？在一切法中顯現。參禪人若離開了祂所生的一切法，就沒有開悟的機緣。所以，如果一天到晚上座一念不生，就沒有開悟的機緣了，法身慧命出生的因緣就不可能存在。求一念不生的人，豈但不是生緣處處，根本就是完全沒有生緣。

一切法皆是佛法，所以千萬別想要逃離都市喧囂，別逃離家庭躲到深山裡面去出家、盲修瞎練。在那深山裡面獨修，證悟底因緣反而少了；在人間與眾生廝混，因緣反而多，所以說一切法皆是佛法。可不要像那些假名大師們說的：「吃飯要專心吃飯，走路要專心走路。」來到正覺，再跟我講這個，我就當頭給他一棒：「專你個鬼呵！」當下把他打出去。因爲一切法皆是佛法，不是在告訴你要專心，而是告訴你說：「一切法中祂都存在，你要把祂找出來；找出來以後，你要深入去觀察，就會發覺一切法都從祂來；祂跟一切法不即也不離，這才是眞的中道。」

講了這個道理，佛接著說：「我所說的一切法，不是講一切法，所以才叫作一切法。」因爲 佛所講的一切法，也是在講金剛心、講「此經」；因爲找到了這個一切法中的祂，就發覺一切法都從祂來，都在祂的表面上運作——不斷地在「此經」的表面生了又滅、滅了又生，不斷地循環；結果發覺，原來一切法都屬於祂。一切法根本就不屬於別人，不屬於我們自己，包括我們自己都屬於祂。所以五蘊是法，十二處是法，十八界是法，外我所是法，內我所也是法，原來全都屬於祂。既然一切法都屬於祂，那一切法當然就是「此經」了；所以說，我所說的一切法，不是在講一切法，這樣的一切法才是一切法。好像在繞起口令來了，這就是《金剛經》的公式：「所言此經者，即非此經，是名此經。」等你找到了「此經」，你說原來就是這個如來藏，那你也可以跟人家講：「所謂如來藏者，即非如來藏，是名如來藏。」有沒有道理？有呀！現在換別人聽起來沒道理，你已經有道理了。

那麼就提出一個譬喻，看須菩提會不會；這是在經教中講的教外別傳，藉教義來傳授教外別傳。佛說：「譬如人身長大。」要看須菩提怎麼講。意思是：「我講這麼多了，就好像『人身長大』，你怎麼說？」這要須菩提來說，要當場驗他、當場考他。佛法一定都是實證的，當然要考他是否眞的實證了。如果不能實證，那就不是眞的佛法，那最多只能叫作表相佛法、文字佛法、相似佛法；若不是實證的禪，說得一大堆，都叫作口頭禪。我們也可以仿照各大山頭的某某菩提、某某菩提，將它命名爲口頭菩提。雖然我說他們是口頭菩提，是在責備他們，可是等到他們來問我：「如何是菩提？」我就告訴他們：「口頭菩提。」現在 佛講了這幾句話以後，就提出一個例子：「譬如『人身長大』。」要須菩提來說明了。

須菩提聽懂了，就回答說：「世尊！如來您所說的人身長大，不是講人身長大，這樣才叫作大身。」奇怪！佛說人身長大；這個人身如果跟你身中共生的細菌來相比，大不大？夠長大了吧！可是須菩提卻說：「佛陀您講的人身長大，其實您不是在講大身，這樣才是大身。」如果你突然間找到了，你知道我在講什麼，就鼓掌說：「妙哉！妙哉！」原來弦外之音，意下如此，你就知道了。可是如果你還沒有找到祂，就會在這裡解釋說：「因爲佛說的人身長大，那只是在形容，也只是個名詞，跟人的色身這麼長、這麼大其實無關；因爲色身是色身，語言是語言，所以您說的長大人身就應該說爲非大身，所以非大身的這個身體才叫作大身。」如果眞的有人這樣解釋，就叫作鬼扯淡。扯淡的意思就是講一些根本不相干的話，也就是言不及義的意思。如果有人像我剛才舉例這樣解釋，就是扯淡，並且還不是人類所講的扯淡言語，是鬼道有情來人間講出來的扯淡，根本就沒有意義。你跟著這樣的阿師，要學到哪一年、哪一個月才能實證？恐怕貓年、驢年來了，都還悟不了，這是很悲哀的事。佛提出這個問題，須菩提答得很好，他說：「非大身，是名大身。」那我倒要問問諸位：「是什麼？」你如果會，就告訴我：「就是那頭驢呀！」不然，你說：「那不是還有語言嗎？應該是要斷語言道的。」那不然，你就學驢子叫叫看吧！這才是大身。

佛又說：「須菩提！菩薩也是像這樣子，假使有一位菩薩這麼說：『我應當要滅度無量無邊的眾生。』這個人就不能稱爲菩薩了。」因爲每一個人騎著那頭驢來來去去多麼快樂，你爲什麼要把人家滅掉而度了？根本就不用滅。所以，若是像阿羅漢那樣，都要把人家滅度，那就不是菩薩，那叫作阿羅漢。菩薩滅度一切眾生的時候，他現前觀察眾生是沒有被滅度，因爲被菩薩所度的一切眾生，被度以後照樣要在人間繼續頭出頭沒；並且他們都有一個本住法，就是那頭驢子；那頭驢子非常好騎，讓眾生騎著來又騎著去。就這樣子，來的時候騎著驢子來，哇哇墮地了。到年老臨死的時候流著眼淚說：「我這個金孫，我眞的放不下。」阿公、阿嬤最疼的就是金孫，其他又何嘗不是？「我這個金孫放不下」,「我這皇帝的位子放不下」,「我萬貫家財放不下」；由於放不下，不想走，可是驢子卻還是把他馱著走了。來也是靠這頭驢子，去的時候不管他樂意或不樂意去，也都是因爲這頭驢子，結果發覺原來這頭驢子是滅不掉、殺不死的。眾生何嘗能夠讓誰滅掉？都滅不掉嘛！因爲眾生背後的那頭驢子都是常住的，所以滅度了一切眾生，而實無一眾生得滅度者。因此，如果有人說「我應當要滅度無量無邊的眾生」，那他鐵定不是菩薩。所以我們出來弘法，我們只說我們出來弘法，不說我們度好多眾生、滅好多眾生；沒有！一個也沒有滅，一個也沒有度。

佛聽了須菩提的回答，就解釋說：「爲什麼這樣講就不能稱爲菩薩？因爲眞實、沒有三界有的法才能稱爲菩薩。」滅眾生、度眾生，都是三界有被滅、被度；當阿羅漢度了眾生，那是把三界的眾生度過來；可是度過來以後，說捨壽的時候，那些悟得聲聞菩提的，都滅了入涅槃；入涅槃滅了以後，那被滅的是什麼？還是眾生的三界有被滅。度的是眾生，滅的也是眾生，全都是虛妄法，全都是三界有的法，那應該叫作「有有法」，不應該稱爲「無有法」。既然是有有法，是可以滅可以度的，那就不是眞實，所以他不叫作「實、無有法」，應該稱爲「虛、有有法」。佛陀這裡特地講「實」，就像在阿含講無餘涅槃一樣，說阿羅漢自知自證涅槃的時候，說涅槃是眞實、清涼、常住不變，特地這麼講「眞實」。這裡也是一樣說「實、無有法」，是實而沒有三界有的法，才能說是菩薩，因爲阿羅漢所滅、所度的都屬於三界有。只有實而沒有三界有的法，才能稱爲菩薩；可是阿羅漢所滅、所度的那一些眾生，都是虛妄而有的三界有法，那當然不能稱爲菩薩；因爲阿羅漢所滅的所度的，都是蘊處界等法，蘊處界當然是有我。有哪一個人不知道有我？都知道有我，有蘊處界時就是有我，人類的蘊處界一定都會自覺有我。

有我，接著看到了別人，就說：「這是我媽媽，這是我爸爸，這是我兒子，這是我女兒。」那就有人了。有了人，然後就會分別說：「這是我們家裡人，那是外人。」因此就有人相，都因為蘊處界。蘊處界是可滅可度的，都因為這個可滅可度的蘊處界而有我，也有人；有我、有人，那就會看見所有人都是眾生。這個人類眾生看到畜生時也會知道畜生是眾生，如果遭到了鬼魅，就說原來那些鬼魅也是眾生。有我、有人、有眾生，就會發覺原來鬼也會死：「好極了，他沒有辦法一生又一世，連著幾世都纏著我。好極了、好極了！原來他也會死，希望他趕快死，就不會再纏著我了。」希望附身的鬼趕快死，這就是壽者相。那個惡鬼被驅離，然後想一想：「我也是免不了一死，算了，就便宜他了。」於是才願意離開，那也是壽者相。一切法，包括一切有情的三界有等法，全都源於各自的如來藏，所以一切法就是如來藏；再從此經如來藏的自住境界來看，既離見聞覺知，從來都不了知自我，所以永遠都沒有我相；祂也不分別我與非我，當然就沒有人相可言；祂心中又永遠沒有你、我、他的分別，當然也沒有眾生相；祂自無始以來也都不曾分別自己活了幾歲或年老、年輕，對一切有情也都不作這種分別，當然也沒有壽者相，所以 佛說：「是故佛說一切法無我、無人、無眾生、無壽者。」

如來藏是一切法，一切法都在如來藏中運作，而如來藏自身都沒有我、人、眾生、壽者，這樣才是「實、無有法」。證得「實、無有法」的人，才能稱爲菩薩。

這一品的第三段經文，我們上一回已經作了解釋；接著來看看理說部分又怎麼說。請看補充資料：

《佛說月上女經》卷上：【爾時長老舍利弗等五百比丘，前行既至月上女邊，到已告言：「汝於今者欲何所去？」其月上女即報長老舍利弗言：「尊者舍利弗今既問我，作如是言『汝今欲向何所去』者，我今亦如舍利弗去，如是去耳。」爾時舍利弗復報月上，作如是言：「我今欲入毘耶離城，汝於今者乃從彼出，云何報言『我今亦如舍利弗去，作如是去』？」爾時月上復報長老舍利弗言：「然舍利弗舉足下足，凡依何處？」舍利弗言：「我今舉足及以下足，並依虛空。」其女復報舍利弗言：「我亦如是，舉足安足悉依虛空；而虛空界不作分別，是故我言『亦如尊者舍利弗去，如是去』耳。尊者舍利弗！此事且然，今舍利弗行何行也？」舍利弗言：「我向涅槃，如是行也。」其女復白舍利弗言：「尊者舍利弗！一切諸法豈不向於涅槃行也？我於今者亦向彼行。」爾時長老舍利弗復問月上，作如是言：「若一切法向涅槃者，汝今云何而不滅度？」其女報言：「尊者舍利弗！若向涅槃即不滅度，何以故？其涅槃行不生滅故。涅槃行者、不可得見，體無分別，無可滅者；以是義故，行涅槃者即是涅槃。」】

在經教上所說的理是怎麼說的呢？既然是講究竟無我，而這個究竟無我其實講的不外乎法界的實相中道平等觀，其實不外乎本來涅槃，才是究竟無我；因爲這經文裡面說的無實亦無虛，就是不在實與虛兩邊，可是又不離兩邊，是不即也不離。但是這個非實亦非虛，不實也不虛的，卻是又在實與虛之中，所以不即實與虛，但是也不離實與虛。你如果證了如來藏，我說的這道理，你聽起來覺得是理所當然；可是還沒有證得如來藏的時候，這聽起來可是要很費心力的。既然《金剛經》經文裡面 佛向須菩提說：「如來說一切法皆是佛法。」這就跟月上女與舍利弗的這一段對話有關聯了。

這一段經文記載說，長老舍利弗有五百比丘追隨。佛世的各位長老座下都各有比丘們追隨，也都是物以類聚：專修神通的就會跟著大目犍連，專修苦行的就跟著大迦葉，專修空慧的就跟著須菩提。舍利弗也是一樣，他也有五百個比丘追隨他；他與這五百個比丘往前走，準備入城，正好路上遇見了月上女。這個月上女當然是大菩薩，雖然她在菩薩眾中不是很有名，但是十大聲聞，不管遇上了哪個菩薩，只要所遇到的菩薩已經悟了，個個都不好對付，聲聞長老們也是不容易講得上話的。

這段經文的記載也是一樣，那時聲聞羅漢們大約都還沒有迴心大乘，或者迴心以後還沒有悟入大乘法。他們在路上走著，遠遠看見月上女逆向而來，所以路上越走越近就遇見了。舍利弗就問候月上女。因爲在聲聞法中眞正證果的聖者，不管他是從初果乃至到四果，不管是慧解脫或者三明六通，所有聲聞法中證果的人若是遇見了菩薩，都不會用下巴去看菩薩的，所以他們一定要跟菩薩打個招呼。不因爲他是上座長老，就不跟菩薩打招呼，因爲菩薩們個個都不好惹。就像你們一樣，你們隨便上哪個道場去，人家也不敢輕易招惹你，菩薩就是這個樣子。什麼人會招惹你們呢？又有什麼人會招惹月上女這樣的菩薩呢？大多是聲聞法中的凡夫。凡夫們才會來招惹，因爲自以爲很了不起；可是如果眞的有證聲聞果了，他知道菩薩們都不可輕易招惹。所以遇見了月上女，雖然舍利弗已經是長老，還是要跟月上女招呼一下。

可是菩薩有個習慣，只要哪個聲聞人跟他招呼了，三句不離本行，一定要爲聲聞人說法的，沒那麼輕易就把聲聞人放過了。特別是遇上了聲聞法的十大弟子，不好好顯一顯大乘佛菩提的妙處，那是不行的，當然一定要顯示一下；因爲這是度眾的機會，也是促使聲聞人迴小向大的機會。

所以，長老舍利弗問她說：「妳現在是打算要去哪裡？」這月上女就向舍利弗長老回答說：「尊者舍利弗！如今你既然問我，說『妳要去哪裡呢？』我就答覆你說，我就像舍利弗尊者你這樣去；你怎麼去，我就是像你那樣去。」這也是菩薩種性的一種，菩薩種性不是只有在修福德、智慧、定力等等；菩薩種性之一就是愛說法，但不是愛現；因爲這是很好的機會，示現給舍利弗座下五百比丘看看佛菩提勝妙在何處。菩薩都很愛說法，只是這麼一個問候，路上遇見了說：「妳要去哪裡？」她就說：「你去哪裡，我就像你那樣去。」尊者舍利弗就回報月上女說：「我如今是要進去毘耶離城，妳是從毘耶離城出來的，怎麼會說『我如今也像舍利弗那樣去，我就那樣去』？明明方向是不一樣，妳是出城，我是要入城，怎麼會像我那樣去？」當時的舍利弗還沒有進入大乘法中開悟，所以他聽不懂，這個時候月上女就跟他回報說：「但是舍利弗，你抬起腳來，那腳又踩下去，請問你，你每一步都依什麼地方？」舍利弗回答說：「我如今，舉足以及下足全部都是依虛空；因為如果沒有虛空，還眞的無法舉足跟下足。」

譬如說，把你裝在一個木箱裡面，把你所有的空間都塞滿了，變成沒有虛空了，你的腳還能抬嗎？還能踩嗎？都不行了。舍利弗尊者也只好這麼答。可是他這個答語都在月上女的計算之中，早就算好他會這樣答；因爲依照道理來講，舍利弗必須如此答。這就像禪三，我有時候問一個問題，對方必須要那樣答；可是有的人很聰明，他知道那樣答，是在我的設計之中，逃不出我的設計，所以他就故意換另一個方面答。當他換另一個方面答，不依理而答，我就把他趕出去，不能讓他再待在小參室裡面。因爲他特別聰明，不照理來；他自己會發明新的理，就偏離了正理，我就把他趕出去，所以學法就是要老實。

但是，因爲舍利弗畢竟是十大長老之一，他不得不按理回答，所以月上女就吃定了他這一點，舍利弗還得要這麼答：「我全部都依虛空，若不依虛空就無法舉足。」月上女又回報他說：「那麼我也跟你一樣，舉足以及下足，全部也都依虛空，不依虛空就無法抬腳下腳；可是虛空都沒有作任何的分別，所以我說『我也像尊者舍利弗那樣去，我就是那樣去的』。尊者舍利弗！這個事情一定是這樣的，暫且就不說它，如今舍利弗你是行於什麼行？」意思就是問他說，你的一切所行，都是要達到什麼目的？舍利弗尊者就說：「我的一切所行都是要邁向涅槃，我是這樣子行。」月上女又向他說：「尊者舍利弗！一切諸法難道不是全都向涅槃去行嗎？我如今也是向涅槃而行。」一個出城，一個入城，全部依虛空，全部向涅槃行。長老舍利弗就問：「如果一切法都向涅槃的話，那妳月上女如今為什麼還沒有滅度？」這一句話倒是問得不錯。可是他不曉得佛菩提的妙處，只知聲聞涅槃而不知大乘涅槃，所以他這麼一個質疑，其實反而是給月上女更多機會可以顯示勝妙法，所以月上女就說：「尊者舍利弗！如果不論什麼行為，一切行都是向涅槃行，而一切行都不離一切法，那這樣子，在一切法中向涅槃行，那就不滅度了，不是像你講的要滅度呀！而是不滅度的。」

因為一般人以及聲聞聖人的想法是：向涅槃行，那就是要滅度，否則他就不叫涅槃行了。然而問題是，大乘法向涅槃行是不用滅度的。二乘人是要灰身泯智，把身體燒成灰了，他的解脫智也沒了，因爲意識也斷了不在了；入無餘涅槃時十八界都滅盡了，所以灰身泯智。可是菩薩不是這樣，菩薩向涅槃行，不論作什麼都是向涅槃行，爲眾生作事也是向涅槃行；修福造善是向涅槃行，修定也是向涅槃行，乃至開口罵人也是向涅槃行；甚至禪師們，人家一進門，都還沒有開口請問，他手杖拿起來就打出門去，這也是涅槃行；乃至吃喝拉撒、搬柴運水，全部都是向涅槃行。

這跟二乘不一樣，二乘如果向涅槃行，那是要把十八界滅掉的；菩薩卻是在一切法中都是向涅槃行，不滅度，保留著一切法，蘊處界全部都具足，卻是向涅槃行。爲什麼這樣講呢？因爲涅槃不生滅的緣故。在二乘法來講，向涅槃是要滅掉一切法，蘊處界都滅了，當然一切法都滅了；所以二乘法中沒有叫作生度的，都叫作滅度。凡是入涅槃，都叫作取滅，都沒有說是取生。可是菩薩入涅槃、住涅槃都不必滅；所說的滅度都只是隨順二乘法而說的，其實一切法都不會滅。這是菩薩的專利，不迴心的二乘聖人沒有這個權利。

月上女說：「涅槃行不生滅的緣故，爲什麼這樣說呢？因爲涅槃行是不可得見，體無分別，無可滅者。」在二乘人來講，涅槃行可見，因爲現在一切行中都在把思惑煩惱斷除淨盡，都要注意不讓思惑煩惱有機會再出生，都是這樣安住的；那這樣的話，這個涅槃行是可見的，他一直在趣向無餘涅槃。可是大乘法並不是這樣，也許哪一天咱們幾個人邀約了去錢櫃或哪一家唱卡拉OK，若是有人來問：「你們在幹什麼？」「我們在行涅槃行。」菩薩是這樣行涅槃行的。可是二乘人不行，二乘人時時要觀照：「我不可以再起一念執著，任何我所的執著、自我的執著、內我所的執著，都不可以有。」所以，他們出去托缽的時候，眼視前方，最多只能看到七尺遠的地上；到了人家門前振錫，當人家送飯出來，不管是誰，都不可以看人家的臉，就只能看著缽裡；也不能想說這好不好吃，都不能想。所以那樣的涅槃行，一般人看了會說這是威儀庠序；可是如果世俗人看了會說：「那多枯燥。」菩薩可不是這樣，菩薩唱歌跳舞，娛樂於佛；以讚偈高聲唱起來而供養佛，那也可以。如果聲聞人說要供佛，在那邊唱歌跳舞，還像話嗎？你如果看見有比丘或比丘尼在那邊唱歌跳舞供佛，你會覺得怎麼樣呢？不是有個女人出家了嗎？後來越搞越偏了，身上穿那些僧服倒像是道服，跟道家幾乎一樣了；結果還在電視節目上跳起舞來，還能夠唱起世俗情歌來，那像話嗎？

可是菩薩卻沒關係，菩薩可以穿得花花綠綠的，有什麼寶冠也都可以戴起來，都沒關係；就算是用偈頌唱起歌來讚佛，那也沒關係。然而菩薩不論作什麼，都是向涅槃行，無有一事一法而非涅槃行。所以菩薩的涅槃行，凡夫與二乘聖人都不可得見，你看不出他這樣是行涅槃行。所以，你看禪師家多會搞怪，有一位禪師，好像是庥谷寶徹，人家來問：「如何是佛？」他就作個女人拜。你們看過平劇裡的女人拜，有沒有？一腳往後踩，然後稍微蹲一下，這兩手就拿個絲巾捏在腰邊，有沒有？我現在是上座說法，不能這樣表演。但我告訴你：「庥谷禪師這個作女人拜，也是涅槃行。」一般人或阿羅漢們看得出那是涅槃行嗎？看不出來。如果你已經看出這眞是涅槃行，表示說你已經是入了門的菩薩了；所以一般人、聲聞聖人都看不出菩薩的涅槃行，所以菩薩行涅槃行，不可得見。

而聲聞人的涅槃行，體有分別，因爲他們都一直在注意：「我有沒有一絲一毫去貪到外我所？」所以，人家如果布施了很好的食物色香味美，他不可以動一下念頭呵！只要起了一個念頭說：「今天這個很好吃。」他就沒辦法入涅槃了，因爲他落在外我所了。如果遇到一個窮措大加上大老粗，送出來的是很粗糙的糙米飯，又沒有菜，口氣又不好：「咱家今天煮得少，偏偏你又來了，就這些給你啦！」他心裡面不可以起一個念說：「這個人口氣不太好。」他如果起了這個念，他又落到內我所裡面去了。他如果突然間想了一想說：「我怎麼又會動心，原來我落到內我所。」那他就要繃緊了臉，自責其心。要怎麼自責：「看來我又掉回三果去了。」他得要自責，因爲已經發覺自己不是眞的慧解脫。所以他必須要時時注意著說：我如果對自己的心所法有一絲一毫的貪著，那我就落到內我所，那我就不能現般涅槃了。所以他的涅槃行，是要時時刻刻注意的，是有分別的。可是菩薩悟了以後才不管這個，假使菩薩出家了，譬如說他悟後在南洋出家好了，當他出去托缽的時候，南洋那一些僧人一定罵：「你這個算什麼出家？修行這麼不好。」得要等這個菩薩開口說：「你倒是說說看，什麼叫作修行？」他們才會警覺。因爲菩薩不論什麼法，於一切法中都向涅槃行；是因爲般若的理體本無分別，根本不去分別什麼善惡美醜；因爲當他知道善惡美醜的時候，卻是轉依那個不分別善惡美醜的眞如心，是永遠都不分別的，所以他不必去注意說：「我現在有沒有動心？有沒有起心動念？有沒有打妄想？」他根本不用管，因爲所證的涅槃體是無分別的。所以，菩薩無妨繼續分別，開口卻說：「我沒有分別。」這就是佛菩提的勝妙，是不分別法的。聲聞法是要取滅的，他如果不滅除蘊處界，就不是證無餘涅槃。不但蘊處界得要滅掉，他們所證的解脫智總共有十智，這十智也全部要滅掉，才能入涅槃。如果這十智不肯滅，他就必須保持著意識心跟意根，才能使聲聞解脫的十智繼續存在。當他必須保持著意識心與意根，就必須重新再入胎，那他的生死流轉可就永遠要持續下去了。所以，聲聞聖者若是要行涅槃行，到臨命終的時候是要把一切全部給滅掉。所以他的法是要滅的，滅了以後才無生，所以六祖就責備說：「**那聲聞法是將滅止生，用滅掉一切法來達到以後不再有生，所以那個無生是將滅止生，是有可滅的。**」可是，月上女說的涅槃行是無可滅的，一切法都不必滅，就已經是涅槃。所以，由於這個緣故，行涅槃者就是涅槃，不必等到一切都滅了才叫涅槃行，即今便是涅槃行。

你看，像這樣子，舍利弗尊者要怎麼答？到這裡就沒有他開口的餘地了！因爲那時他還沒有迴向大乘法中證得般若，他那時的聲聞涅槃行是可見的。聲聞聖人行於涅槃時都是可見，並且是要時時分別、要時時檢點，而且是「有可滅的」，蘊處界及解脫智都必須要滅盡。結果月上女講出來說：「我行涅槃行，是不可見，是體無分別，是無可滅。」然後跟他提示說：「由於這個原因，行涅槃的本身就是涅槃。」那麼你說，聲聞人要如何跟菩薩對話？很難啦！根本就沒有開口處；聲聞聖人所能開口的，就是前來作爲菩薩弘法的工具。當他遇到了月上女：「妳要去哪裡呀？」「你要去哪裡，我就是去哪裡。」「妳是出城的，我是入城的，怎麼說我去哪裡，妳就去哪裡？」「不然，我請問你，你怎麼舉足下足？你依什麼來舉足下足？」「我依虛空。」「我也一樣，我也是依虛空。」所以菩薩說的這個虛空，連舍利弗大阿羅漢都弄不懂了。其實虛空是六無爲之一，這個虛空無爲難道還會住在無餘涅槃裡面嗎？不是這樣的。這個虛空無爲其實本來就是涅槃，是什麼人的涅槃？是凡夫身中本來就已存在的涅槃，也是一切有情本有的涅槃；只是凡夫與一切二乘聖者不懂，不知道這個虛空無爲何在。

所以，菩薩現見一切有情本來涅槃，沒有一個有情是在涅槃之外的。既然本來就涅槃，而這個涅槃依誰施設？當然是依本來涅槃的如來藏而施設；而一切行莫非是如來藏，有哪一個行不是如來藏？所有人的蘊處界都依如來藏行，既然蘊處界是依如來藏行，蘊處界的行不就是涅槃行嗎？因為涅槃是如來藏，這是理上可以理解的。那問題是，菩薩證悟以後是現前看見一切行本來就是涅槃行，不是依靠言語解說的道理上去理解的。我現在告訴你的是理：甲等於乙，乙等於丙，所以甲等於丙。是這樣說理。可是菩薩是眼見當下就說：「這本來就是涅槃。」聽人家說妙法，看到身邊的菩薩聽得滿心歡喜呵呵大笑時，呵呵大笑底是誰？被人家訶責說：「你來聽那麼久，竟然還聽不懂。」心裡面好難過，眼淚掉下來，掉眼淚底是誰？原來都是涅槃行。

菩薩所見就是這樣，所以一切法無非是涅槃行。既然是這樣，何必要取滅？所以又說「無可滅者」。因此說，行涅槃者即是涅槃，誰行於涅槃？涅槃行於涅槃。誰行於涅槃？本來涅槃的如來藏行於涅槃。不是像你們聲聞人是用覺知心在行有餘涅槃，更不是末法凡夫用離念靈知心行於想像的涅槃行。我們菩薩是用如來藏行於涅槃，所以我們不用滅任何一法；而你們聲聞人是用三界有行於涅槃行，捨壽時就必須要取滅。所以在大乘道中說，並不是滅除蘊處界一切法以後才叫作滅度，也不是滅盡了聲聞十智、滅盡了蘊處界以後才叫作證涅槃；菩薩是無妨智慧具足，讓二乘聖人沒辦法瞭解，無妨智慧與蘊處界俱在，就已經是涅槃，所以菩薩的涅槃與二乘聖者所證不同。

我們再來看看 彌勒菩薩怎麼說，這是 彌勒菩薩化身為傅翕大士時，講出來的一首偈。這偈是針對這段經文裡面說的「人身長大，則為非大身」來講的。彌勒菩薩偈曰：

【依彼法身佛，故說大身喻；身離一切障，及遍一切境。功德及大體，故即說大身；非身即是身，是故說非身。】

這意思就是說，佛在這一段經文所講的「譬如人身長大」，這其實是依法身佛自心如來，所以講大身這個譬喻。如果不是依法身佛來講，人身也不過就是這麼一個五尺身、六尺身、七尺身；人類的最大身譬如那位打籃球的姚明，都還不算是最大身；據說還有比他更高的，竟然長到兩公尺半，討不到老婆，人類最多不過是這樣而已。甚至還有人被別人罵：「你這個四尺九。」四尺九，懂不懂？意思說這個人講話不算話。所以人身不過是如此，那為什麼佛要說「人身長大」？是依那個法身佛，依各人的如來藏、自性法身來說人身長大；否則人不過就這麼幾尺，有什麼長大可說？因為你若是要比起四王天人，這人身可就太渺小了。那如果要比起色究竟天宮的菩薩們一萬六千由旬，這人身還能講長大嗎？都不能說了，所以都是依法身佛來講「人身長大」，所以佛才會講這個人身的譬喻。由於這法身離一切障礙，以及遍於一切境界中；並且祂還具有許多的功德，以及一切四大之體，因此才說人身是長大的；因爲都是依這個法身佛來說的，法身離一切障。

一切的色身都有障礙，你總不能夠說我的五蘊去融入你的五蘊裡面去；一定不行，你絕對鑽不進去。各人有各人的皮袋子，你有一個皮袋子，我也有一個皮袋子，各人的皮袋子不能互相融入。且不說人類的這個粗身，光說欲界天身就好；欲界天身比人類這個粗身微細很多，可是欲界天人的微細身也沒有辦法互相融入。也許有人說：「那欲界天身質地依舊太粗糙了。」不然換成色界天身來說好了，色界天人也沒有辦法把自己的色身融入別人的色身裡面去，也作不到。即使微細如色界天人的天身，因爲色界天人的天身只有一層皮，很薄，大概就像那個比較薄的保鮮膜那樣，身上有很多的毛細孔，全都內外相通；當空氣在毛細孔出入時，每一個毛孔都有樂觸，這就是色界天人之身樂。這是一切初禪善根發的時候，一剎那間遍身發的人都可以體驗的。每一個毛細孔爲什麼有樂觸？因爲內外通流，通流的時候就有樂觸。

那時看見自己身內如雲如霧。智者大師講的不對，他說「如雲如影」，根本就沒有影，全都是如雲如霧；體內全都是比天上高高的白雲淡一點，可是比夏天清晨的霧濃一點，所以我把它改個形容叫「如雲如霧」。那個初禪天身很大，但沒有五臟六腑；當你修得初禪，在人類身中出現初禪天身時，那個天身就如同你的色身一般大，重疊在一起；死後生到初禪天時，色身就很高大。即使是這麼微細的色界天身，兩個天人也沒有辦法互相融入。只有西藏密宗胡扯，觀想我的廣大天身作爲我的本尊佛身，然後觀想我這個本尊佛身要跟什麼佛互相融入，那叫作大妄想；連胡人都不會這樣講，只有他們會這樣講。有智慧底人，不論怎麼瞎掰、怎麼胡說，都不會像密宗那樣講，只有他們才會那樣妄想。因爲如來藏與如來藏之間是不能互相融入而合併的，怎麼可能兩個如來藏竟然互相融入呢？所以那叫作胡說八道。

彌勒菩薩說：「身離一切障。」金剛心如來藏雖然那麼微細，細到全無色法，但二個如來藏心也不能互相融入；可是這麼粗糙的身體，如來藏卻可以撞得進去；死了以後得到個中陰身，又撞進母胎裡面，就撞進皮袋子了。彌勒菩薩是說，雖然人類色身這麼粗糙，如來藏法身卻可以撞得進去而沒有遮障。假使你一念願樂，想要生到極樂世界去，十萬億佛土也是一念就到，沒有遮障；當你坐上了金蓮華（如果你是上品上生就坐上金剛臺，如果你是上品中生就坐紫金臺），只要一坐上去，屈伸臂頃之間，也就到了。不必像光的速度那麼慢。光速很快，一秒鐘可以繞地球七圈半；可是用光的速度，從這一端向娑婆世界的另一端出發，跑了十萬年還離不開這個娑婆世界，何況這一個娑婆世界跟另一個佛世界的距離是那麼的遠，更遠的十萬億佛土之外的極樂世界，你要跑到何年何月？你想想看，你要跑到何年何月？可是這個金剛心很厲害而沒有遮障，只要你坐上了紫金臺，或者坐上金剛臺，多久時間會到達？這樣就到，屈伸臂頃。經中告訴你說，把這個手臂彎曲了再伸出去，這樣短的時間就到了！有什麼遮障呢？沒有。入胎時想要撞入這個皮袋也是很容易，你們都是幾十年前撞入這個皮袋的，所以顯然也沒有遮障。

這個法身離一切障，並且遍一切境，什麼境界裡面都有祂。不談遠的，說說咱們自身，意根沒有祂嗎？意根也是從祂生的，依附於祂才能存在，其實是存在於如來藏之內。再來看五色根，五色根也是一樣，也是要依附於如來藏才能存在，也是存在於如來藏中，那麼請問你：「如來藏有沒有遍六根？」

遍了。再來看，祂生了六根，然後就能變生六塵出來；這六塵的所在，難道沒有祂嗎？當然有。再來看，生了六根也生了六塵，根、塵相觸的地方又生出了咱們覺知心這六個識，咱們這六個識難道裡面沒有祂嗎？當然有。但是如果你聽我這麼一講，你就說：「好極了！我明天開始努力打坐，我打坐的時候就一直觀行，看我這個覺知心的哪一個部分是祂？我就把祂找出來。」但我告訴你：「你絕對找不到，你一定要有人指導，因爲你這樣是找不到的。」不然，你說：「那不然，我從六根來找也可以嘛！作主的意根太玄了，我不要找，我從五根開始找，我找找我的眼睛，眼睛我又看不見，怎麼看？」拿鏡子來對，對對看眼睛，看來看去還是眼睛，你還是找不到。但我告訴你：「祂確實遍於你的十八界，不但如此，還可以遍一切境，三界九地，祂都有辦法安住。」禪定修得很好，生到色界天、無色界天；假使以定爲禪，把四禪境界當作是涅槃，結果捨報時發覺不能入涅槃，就毀謗：「佛陀騙人，根本沒有涅槃可證。」這一下子，色界天的中陰身滅了，隨即下墮地獄去了！到地獄裡面一看：「喔！好苦喲！」好苦歸好苦，那個法身佛在地獄裡面可都無苦，祂也可以如如不動而存在；乃至下到無間地獄，祂也可以安住及存在。一切境界裡面都有祂，這是所有證悟的菩薩都不會否認的。說白一些，其實有情的十八界、五陰全都是存在金剛心如來藏裡面。但是大家都找不到，就好像一句禪門的話說的：不識盧山眞面目，只緣身在此山中。

不但如此，祂還有許多的功德，可是那一些功德咱們就不跟你講，因爲講了也沒有用。如果要全部都講出來，密意就洩漏了也不行，這樣就違背 佛陀的告誡，這可是違背法毘奈耶，是佛戒中的最重戒。但是可以稍微講一點：不論你在這裡聽得喜歡或不喜歡，你在想什麼，祂都知道，祂是你的知己。既不是紅粉的知己，也不是黑白的知己，卻是眞正你的知己；不管你怎麼設計說要瞞騙祂，你都瞞不了祂，祂都知道，所以祂都會跟你配合。怎麼配合？造惡業就配合製造地獄身，造善業就配合造欲界天身；那你猜猜看，祂平常怎麼配合？所以說，祂有許許多多的功德，這些功德很多都是你無法控制的。譬如你不想老，偏讓你老；不想死，偏讓你死；不想投胎，偏讓你投胎。祂還有許多其他的功德，諸位最喜歡聽的功德是：祂可以使你得解脫，可以使你得涅槃，可以使你成爲證悟的菩薩，可以使你成爲究竟佛。這個總喜歡聽了吧？祂有這一些功德。

有的人說：「你剛剛說祂遍一切處，我不太相信，譬如說這一塊石頭就沒有祂。」我告訴你：「還是有，不過這一塊石頭裡面，不是只有你的祂，還有許多許多有情眾生的祂共同持有，這是共業有情的如來藏共同感應變生出來的。」因爲三界中十方三世一切的地水火風，都是共業有情的如來藏共同變現出來，不是無因而有；既是如來藏變現出來的，所以如來藏才能持它。所以，那些沒有智慧的人讀到《舊約聖經》說上帝在第一天造了天，第二天造了地，第三天造了什麼……等，也就迷信了。其實全都是胡扯！上帝連他自己的如來藏在哪裡都不知道，上帝連他自己的五陰是從哪裡來的都不知道，連他自己要怎樣才能出離三界生死都不知道，他憑什麼功德能造天造地還造眾生？那都是沒智慧的人瞎編亂扯。如果會相信那樣的說法，表示那些信受的人是更有智慧？還是更沒智慧？是比編造《聖經》的人更沒智慧。言歸正傳，如來藏既然出生了有情的六根與六塵，當然就遍及這十二處，怎能說祂沒有遍一切處？

所以，法界中所有的四大極微都是如來藏所持，但不是由某一個有情的如來藏所持，而是所有有情的如來藏共同變生、共同執持。所以四大極微不會變少，不必擔心說：「這個地球世界眾生一直使用資源，未來一定會使用完了。別的星球世界也是如此，那這樣子，三大阿僧祇劫以後，我還成什麼佛？三界中的所有物質都被耗光了。」我告訴你：「不會！如來藏會不斷地變生，這不必擔心。」只是要擔心說，快速地把它用完了，現在就沒有，眼前就沒了。不必到三大阿僧祇劫，因爲現在你能用的，它已經轉變形態了，你用不到了。這石油用完了，以後就沒了，大家應該節省著用。那到底漲價是合理還是不合理？所以世間法是沒有定論的，爲了照顧貧苦眾生，應該要平價；可是平價時，大家像流水一樣的花。花完了接著怎麼辦？如果科技沒有接上來，就有一段空窗期了，那時開一趟車要付什麼代價，算盤要先打一打，絕對是非常貴。因爲到那時候，石油剩下一點點的時候，誰有石油，誰就是老大。可是用完了，不是沒有，而是它轉變了形態成爲另一種四大的狀態，但是你這段期間就沒有石油可用了。所以到底是要怎麼樣？法界中是沒有絕對的眞理，絕對的眞理只有一個如來藏，除此以外都是相對的眞理。現在說這個四大之體，祂就是如來藏；四大自己無體，四大之體就是如來藏，還是法身佛，所以說由於這個法身離一切障，遍一切境，有諸功德，有四大之體，所以才說這個法身佛是大身。

可是法身到底是不是身？法身無身。如果智慧很粗淺的話，就自以為知，他就想：「我知道了，我找到我的法身佛了，祂長成什麼模樣？光彩萬丈。」說是光彩而且又萬丈，看來還眞的像是法身。其實叫作妄想，因為法身根本無身，怎麼會有身呢？所以 彌勒菩薩說：「非身即是身」。因為一切身由祂而來，身的意思是說祂有功德，不是名言施設，名言施設就不能稱為身，那叫作戲論。可是祂有功德，是一切諸法的功德，因為一切諸法都從祂而來，一切諸法的作用都不離祂，所以說祂是諸法之身。法身的意思，就是講諸法之身，祂是諸法的所依，所以祂有種種功德。因為這樣才叫作身，否則不能叫作身，因此說無色身的「非身即是身」。所以，由這個「非身即是身」來說「法身非身」，那麼這樣經文就通了！佛說：「須菩提！譬如人身長大。」所以，須菩提答覆說：「如來說人身長大，則為非大身，是名大身。」所以沒有一個大身，因為祂無形無色，哪來的大身呢？因為非身所以才能稱為大身，有身就有限量，就不能稱為大身。

這就好像有一個笑話，是古時候修道者間的笑話；說有兩間廟，一間住著佛教比丘，另一間住著一個道士；這個道士很厲害，什麼茅山術等等法術他都有。這個比丘說：「我什麼都沒有。」信徒卻總是護持，這個道士不服氣說：「你什麼都沒有，我什麼都有，我們來鬥鬥法。」這比丘說：「好呀！鬥嘛！」那就鬥，道士今天變個老虎來，這個比丘不甩他，門關起來不理他：「我什麼都無，我都沒有東西；你就繼續變，我只是把門關起來。」這老虎吼了、吼了，也沒奈何，回去了。明天又變一條蛇來，這比丘也是不理他，後天又變別的；一天又一天，變了一大堆以後，變到後來，人家說黔驢技窮，黔驢最多就這麼三踢，他不只三踢，踢了好多踢，結果呢，什麼都沒用，這比丘就是不甩他；到最後他沒有東西可以變了，這比丘開門來找他說：「你怎麼不再變了？」他說：「我變了那麼多，你都不開門，我能奈你何？」這比丘說：「因為我什麼都無，我到現在還是無；你現在有也變成無了，結果你跟我一樣。」結果後來誰贏了？比丘贏了。

所以，凡是「有」，都是有侷限的，「無」法卻可以無限量。因為這個法身雖然有諸功德，可是祂沒有侷限；所以十方法界中，什麼事都可能發生，不要太篤定說：「不可能啦！」我告訴你：「什麼都可能。」以後人類科技會發展到什麼地步，不能限量，什麼都可能；但是不管科技怎麼發展，法界的實相永遠都是這個法身佛，這是不可能轉變的。所以，如果要講不可能，就只有這一件事不可能：祂永遠不可能會轉變。不管有情如何進化，進化到終極，就算是有一天眞的不能再進化了，還是那個如來藏；只有這件事情是不可能打破的，其他的事，在法界中什麼事都有可能，千萬不要誇大口說不可能。既然什麼都有可能，你能夠接受這一點，你未來行菩薩道時就不會遇到遮障了，因爲你講出來的是至理。因此說，只有非身才可以是大身；如果不是非身，不管多麼大，它都有限量、都有侷限。譬如說娑婆世界的最大身就是五不還天的色究竟天人，那些菩薩身高一萬六千由旬，這不是很大嗎？可是他終究有限量，限量就是一萬六千由旬。可是如果非身，你沒有辦法說祂有多大，你也沒辦法說祂有多小，所以這個非身才叫作大身。

理說講完了，看看宗門怎麼樣去通這個理，《景德傳燈錄》卷十：【**趙州從諗禪師上堂示眾云：「如明珠在掌，胡來胡現，漢來漢現。」**】

他講這句話，在禪宗裡非常有名，禪門裡面老參都知道。有一天上堂，他手裡連個明珠都沒有，就只是出一張嘴。人家說「有錢出錢、有力出力」，有的人卻不出錢也不出力，光出一張嘴，大家都討厭他，他見了人就分派說：「你來護持十萬塊錢，你來作這件義工。」可是他既不出錢也不作義工，他什麼都不幹，光出一張嘴，在那邊吆喝。趙州禪師這個晚上也是一樣，上堂說：「猶如明珠在掌，胡來胡現，漢來漢現。」這字面上意思講什麼？說如來藏就好像一顆明珠，胡人來了，這明珠表面就映現出胡人的影像；胡人走了，換漢人來了，這明珠就又示現了漢人的影像。講白一點就是說，如果一生造了善業，吃素、修十善業，那就天堂掛號（是自己掛的，絕對不是老母娘幫你掛的。這是自己掛號，她也沒有資格幫你掛）；這一世捨報時胡人走了，下一世應該顯現為欲界天身，如來藏就顯現出欲界天人之身；生活在人間就譬喻為胡人，後世的欲界天身就譬喻為漢人，這如來藏就是明珠；這時候叫作「胡來胡現，漢來漢現」。

如果他在欲界天中因為有菩薩願，所以生到兜率陀天，又沒有被外院的那一些五欲所吸引，就去見了彌勒菩薩。結果他得到了無生法忍了，這一下在彌勒內院那邊命終捨報，又生到哪裡去呢？生到色究竟天去了，當他得到四地或八地無生法忍時，去見報身佛盧舍那佛，那就捨了欲界天身；這就好像說，這個明珠表面的欲界天身（胡人）走了，現在換了色究竟天菩薩身（漢人）來了，顯現出來的都是由如來藏顯現的。如果說他去到兜率陀天的彌勒內院，結果心中傲慢，像天軍菩薩帶上去的那個聲聞比丘一樣，因爲看見彌勒菩薩穿天衣、戴天冠，都不像個出家人、不像個和尚，所以他去了三次都不肯禮拜彌勒菩薩。他見了妙覺菩薩都不肯禮拜，只因爲彌勒菩薩的外相是天人相，而不是他那樣的聲聞相，所以就不禮拜，當然就空手而回，全無所證。現在假設有一個人像那個比丘那樣子，結果回來人間以後毀謗彌勒菩薩：「他像什麼妙覺菩薩？都還在家，沒有出家，他懂什麼？」就這麼一句話，死時這個胡人走了，下一世變成地獄漢人；這也都是他的如來藏變現的，就這樣叫作「胡來胡現，漢來漢現」，趙州禪師就這麼講完了。

現在問題是說，他到底講了眞實般若沒有？其實他已經講了，可是眾生都沒智慧，都只看明珠表面那個影像：「原來你是個胡人呵！」看到另一世的影像現出來時就說：「你是個漢人呵！」都看到那個影像，而沒有看到那個寶珠，這就是眾生愚癡。就好像一個房子，如果像全方位的電影一樣，你都看不到鏡子，都發覺不到鏡子，不論往上看、往下看，前後左右都很現實，完全看不到鏡子，只能看到鏡子裡顯現出來的影像，就會認爲是眞的境界，不知道是影像；眾生就像是這個樣子，這就是眾生，這也是二乘聖人的所見。但是菩薩不落在影像上，直接就看到鏡子或寶珠，所以菩薩一看就說：「哎呀！是這個寶珠，這寶珠還不錯，竟然還會有種種影像，還蠻光彩奪目的。」菩薩是看到寶珠，然後才去看那個影像。

所以，證悟的菩薩上街看到人是先看到如來藏，然後才看到這是什麼人：「原來你是胡人，他是漢人。」所以菩薩悟了，在那邊思惟整理的時候，牆角上一個東西爬過來，竟然說：「原來是蜈蚣菩薩。」這個女人本來是很怕的，這時竟然沒有怕；因爲她是看如來藏，不是看蜈蚣。可是眾生看到了就哇哇大叫起來：「蜈蚣呀！」滿堂轟動，大家都跑過來，原來他們是看到蜈蚣。菩薩看到的時候，因爲所看到的是如來藏，所以她不驚慌，心裡說：「原來是蜈蚣菩薩。」這就是菩薩跟二乘聖人、跟眾生不一樣的地方。現在問題來了，假使有個人這樣說：「趙州說：『胡來胡現，漢來漢現』。」那我就問他說：「這顆寶珠，胡人也不現、漢人也不現的時候，你怎麼樣看見此珠？」有沒有想到這一點？「如明珠在掌，胡來胡現，漢來漢現。」如果胡漢皆隱，如何見這個寶珠？莫說大眾，就算釋迦老子來了，也不得見，因爲釋迦世尊本尊也沒得看見。「那你蕭平實看得見麼？」我也看不見。

這就是宗門正法，不會的時候，只好搔一搔頭：「眞的想不通，這蕭老師怎麼這樣講？眞的是不懂。」等到你悟了，你就全都懂了。現在又有個問題來了：「你說釋迦老子來了也不見，問到你，你蕭平實也不見；既然都不見，你叫我們怎麼見？」問得也是，那不然我告訴你怎麼見好不好？（平實導師隨即大聲說：）「胡人來了！」

【「須菩提！若菩薩作是言：『我當莊嚴佛土。』是不名菩薩。何以故？如來說莊嚴佛土者，即非莊嚴，是名莊嚴。須菩提！若菩薩通達無我法者，如來說名眞是菩薩。」】

講記：「須菩提！如果菩薩這樣子講：『我應當要莊嚴佛土。』那麼這位菩薩就不能稱爲菩薩了。爲什麼這樣說呢？我釋迦如來所說的莊嚴佛土，其實不是莊嚴，這樣才能叫作眞正的莊嚴佛土。須菩提！如果菩薩是對於無我法已經通達的人，如來才說這個人眞的是菩薩。」

這是這一品的第四段經文，怎麼樣叫作究竟無我？究竟無我，講了好多，已經講了三段了，結果無我之中不是叫你放下一切、灰身泯智。因為你如果這樣，根本沒辦法成佛，也沒辦法利益眾生，那麼 釋迦世尊來人間辛苦那麼一趟，又是為了什麼？不就浪費慈悲、白忙一場了嗎？所以究竟無我，是要你從無我的實證，而且是究竟的實證之後，來發起你的菩薩心；要你無私無我地繼續去利益眾生，這樣才是莊嚴佛土。如果莊嚴佛土的時候，你是有我的、有私心的，你就不可能莊嚴佛土，一點點的莊嚴都沒有。菩薩之所以能夠三大阿僧祇劫去廣行菩薩道，都是因為通達無我而想要到達究竟無我，才能作得到。懂得如何究竟無我，然後你才能夠莊嚴你的佛土；如果不是通達無我，你不可能莊嚴到你的佛土。

如果你是以有我的心態來利樂眾生，那麼你將來的成佛與佛土的成就時間，將會拉得非常長，一定要具足經歷三大無量數劫。可是你如果純粹是無我的，完全是無私的把正法利益了眾生，才是真正的攝受佛土。這樣來莊嚴你的佛土，人家一個大劫就是整整過一個大劫，你可能是一個月就過完一個大劫，這樣來莊嚴佛土就很快速。否則的話，你莊嚴不了佛土；縱使真的能莊嚴，那也是非常地緩慢。因爲就像是一幅佛國淨土的拼圖，你拼上三片，然後放捨兩片；每拼三片就挖掉兩片，那你要拼到什麼時候？因爲是有我、有私心，就是在挖掉自己成佛的福德資糧。如果我在利益眾生的時候，定下規矩：一個人來求明心，兩百萬元代價，包你明心；來求見性，一億元包你眼見佛性。那麼我雖然也幫了一些人開悟，因爲我的法正眞，沒有錯誤也沒有虛假；但問題是，我這樣作等於是貼上了十片圖片就挖掉九片。就像是這樣，挖掉丟掉的最後還是得要再撿回來拼；直到拼圖最後那一片也撿回來拼上去，才能成佛。可是像這樣子，我得要拼多久？想想看，我要拼多久？人家早就成佛了，結果我修菩薩行一定會比人家多修好多劫；本來是幾劫以前是我的徒弟，結果人家先成佛了，換我來當他的徒弟；而且還要再等很久才能成佛。如果我像這樣子來莊嚴佛土，可就實在不聰明了。

攝受了眾生，你就是在莊嚴你的佛土，就是在攝受你的佛土；這個時候佛土成就的快與慢，就看你是有我或者無我。有我的時候都會斤斤計較：「我今天這樣努力爲眾生付出，眾生都不恭敬我、都不禮拜我、都不供養我。」終於有一天，人家恭敬了，來禮拜了，又來供養了；不但如此，一供養就是三間別墅、一千萬元美金。想想看，你的佛土被這一些東西給吃掉多少？而且一世就吃掉那麼多的佛國淨土。你想想看，如果是正在打天下的時候，打好了半壁江山，剩下半壁江山還沒拿到手，結果你手下有一個人，每天把你得到的江山給丟掉三分之二；你每掙來一片，他就把你丟掉三分之二送給別人，你會對他怎麼樣？你一定要辦他的罪、罷他的官，不再讓他執事了。

同理，這個壞事的官究竟是誰？就是有我的心、就是私心。這個有我心、私心，就是那個壞官，你要趕快把他罷官治罪，下在大牢中，不許他再離開大牢。如果能夠這樣的話，你要打下全片的江山就容易了；打下這一大片江山了，就是佛土完成了，就該成佛了。所以有時候我覺得應該請陳雷來唱一首歌：「吃虧就是佔便宜。」菩薩修集佛土就是這樣啊！確實是如此。所以大家必須先通達無我，當你懂得究竟無我以後就要告訴你，應該怎麼樣去莊嚴你的佛土；你必須要以完全無我無私的狀態來莊嚴你的佛土，你成佛才會快。因此，既然實證無我了，你就不能夠說「我在莊嚴佛土」，這樣莊嚴佛土才會快。我們接著來看看經文怎麼說：

佛說：「須菩提！如果菩薩這樣子講：『我應當要莊嚴佛土。』那麼這位菩薩，他就不能稱爲菩薩了。爲什麼這樣說呢？如來我所說的莊嚴佛土，其實不是在莊嚴，這樣才能叫作眞正的莊嚴佛土。須菩提！如果菩薩是對於無我法已經通達的人，如來才說這個人眞的是菩薩。」

這一段經文是 佛陀不問而說的。莊嚴佛土，這是兩個法，佛土是以什麼爲佛土？說得白一點，佛土就是眾生心。你從理上來說是如此，再從事上來說也是如此，我們且先說理，然後再說事。在理上，當一位菩薩要成就他的佛國，一定是有許多人跟他有緣，同時受生在人間，他的佛國才能成就。比如說，兩千五百多年前，釋迦佛的佛國延續到現在，一直到末法滅盡爲止，都叫作 釋迦牟尼佛的佛國，但這個凡聖同居土的佛國，不是由 釋迦牟尼佛一個人來成就的，而是由許多人的如來藏共同變生的。而且，假使祂不是往世無量劫利益眾生，祂來成佛的時候就只有一個人成佛，不能成就三寶；只有佛寶，也沒有法寶，因爲沒有人願意聽祂說法。

如果往世沒有度過人，現在就沒有人願意聽祂說法，所以祂將度不到弟子，那就沒有法可說了，法寶又在哪裡呢？就沒有法寶了。度不到人，當然也不會有僧寶，那祂的佛國便不能成就了，原因是祂往世沒有攝取佛土；沒有攝取佛土的原因，是因爲沒有攝取眾生。所以，想要攝取佛土的人，一定要攝取眾生。當你攝取了眾生，然後這些眾生開悟的因緣熟了、證果的緣熟了，你就可以到人間來示現。當你來人間示現時，這一些跟你有緣的眾生，就同時來這裡受生當你的弟子；那時候你成佛了，就有法寶也有僧寶，這樣你的佛土便成就了。

從事上來講，一個佛國土要到達什麼樣的境界，那是跟你所度的眾生心有關的；這些眾生一定是因爲你往世不斷地攝受他們，所以他們一心想要追求法界的眞相，或者一心想要追求解脫的實證。這些人都生到這個國度來，因爲以前都有緣同在一起，跟同一個善知識修學，所以當這些人的緣熟了，就漸漸生到同一個世界來。在這個世界中，他們證悟般若或者證聲聞果的緣熟了，而他們都在這裡了，那就是你來這裡示現成佛的因緣成熟了；這就表示說，你的佛土成就了。所以佛土的成就不是由自己一個人來完成，而是要靠你所攝受的有情來共同成就；因爲這個世界的變現，也要靠這一些有緣眾生的如來藏共同變現，事相上就是這樣；所以你若想要使未來的佛土成就，一定要攝受眾生。當你攝受了這一些眾生，他們的因緣也會影響到其他的有情，一起共同在虛空中變現出這樣一個世界。

然後他們在這裡追求佛法，一直都得不到佛法，但是當他們不斷地進修，到最後發覺說應該要尋求涅槃、尋求法界的實相，已經有這個氣氛出現了，有這麼一大群人在追求成佛之道，這就是你的佛土成就的時候。但這些人不是靠別人，是要靠你一世又一世去接觸他們，去傳授給他們這些知見。然後他們又會有許多的因緣，因為他們也不是自己一個人可以在人間，他們有許多的一世又一世的因緣而結下了許多的緣，因此就有許多眾生是跟他們有緣的；這樣聚集起來，人就很多了。有一句俗話說：「牽親引戚（台語直譯）。」意思就是說，每一個人都有許多的有緣眷屬，但是因緣熟了就生到同一個世界來，而這些眾生裡面有許多是你往世所度的弟子；當他們成就佛法、成就解脫果的因緣成熟了，就表示你來這裡示現成佛的緣已熟了，這就是你的佛土成就了。所以佛土的成就以及把這個佛土如何莊嚴，那都是要在攝受眾生上面來作。佛土的成就與莊嚴應該怎麼作？有緣眾生的如來藏就會去作；你應該要作的就是怎麼樣幫他們去證解脫果、去證佛菩提，這就是在莊嚴佛土。所以，如果這樣通達了以後，就知道佛土不是用什麼觀想來成就的。像密宗那個觀想，根本就是妄想；佛國淨土不是用那樣來莊嚴的，那個叫作妄想、作白日夢。也不是要像某某山講的人間淨土，他們四處去買地皮、去買風景區的寺院，然後把那個寺院弄得非常漂亮，在電視上宣傳說是佛國淨土，根本不應該那樣。不知道你們有沒有看過，有個山頭以前常常在電視上面放映出來；那其實是日本的一個湖，那個湖旁邊有一座日本的寺廟，佛弟子們去買下來，然後用檜木裝潢起來，眞的好漂亮。可是弄起來以後，如果在那裡面住的人都是心行不清淨，專門跟喇嘛來往，夜裡都在修雙身法，那還能叫作淨土嗎？那是不可能成就佛土的，而應該叫作成就地獄土；因爲說的都是意識常住、否定如來藏等破壞佛教正法的邪說，那不是成就地獄土嗎？那不是成就佛土。

所以，莊嚴佛土不是靠觀想的，也不是靠有爲法上的運作，而是靠著你怎麼樣把五乘法傳給眾生。佛法總共有五乘，人乘、天乘、聲聞乘、緣覺乘以及菩薩乘，總共有五乘。要靠你怎麼樣去把這五乘道傳給眾生，當眾生信受了，開始認眞修行了，跟你結下這樣好的法緣以後，未來世他們得度的因緣成熟時，就是你成佛的時候。所以，你攝受眾生時就是在莊嚴佛土，當你攝受眾生時就是在成就自己的佛土；因此，實際上沒有莊嚴佛土這個事相，如果有誰在事相上要去莊嚴佛土，在人間居住的環境上面想要建設人間淨土，其實都不是莊嚴佛土。所以如果哪一天我發起一個活動說：「我們大家來推廣環保菩提，我們每週派義工去各社區打掃，要這樣來莊嚴佛土。」那諸位應該怎麼樣？應該趕快跟我 say goodbye。一定要儘快跟我說再見，要走人了，別再留下來了！因爲這不是眞正的清淨佛土，不是在莊嚴佛土，這是在搞世間名聲。

當這種活動一弄起來，新聞記者就會來報導：你看，正覺同修會多麼關心社會、關懷眾生、關懷貧窮人。他們會常常報導。可是，你如果教導眾生如何得解脫斷三縛結，誰也不會跟你報導。但是，如果有一天我眞的發起什麼環保菩提，公開站出來，廣貼相片大聲呼籲，發動大家去進行世間法上的各種活動，你們就該知道說：「這蕭平實在搞名聲了。」懂嗎？如果眞的有那個時候，你們眞的應該要跟我講「再見」了。這意思就是說，那些表相的功夫都不是眞的在莊嚴佛土；眞正的莊嚴佛土是讓自己怎麼樣達到無私無我的狀態，以無私無我的心態去救護眾生離開邪道，以無私無我的心態去救護眾生離開世間的常見、斷見，用無私無我的心態去教導眾生如何去證得無我的境界、證得解脫果，以及如何教導眾生去親證佛菩提，這樣才是眞正的莊嚴佛土。可是這樣的莊嚴佛土，諸位不會看到有在什麼地方莊嚴佛土，因爲這樣所清淨的佛土其實都是眾生心，你看不到有在人間環境上面作些什麼莊嚴的事。所以，如果心裡面想著應該如何去莊嚴佛土，那就不是在莊嚴佛土，那個人絕對不是菩薩。

佛陀解釋這個道理說：「**如來所說莊嚴佛土這件事情，不是用莊嚴的，這樣才是眞正的莊嚴佛土。**」這就是我剛剛講的，如果有誰說我們現在買一塊地皮，要蓋一個清淨的人間淨土。好了，花個三十億元，買上兩百公頃地，然後在裡面去建設，弄到一塵不染，只要有一片樹葉掉下來就趕快要去掃，所以每天都要有好多人在那邊清潔，說那樣叫作人間淨土。我告訴你，那個依舊叫作穢土，因爲垃圾不斷地掉下來。眞正的淨土不是在講這種人間的環境，眞正的淨土在人心中，不在外面。當人們心地清淨了，環境就會跟著清淨起來，所以說「**心淨則佛土淨**」。

以極樂世界而言，金沙鋪地，都沒有那些會爛的樹葉掉下來。但是，如果心地不清淨就不能住在那個世界裡。假使有人心地還不清淨，偏要住那個世界，那時應該要怎麼住？就讓他住在七寶池中的蓮華裡面，不能出來；讓他繼續聽聞佛法，聽到心地清淨了才可以出來。所以下品下生的人或者下品上生的人，在那個蓮華裡面要待多久呢？要待好久、好久、好久。這個「好久」二字，你用紙把它寫下來，每一公分寫一個字；當你寫成一個長條，繞了地球七圈半以後，都還沒有辦法表示下品往生者在蓮花中所待時間之久。因為你很努力繞了地球七圈半，終究是寫完成了；就好像愚公移山一樣，我這一代作不成，下一代繼續作，終有一天會完成。可是你算算看，即使是上品下生在那裡待一天一夜，就等於這裡一個大劫；那個下品上生（下品下生且就不談），下品上生的人住在極樂世界七寶池的蓮花中，那要待多久？等於娑婆世界的四十九個大劫之久；你們想想看，為什麼要待那麼久？因為要讓他們聽聞佛法以後心地轉變清淨。每天讓他們好像聽聞佛法錄音帶一般：苦、空、無我、無常、六波羅蜜、四聖諦、八正道、五根、五力、七覺支、十二因緣。像這樣不斷地聽法，不是只聽聞極樂世界那裡的一天而已。那裡一天等於我們這裡一個大劫，如果是下品中生，如果說他是在蓮華裡面住上那裡的六個小劫，請問等於這裡多久的時間？那麼長久的時間繼續不斷地聽聞佛法下來，心地不清淨才怪呢！

在娑婆世界的一般境界中，聽不到那樣的佛法；在極樂世界的蓮苞裡聽不到不好的東西，不斷地把他們的種子一直轉換（因爲下品往生人都是很惡劣的人，所以要轉換很久）；像這樣子轉換下來，心地才終於清淨，蓮華才終於能夠展開來，才終於能夠出生了。離開蓮華就是在極樂世界中出生了，還沒有離開蓮華時，就等於還在那邊住胎。生到那邊，結果還不能從蓮華中出生，還住在蓮胎中，就是還沒有出生，極樂世界的母胎就是蓮華。所以，從淨土經典中的說法，也驗證了莊嚴佛土的事情，不是要在那些表相上面作；心地不清淨就不能在清淨的佛土中安住，要讓他心地轉變清淨了，然後才能離開蓮華，蓮華才會開敷，他就是在極樂世界中正式出生了。下品下生人在極樂世界的蓮花中待十二大劫以後出生了，卻還是沒有開悟；因爲下品下生人出生以後，還要再經過不止一小劫修行才能夠開悟。大家想想看：如果在蓮華胎中住十二大劫，終於出生以後還要再修學佛法，是要再經過那裡的時間超過一小劫才能開悟明心；那時我們大家在娑婆世界中也許已經成佛而且入滅了，或者已經修到幾地了，他們才剛剛開悟而已。這表示說，佛土的莊嚴其實不是在事相上來作，而是要在心地上作。當他的心地清淨了，他就在極樂世界中出生了，就可以住在極樂世界，放眼所見都是金沙鋪地、八功德水；但卻是要等他心地清淨了以後，才有辦法住在清淨佛土中。

因此，攝受眾生才是莊嚴佛土，攝受眾生即是攝取佛土。你把所攝受的這些眾生，讓他們不斷地往上升進、不斷地前進、不斷地增長；當他們的道業成就不斷地增長，將來你的佛土就更加莊嚴。所以眞正的菩薩，絕對不會把所證的佛法特地都要留幾手，心想：「我不能讓徒弟們得到這個法。」不會這樣子。因爲這樣想的時候，他的佛土就不可能莊嚴，他的佛土一定不容易成就。所以菩薩想的是說：「我怎麼樣盡量給你，你如果拿不到，那是你的問題，但是我會盡量給；你能夠得到哪裡，我就給你到哪裡。」這樣，菩薩的佛土成就才會快。如果菩薩的徒弟責怪師父說：「師父！你都不把法傳給我。」抱怨一大堆，這個徒弟想要跟他的師父菩薩相應就難，他想要成就佛法也難；因爲是自己的因緣不夠，而不是菩薩不願意給。

你們也可以看到彌勒菩薩講的《瑜伽師地論》，他講到那麼廣、那麼深、那麼細，可是他爲什麼要那麼辛苦？無非希望大家都跟他一樣。如果大家都跟他一樣，他成佛的時候會怎麼樣呢？所有的弟子都是等覺菩薩。喔！眞正不得了！然而一定不可能這樣，因爲眾生根器千差萬別，但他成佛的速度就會加快。所以這意思就是說，莊嚴佛土，在佛國大地上面怎麼樣去計劃、怎麼樣去莊嚴，那都不是眞正的莊嚴。眞正的莊嚴佛土，是在幫助眾生怎麼樣增益解脫與果位，怎麼樣增益他們的智慧，怎麼樣增益他在佛菩提上的實證。這樣的莊嚴佛土，並不是在事相上去作莊嚴，而是全部都要在實證上面來幫眾生莊嚴的，這樣的莊嚴佛土才眞的叫作莊嚴佛土。因爲只要眾生心勝妙，佛土自然就勝妙；眾生心不勝妙，佛土就跟著不勝妙了。

所以你如果發大願，要在人壽百歲的時候來成佛，這時的眾生心是不勝妙的，是五濁具足的；而你還在這時候來成佛，才是最讓人敬佩、最讓人感恩的；因爲一般菩薩不願意百歲時來人間成佛，既辛苦又要受辱罵，所有的外道都會罵。你如果願意發這個願：「沒關係！百歲時眾生縱使那麼惡劣，我還是願意來；辱罵就辱罵，想要陷害我，就讓他去陷害。沒有關係！我還是要在這種時節來人間成佛。」那麼你成佛就會很快；因爲這種機會多，百歲時成佛的機會比較多。你如果要等到人壽八萬歲、四萬歲時來人間成佛，一般菩薩們都想要在那個時候成佛；那你想一想，每一尊佛就住世八萬四千歲，而這種長壽的時間不是很常有，那你要等到何時？可是如果你能夠眞的通達無我法時，你就不會計較這個了，因爲你會這樣想：「我只要能夠利樂眾生就夠了，我如果成佛了以後，這裡五濁眾生度過了；如果其他別的世界還有非常好的地方可以讓我示現成佛，難道還會有妙覺菩薩來跟我爭嗎？」那當然不會，所以這些事相上的事，其實都沒有絕對的理；不要去計較這個，吃虧就是佔便宜。

所以「通達無我」諸法才是最重要的，也就是說，你如果通達了無我法，你在莊嚴佛土的時候，都不會想到是在莊嚴佛土。你在幫眾生修證解脫道、佛菩提道的時候，也不會想作是在幫眾生修證佛菩提道、解脫道。你都不會去想這個，你只是一心一意去作。要是有人不信的話，可以去問問你們各班的親教師：「老師！您有沒有想過說，您是在幫助我們修學佛法？」一定不會有，他們是想著說：「我今天要怎麼樣說得最好，讓大家獲得最大的收穫。」只是這樣想，不會同時想著說：「我今天正在度眾生。」他們都不會這樣想，通達無我法的人本來就是這樣。所以說，菩薩如果能夠通達無我法，那麼如來就說這個人是眞正的菩薩了；因爲眞正的菩薩，他們通達人無我也通達法無我；也就是通達了五蘊的人無我，也通達了如來藏的人無我；又通達了一切法上的人無我，通達了一切法中的法無我，所以他們不會以有我的心態來爲你們講課。這就是我們同修會親教師的寫照。

《金剛經宗通》，上週我們講到最後一段，是這一品講的究竟無我；最後說凡是有「自己」在莊嚴佛土，都屬於意識心的認知境界；若是意識心的認知境界，那就是有我了。實際上菩薩在攝受眾生而莊嚴佛土的時候，並不起意在攝受眾生、在莊嚴佛土；只是直接去作，作了也不自覺或者反觀是在攝受眾生而莊嚴佛土，這樣才是通達無我法的菩薩。如果在利樂眾生時，心裡面總覺得是在攝受眾生、在莊嚴佛土，這已經不是通達無我法的菩薩。如果是利用度眾生、講佛法來聚斂錢財，來聚集人數龐大的法眷屬，由此而成就他在世間法中的大名聲，或者成就佛教界中的最高地位，那已經是等而下之了；他根本沒資格與任何人談論無我法，因爲他已經落在我所之中了，並且是落在外我所，還不是內我所呢，就談不上莊嚴佛土了。

凡是在外我所上面用心的人，你就知道他一定離不開內我所。外我所是世間的名聲、眷屬、財富、佛教界中的地位；會落到外我所的人，一定是同時落在內我所上面。反過來說，正因爲離不開內我所，所以就離不開外我所；因爲他執著見聞覺知，執著七識心的種種心所法，這些都是內我所；既然執著於見聞覺知等等內我所，那麼就會跟外我所相應；因爲見聞覺知心也就是離念靈知，是跟外我所的貪著時時相應的。如果你不在內我所上面用心，斷了內我所的愛著，知道這都是妄心的心所法，就不會去認定內我所爲自我，也就是不再錯認見聞覺知性是眞心或者佛性，就會去求證「此經」如來藏。證得如來藏「此經」以後，轉依了祂的離見聞覺知，離我、我所的眞如法性，就不會再用心於外我所而去貪著財色名食睡；這樣的人就是眞正通達無我法的人，如來說這樣的人才是眞正的菩薩。

現在從　佛陀在〈究竟無我分〉的最後一句：「若菩薩通達無我法者，如來說名眞是菩薩。」從這一句把它反過來看，也就是從另一個方向來說，這一句聖教是有排他性的；如來說：「如果通達了無我法的人，如來說他就是眞正的菩薩。」換句話說，如果沒有通達無我法的人，他就不是眞正的菩薩，還是屬於凡夫位中的假名菩薩；但是因爲已經發了四宏誓願，已經領受了菩薩戒，所以方便說是菩薩，但是這跟實證無我法的菩薩畢竟是有所不同的。所以，發了菩薩心生起了菩薩種性，願意次第邁向佛道，願意成就佛國而利樂眾生永無窮盡，因此已經領受了菩薩戒；菩薩戒裡面固然有很多的輕戒，可是把這些輕戒跟十重戒加以歸納以後，你可以分析爲三聚淨戒，而三聚淨戒中最主要的就是兩個總戒：無一善法而不學，無一眾生而不攝受。既然是這樣，領受菩薩戒之後，當然就要努力去成爲 如來所說的「眞是菩薩」，而不應該繼續停留在「假名菩薩」位、「凡夫菩薩」位中，這就是諸位來正覺學正法，特別是聽聞這個《金剛經宗通》的目的所在。

所以，來到正覺修學正法最重要的使命，就是要學一切善法，不論法或者次法，無一不學；另一個就是無一眾生而不攝受，所以要發願盡未來際利益眾生永無休止。這兩件大事是你們來到正覺開始修學正法時，最重要的使命；你想要達到這個目的，就得要努力讓自己成爲等而上之的人，不要成爲等而下之的人。如果你是等而上之的菩薩，那麼來到正覺同修會裡，想要通達《金剛經》進入宗門，成爲 如來所說的眞實義菩薩，那就如同桌上取柑一樣地容易。但如果菩薩種性無法發起，不願意作等而上之的人，反而去作等而下之的人，那麼進來正覺，在會裡面沉浸了幾十年以後，還是明不了心，還是無法通達無我法，還是無法成爲實義菩薩，不可能成爲 佛說的「眞是菩薩」。等而上之跟等而下之，落差非常大，「等」就是指一般的人、中等人。如果是等一般人而且上之，你當然有資格明心；如果是在一般人之下，那叫作等而下之，那麼連一般人的資格都不夠，又如何能夠成爲實義菩薩，而被佛認定爲通達無我法的人呢？所以，才會特地有這麼一品來講〈究竟無我〉。

在這一段經文中，我們還有一些理上要來說明，因爲光是這樣講是不夠深刻的，沒有辦法很深地刻印在大家心中，所以往往有時候會遺忘了。要時時提醒自己說：「我到正覺來修學這麼深妙的法，又不能夠像外面道場的人一樣，一天來道場努力，剩下六天可以放逸。一定要努力修學法與次法，才能夠有資格成爲如來所說底通達無我法的人，才是如來所說的『眞是菩薩』。」在正覺學法是要很用功的，要不斷地熏習、不斷地閱讀、不斷地思惟，而且還要不斷地作功夫，還要加上不斷地作義工護持正法而累積福德，還得要照顧好自己的家庭，不能讓家人起煩惱，所以進正覺來學法是很辛苦的。乃至悟了以後一樣是辛苦，因爲在正覺證悟時並不是大事已畢；在外面悟錯了，都說是大事已畢；來到正覺眞正的悟了，才只是正要開始修行。所以，進正覺學法是很辛苦的；可是這個辛苦絕對划得來，因爲來到正覺，這一世可能短短十年，如果你還很年輕的話，可能還有短短的六十年（因爲現代人類每一世都是短短的幾十年壽命，不可能是二萬或八萬歲），但這一世的所修所證，將會超過你以往在任何道場努力修一劫的所得，一定會超過。所以，怎麼樣成爲等而上之的人，這就顯得很重要了。換句話說，一定要無我、無私，不要凡事都爲自己在世間法上的利益來設想；能作到這一點，你在正覺學法想要開悟明心，那就是易如反掌，非常的簡單。不但如此，悟後的進修也是很容易，可以超劫精進，化長劫入短劫。以上是在教理上解釋究竟無我，我們再來看看　彌勒菩薩在這段經文的教理上是怎麼開示的，再看補充資料，彌勒菩薩頌曰：

【掃除心意地，名爲淨土因；無論福與智，先且離貪瞋。

莊嚴絕能所，無我亦無人；斷常俱不染，穎脫出囂塵。】

這已經把我剛剛說的那些話，講得很具體了。究竟無我的境界很難達到，因爲究竟的無我是佛地的境界。我們能少分或者極少分實證無我，就算不錯了！若是在同修會外面，想要實證無我是沒有因緣的，特別是大乘法的兩種人無我。我們現在《阿含正義》正在印第七輯了（編案：已經於二〇〇七年全部出版完畢）；這七輯，同修會外面的學人，如果能專心地閱讀，而且能夠如理作意思惟，他們若是想要得到聲聞解脫道的初果無我法是容易的。只要他們能夠不誤會我在書中所說的法義，並且能配合《識蘊眞義》中講解的妙法，同時去作觀行；那麼得到聲聞解脫道中的初果無我法是可以的，不是想像或誇大。但是，另一種人無我，就是如來藏的人無我，卻不是他們所能得到的；只有到同修會來熏習、修學、鍛鍊、參究，才能證得如來藏的人無我。這個大乘的人無我，要是通達了，聲聞道的人無我，跟著也就會通；所以這個大乘般若的人無我，是函蓋聲聞解脫道的人無我。在正覺同修會中，都必須要證這兩種的人無我，悟了以後還要進修大乘的法無我。

彌勒菩薩這首偈裡說要「掃除心意地」。換句話說，眾生所知道的心與意，那都是落在意識、意根的境界上面；地就是境界，而眾生所知一切心的境界，就是意識與意根的境界，這是應該要掃除的。如果不能掃除，那麼永遠會落在意識與意根境界中；若是始終都住在心意地，這樣一來，就跟唯心淨土從來都不相應了，唯心淨土指的是「此經」如來藏。所以「掃除心意地」，才是淨土的正因；否則的話，生到極樂世界去的上品生人及下品生人，仍然還是與淨土不相應，他就必須長時間住在蓮華裡面，繼續聽 阿彌陀佛的錄音帶：苦、空、無我、無常，不斷地聽聞熏習。如果這些聽不進去，就告訴他四正勤、四聖諦、八正道、七覺支、五根、五力、六波羅蜜多、十二因緣；然後回頭再放出五蘊苦、空、無我、無常給他聽。這樣子聽聞熏習很多劫了，心地變清淨了，那時發覺住在廣大蓮華宮殿之中（因爲那個寶蓮華有五百由旬寬廣，夠他玩的），但就是離不開那五百由旬的寶宮，無法出到極廣大的極樂世界中來去無礙。等到這五百由旬的蓮華寶宮，每一個地方都走遍了，就是走不出去；這時候心裡面悶得慌，還是出不去，只好死下心來思惟，終於懂了：我必須要把苦、空、無我、無常弄清楚，才能走出這寶蓮華大宮殿，否則離開不了蓮華宮殿的。

這時終於肯死下心來，好好去聽聞、好好去思惟，終於發覺五陰自我全都是假有的；這一下，我見斷了，身見不在了，三縛結斷了，蓮華就開敷了；

走出寶蓮華時才發覺：原來極樂世界這麼廣大！終於離開蓮華了，不再住於那個宮殿裡面了。接著自己有宮殿，坐著這個宮殿凌空飛行，來來去去，十方世界都無障礙。這意思就是說，這個人在蓮華裡面聽那一些佛法，然後終於死下心來，懂得要實證無我以後才能夠使蓮華開敷，才能夠眞的進到極樂世界中來，這時候他已經具足「**淨土因**」了。換句話說，他一定會去想方設法要瞭解：究竟我這個五陰是從哪裡來的，他想要弄清楚唯心淨土。因爲極樂世界雖然很寬廣，他來來去去，沒有一個地方不能到，然而唯心淨土的道理卻還是不懂，所以他想要清楚唯心淨土。因此說，只有離開了心意地的人，才具足了淨土因；否則的話，都得要在極樂世界的蓮華寶宮裡面安住。彌勒菩薩正是因爲這個原因，告訴我們要「**掃除心意地**」，這樣才能成就唯心淨土的實證因緣。

「**無論福與智，先且離貪瞋。**」接著兩句說，先不討論修福或者修慧；在佛門中修這兩門，不管先修哪一門，或者兩門俱修，彌勒菩薩都告訴我們，要先離開貪與瞋。如果離不開貪、離不開瞋，而說能夠如實修福與修慧，那都是在騙自己，卻騙不了佛菩薩。因爲佛菩薩隨便一瞄就知道了：這個人不是眞正在修福、修慧。一個號稱在修福的人，他表現出來的卻是不斷地貪求，世間財色名食睡，沒有一樣不貪求。世間人如果到了四、五十歲以後，最貪求的是什麼？諸位想想看，最貪的只有兩樣：一個是財富，另一個是名聲。這是世間人最貪的兩樣。年輕時可能還貪男色、女色，可能同時也貪財富；可是上了年紀以後，特別是五十過後；人家說五十過後，棺材蓋板已經蓋了一半；因爲活到百歲的人究竟不多，所以五十歲以後棺材板最少已經蓋了一半，這時候氣力也差了，有許多事總是有些力不從心；但是名聲多多益善，財富多多益善。男女色，年老色衰時可就差多了；但這兩樣，年老色衰時一樣可以擁有，即使擁有更多的財富與更大的名聲，對他都沒有負擔，跟體力無關，因爲他只要動腦筋就好了。如果貪財、貪色、貪名，而說這個人在修福，諸佛菩薩都不會相信的；因爲貪財與貪別人的眷屬美色，這是在損福德；特別是以不正當的方法去取得，這是大損福德。如果說他正在努力地修慧，可是他表現出來的，卻是每天都怒髮衝冠、氣沖沖地，每天都是臉紅脖子粗、血脈僨張，你想眞正修慧的人會是這樣修的嗎？

更有一種極度愚癡的人，說他是在修最高的智慧，結果卻還起瞋、起慢，生起他們所謂的「佛慢」，想要以大瞋心表現出來降伏對方。請問：這是哪一宗？密宗。所以遇到了與喇嘛論法的時候，當他老是墮在負處，說不贏你，他就會生起「佛慢」，自認爲是報身佛，然後起大慢心，講話很不客氣，說大話籠罩你。這時，明明沒有那個實證的境界，他也敢講，用來壓制你。你想一想，這個人會不會是在修智慧的人呢？這眞的叫作愚癡人，只有愚癡人才會發明這種法。因爲修慧不是用慢心來修，不是用瞋心來修，也絕對要修除慢心的，怎麼可能成佛以後還有慢，竟然稱爲「佛慢」，眞愚癡！而你說法要能使人領受，也不是用慢心去壓制來讓人領受的；而是因爲你的法完全如理作意，具有無比的說服力，可以讓人信受，這樣才是眞正修慧的人。這樣眞正修慧的人，他還需要用瞋心來壓制別人嗎？顯然不必要。

彌勒菩薩看穿了這一點，所以針對一般學佛人對症下藥；對症下藥還不夠，還要加以針砭。砭，最早期是石頭弄得尖尖地，朝你的穴道扎下去，那叫作砭。針呢，不管是用銀針、銅針，現在都是用不鏽鋼針。以前名醫還用金針，金針很軟，銀針也很軟，想要扎進穴道去，一定要捻；這一捻，氣就來了（不是生氣的氣，是人體氣脈那個氣），這得要有功夫。現在的針灸醫師大部分沒什麼功夫，用不鏽鋼針已經夠硬了，還要弄個套筒，然後這麼一拍或者一彈，把針彈進去再捻，那功夫可就差了。以前練銀針的功夫，至少要練半年。要怎麼捻呢？要能把一本書捻得透過去，用銀針呵！那意思就是說，如果是冥頑不靈的重病，醫師就得要用砭的方法，就是用很尖銳的石頭，向對方的穴道扎下去；後來進步了有針：細針。就有了金針、銀針，現在用不鏽鋼針。這個砭，後來演變為什麼？演變為三菱針用來放血；三菱針有沒有看過？這個針灸，我在高中時期學了三年。

菩薩有時對部分眾生使用針砭的方法來醫治無明病。意思就是說，有一些人說他在修福與修慧，可是每天卻是既貪又瞋；任憑菩薩怎麼開示導正都沒有用，眞的沒辦法了，只好加以針砭，話就講得很嚴厲，不通商量；所以彌勒菩薩才會這麼說：「**無論福與智，先且離貪瞋。**」這就是針砭了。既然想要修福修慧，且先離開貪瞋再來實修；貪瞋若是離不開，別告訴我說你在修福修慧，那是自欺欺人，可卻欺不了諸佛菩薩。欺人是欺世俗人，但是欺騙不了佛菩薩；佛菩薩一看，知道這個人這麼貪財，要不然就是這麼貪色，貪上別人的眷屬，三天兩頭私下幽會，一位換過一位；佛菩薩度這個人的時候，當然要幫他點油作記號：「這個人貪財又貪色，不能幫他開悟。」他想要開悟親證般若，就沒有機會了。如果這個人心中都無貪，就判斷說：這個人證悟因緣比較熟。爲什麼還沒有成熟而只叫作比較熟呢？因爲他雖然沒有貪了，可是瞋心還重得不得了，那當然還不能助他開悟。如果說一個菩薩開悟了，一天到晚罵人罵個不停；如果他又有心計，就每天大聲吆喝，在那邊指桑罵槐；一天到晚在那邊罵，人家想要知道他在罵誰，還要猜一猜，那當然他的悟緣還沒有很熟；雖然他不貪，可是脾氣很大，如果幫他悟了，眾生一看說：「這是開悟的菩薩？喔！這脾氣好大。」服侍他的時候就要戰戰兢兢的，那你想：他還能廣爲利樂眾生嗎？所以，這種人所悟的智慧都不好，因爲都是攀緣眞悟者而以求情等不好的手段來獲得的，他在悟後進修的道業進展上面一定是很緩慢的。所以，一切證悟者都應該好好思量那些前來親近者的心思，不該輕易作人情明說，免得危害正法的弘傳與久住。但不管是想要修福或者修慧，都要先離開貪瞋再來講；因爲不離貪瞋而說他在修福修慧，那只能騙世間人，騙不了菩薩的。

「莊嚴絕能所，無我亦無人」，接著說明「莊嚴佛土」，說這種莊嚴佛土是絕能所的，不在能莊嚴與所莊嚴的事相上面作文章。一般人所謂的莊嚴佛土，都是心中設想：「我將來的佛土要如何美麗、要如何寬廣……。」可是明知道作不到，該怎麼辦？他就想：「那我就應該要把禪定具足修起來，還要把神通具足修起來，那我應該可以莊嚴我的佛土吧！」他是打妄想，以爲佛土的莊嚴要有四禪八定的具足加上五神通，然後用這個神通來建設；他是要建設一個具體的、有形象的佛土，結果成爲既有能莊嚴的，也有所莊嚴的，於是能所兩個互相對待，那豈不是對待之法了？眞正的佛土是自心與眾生心，既然是自心與眾生心，那你要莊嚴這個佛土時，顯然必須有般若實相智慧，也必須要幫助眾生成就親證般若實相智慧的因緣。眾生如何成就這個般若智慧？固然眾生心各不相同，因此所成就的般若實相智慧的因緣，也就有許多層次差別；但是你如何使他們依各自的能力，去成熟實證的因緣，終於能夠獲得不同層次的般若實相智慧，那就是你爲眾生應該要作的事情。也就是要爲眾生鋪設這個因緣，你得要爲眾生施設這樣的因緣。當你爲眾生這樣去作，完全無我無私地作，不是爲了從弘法度眾當中去獲得世俗法中的利益，不是爲自己這樣去作，你才是眞正的莊嚴佛土。

而這個莊嚴佛土的基礎是什麼？就是「此經」，就是如來藏；因為般若實相智慧的親證，以及繼續深入而發起更勝妙的般若智慧，都源於親證此經而來。可是親證此經、轉依此經，來莊嚴自心以及眾生心的佛土，這樣的莊嚴並沒有能所，沒有能莊嚴與所莊嚴的具象事物。如果有能有所，有一個所莊嚴的眾生心或具體的世界，也有一個能莊嚴的自心，這表示他依舊不是親證無我法的人。所以莊嚴佛土這件事情，沒有一絲一毫的能莊嚴與所莊嚴；因為能夠如實莊嚴佛土的人，他心中沒有我也沒有人，更沒有具體事相上的佛國世界，也都不住在人、我、眾生、壽者四相之中。所以如果證悟之後要邁向佛地，使佛土迅速莊嚴成就；就必須要拋開自私的心態，拋開自我中心的看法。只有無我亦無人，才能在莊嚴佛土的過程中離開了能莊嚴與所莊嚴。

「斷常俱不染，穎脫出囂塵」，如果能夠作到這種境界，他絕對不會落在斷見與常見外道所有的雜染之中。斷滅以及無常計常的常見外道想法，是現今全球佛教界普遍的現象；最具體的兩種是諸位耳熟能詳的，譬如落於常見外道見中的，把意識心誤計為常，就是那一些大師們所說的：**「打坐到一念不生的時候，這個離念靈知就是常住的眞心。」**有的人說：**「心中放下一切，都不記掛，這樣安住下來，什麼煩惱都不會生起了，這時的覺知心沒有一切煩惱，這就是眞常。」也有密宗應成派中觀的邪見，主張細意識可以常住，說那是眾生流轉生死的所依心，同樣是落入生滅的意識心中。常見與斷見兩種邪見，是最普遍存在台灣跟大陸佛教界的大法師的說法。我們十幾年來破斥這樣的說法，說這是意識境界；所以有的法師就變通了一下說：「我不把這個覺知心認作是眞常，因爲那是常見外道法；可是我們證得佛性，這就是眞常。」可是當你探討他證的佛性是什麼，他卻告訴你說：「能見之性，能聞之性，能嗅之性，能嚐、能覺身觸乃至意識能知之性，就是佛性，就是常住法。」這叫作自性見外道，落在六識的知覺性裡頭了，這也是屬於常見外道法；無常計常，所以稱爲常見外道。

另外一種斷滅空邪見，就是發源於密宗的應成派中觀，全都是六識論者。它的表相就是斷滅空，可是骨子裡其實還是常見外道。他們一天到晚跟你講一切法空、緣起性空、蘊處界空，他們不許有如來藏而說一切都空，可是竟說業種不空，說業種會自己實現因果，於是又成爲無因論外道。可是等你指出他們是無因論者，說他們是斷滅空時，他卻又建立一個細意識不滅，說這個從意識中細分出來的細意識是常住的，可以持種受生。最早時期是不得不依聖教而主張一切法空，說六識都要滅盡才能成爲無餘涅槃；但這樣的涅槃因爲否定本識如來藏的存在而成爲斷滅空。後來他們想要遠離斷滅空，於是又在斷滅之中回去把五陰中的意識分離出一個部分，叫作細意識，主張這個細意識是常住不滅的，自行指定爲結生相續識，說細意識是出生名色的常住心，又落入「**意法因緣生**」的意識中，所以應成派中觀師的斷滅空，同時具足了常見外道法。因爲一切意識不論粗細，全都是常見外道計著爲常住不壞法的見解。所以普天下的佛教界，諸位去看一看，把他們的書翻出來，把他們的錄音帶、錄影帶，聽一聽、看一看，你找不到哪一個人是已經離開斷常兩邊的。在我們還沒出來弘法以前，離開斷常兩邊的，只有兩個人：第一個人廣欽老和尚已經死了，另一個人還沒有出世。直到我們出來弘法以後，才又接續起來。

所以眞正通達無我法的人，他莊嚴佛土是沒有能莊嚴與所莊嚴的，不是在物質事相上建設世界國土；因爲他早就把心意的境界掃除掉了，他是通達無我的，當然不會落入世間相裡面執著金碧輝煌的大道場建築。像這樣通達大乘人無我的人，他同時也通達了二乘的人無我，這樣的人就稱爲「穎脫」。很多的苗長出來了，大家長得平平整整的，因爲層次都一樣；可是若有一棵長得特別快特別壯，那就叫作穎脫。穎脫的人，表示他不同凡俗；凡俗人都是落在喧囂之中，都住在六塵之中。不論你去到哪個道場，南傳、北傳佛法都一樣，他們的落處都是不離六塵的。因爲不論是離念靈知或是哪一個心，他們所能夠舉示出來說是親證的眞實心，都是不離六塵的妄心。這個心都住在六塵中，你說喧囂不喧囂？所以不管他們住在哪裡，他們的家都叫作喧囂居，跟我以前住的喧囂居意思又不一樣了。我以前住那個喧囂居是因爲確實很吵，有時候這一戶正在拆房子，拆完了又再興建，有時候是那一戶；可是這還是小事，那個房子窗外是幼稚園，一年到頭敲鑼打鼓，眞的是喧囂；而且又不是每天放學了就沒聲音，放學以後還有許多聲音，因爲活動特別多，有時辦到夜裡十二點鐘了，還不肯結束。可是我那時住在喧囂居，卻還有一個很寂靜的、永遠都寂靜而都不喧囂的，因爲「此經」離六塵。

可是那些大法師們，不管他們怎麼樣去營造，也許跑到山頂上無人所到之處，建了個精舍在那邊隱居，每天靜坐道貌岸然無所攀緣；可是心裡面其實還是鬧得不得了，因爲他們心中都不離六塵；既然不離六塵，當然很鬧。人家住在初禪中都還覺得太鬧，他們那些大師們可都進不了初禪，連未到地定都沒有，你說鬧不鬧？全都六塵具足呀！那些人跟一般住在都市裡面的人其實沒兩樣，心裡面都是一樣地鬧；因爲他們跑到山林中的寺院住下來，每天打坐時心裡面想的卻是：「這正覺同修會的法一直不斷的弘揚，看來好像滅不了！他們正覺都說離念靈知不是眞心，我在這邊隱居了兩年，閉關努力參，參來參去還是這個離念靈知。看來我的徒眾們可能會不斷地跑掉，我的名聲也會不斷地受損，我的利養也會越來越少。」想到後來眞的忍不住了，怎麼辦？搔起頭來了，坐不下去了！你說他們有沒有出囂塵？

他們一直都住在喧囂的六塵裡面，身外安靜並沒有用，就是心裡面鬧。人家是外面鬧，心裡面靜，縱使住在喧囂居，也無妨離六塵。可是他們那些大法師老兄們都是外面靜，裡面卻喧囂不已。這樣看來，顯然他們沒有「穎脫」，跟他們座下那幾百萬眾的弟子們是完全一樣的；只是他們善於營造假象，穿起僧服來，再用現代的廣告行銷手法加上造勢活動，五、六年時間就可以弄出一個大師；可是他們心裡並沒有平靜，跟他們座下的幾萬、幾十萬、幾百萬的弟子們是一模一樣的，全都沒有「穎脫」。假使哪一天他們眞正悟得如來藏時，我可以拜託張老師代我寫個「穎脫堂」橫匾送給他們掛，或者乾脆我自己寫了送給他們掛，否則他們將會永遠都住在囂塵之中。

你們看，彌勒菩薩的偈中所說有沒有一針見血？眞的是一針見血。能不能眞正莊嚴佛土，他就用這麼八句話點了出來，看來他也是老婆到無以復加了。因爲眾生都是「次法」還大量欠缺時，就想要直接求證「法」；都不想一想自己的次法還修學不夠，就一心想要得法。也就是說，本身的條件不夠，聰明才智只有小學的程度，卻想要當博士，你能怎麼幫他？可是他們還一天到晚打妄想，要去大學當教授呢。這就是說，一個人若想要能夠眞實莊嚴佛土，必須要具備什麼條件，彌勒菩薩這八句偈已經很明白地告訴我們，一定要實證無我。沒有實證無我而說他能莊嚴佛土，都是自欺欺人之談。這個「理說」再來看第二個部分，這是我說的：

【唯心佛土易成就，共業佛土難成就：眾生視佛爲眾生，佛視眾生皆爲佛。聲聞以解脫境觀佛，緣覺以因緣智知佛；菩薩以五分法身觀佛，諸地有異；諸佛以莊嚴報身及自性法身、常寂光境界互觀。

善知識者亦然，有人見善知識為不淨，有人見為淨，都依各人心性淨垢而有差別。攝受佛土者即是攝受眾生，當眾生可以成就善知識設定之道業時，即是善知識成佛之時：是依所設定佛土之清淨相為準。以是緣故，成佛必須三大阿僧祇劫。

為眾生、為佛教所作一切事，都是在攝受自己的佛土、莊嚴自己的佛土，不應向佛、菩薩、眾生討人情。故說討人情者即非莊嚴佛土，起心莊嚴佛土者，亦非莊嚴佛土也。】

唯心的佛土容易成就，因為唯心淨土是自心，你只要自己證悟的因緣熟了，你便能夠親證自心如來；親證了自心如來以後，你的唯心淨土便大部分成就了；因為剩下的，你只是按部就班去作而已，不必著急，終究會水到渠成。自心的部分，特別是到了二地滿心的時候，那個時程是由自己掌控的，要快要慢都由自己掌控；這是二地滿心都能作得到的事情，因為習氣種子的斷除是可以自己決定快慢的。然而二地滿心菩薩斷除習氣種子其實無法快，因為他得要攝受佛土，也就是必須攝受眾生；當眾生的道業不能快速成長時，他得要暫時停下來等候法眷屬，這時他得要努力幫助法眷屬增長道業，不能快速斷除自己的習氣種子，不能只管自己的道業增長，所以還是快不得。

沒有到二地滿心之前，其實也不用著急，只要眞悟了以後，你自然就會按部就班去行道，自然會一步一步達成。靠什麼達成？靠共業佛土的成就，來達成自心佛土的圓滿具足。所以自心佛土的成就，你都不用擔心；要擔心的是：有沒有去找到唯心淨土，就是此經。要擔心的是：想要找到此經的條件夠不夠。也就是次法有沒有修集具足，要擔心的是這個。找到了「此經」之後，不必擔心自己的唯心淨土能不能具足圓滿；因爲你只要努力去幫助有緣人成熟證悟的因緣，只要努力去針對那些無緣證悟的人，幫他們把未來世證悟的因緣種下他們的心田去，使他們將來可以成爲有緣人；你只要努力這樣去作，那麼這些人道業應該成就的時候，你的唯心佛土、究竟佛土便可以具足成就。

所以，我說：「唯心佛土易成就，共業佛土難成就。」爲什麼難成就呢？因爲沒有究竟無我。如果眞的到達究竟無我時，在弘法的過程中，凡一切事，都不是爲自己的利益來設想，都是爲整體佛教、爲眾生來設想，那麼你的共業佛土便容易成就了；因爲共業有情的佛土已經被你幫助而成就了，你的自心佛土怎能不成就？所以，由這裡要說到一個心態：當眾生看到 佛的時候，他會說：「原來佛跟我一樣，也是有色蘊、有識蘊、有受想行蘊。原來佛跟我一樣，肚子餓了得要吃飯；今天吃了，明天祂一樣要拉。原來佛跟我一樣，天氣冷了也得要穿衣服，天氣熱了也要阿難尊者幫祂搧一搧。原來佛都跟我一樣，那有什麼奇怪、有什麼殊勝？都沒有呀！」有的人，當 佛陀說法時，他來聽法了，遠遠看見了 佛，他就坐下來，連點個頭都沒有。當他聽過一次佛法以後，心中認為 佛陀跟他一樣是人類，明天就不再來了，所以我說「**眾生視佛為眾生**」。可是諸佛看眾生時可不一樣呵！諸佛看眾生的時候，一個個都是未來佛，一個個都值得尊重；正因為尊重，所以 世尊有時候要罵人，因為想要度他；可是如果還沒有得法的因緣，即使去罵了也沒用，就不為他說法，連罵都不罵，暫時默置他。

所以你們讀四阿含時，在四阿含有很多的記載，常常有外道大師放話毀謗說（他們都不稱呼釋迦牟尼名號，他們都直接稱呼世尊為「瞿曇」）：「**瞿曇雖然很會說法，可是哪一天祂要是來見我，我會講到祂連一句話都說不出來。**」其實他們明知自己作不到，說這話的目的只是講給他座下的徒弟們聽，希望徒弟們不要離開。可是有些徒弟們聽了會信以爲眞，自信滿滿地傳話出去。話傳出去了，譬如說遇見阿難尊者時就誇口說：「我師父說，如果遇到阿難尊者您的師父瞿曇，我師父會講到讓您的師父一句話都講不出來。」阿難尊者聽完了，心想：「好！好！我回去會稟告世尊的。」然後他繼續去托鉢，托鉢回來，吃完午齋了，就去跟 佛陀稟告。佛陀聽完了，如果那天沒有因緣說法，又入定去了。明天早上要去托鉢的時候，就提早出去，先去找那個外道，就把所聞先講出來，然後這樣問他：「你有沒有這樣說？」「有呀！」「好！我們不談佛法，我就用你的法跟你談論。」這外道心裡面好高興：「用我的法來跟我談，那你瞿曇鐵定要輸掉了。」沒想到 佛陀一說出來，那些外道根本就開不了口，都只能唯唯諾諾，只能回答「是」或「不是」，連一句話也沒辦法講，最後只好轉過來求 佛：「我能不能在你的法裡面出家修行？」佛說：「可以。」然後當天就爲外道剃度，不必幾個月他就成爲阿羅漢了。這就是因緣的問題；他如果沒有開口說那個大話，佛陀還沒有因緣度他。但也得要他聞法以後在心中信受了，得有智慧辨別眞假而能夠悔過。你們要瞭解，佛菩薩度眾生時都是要看因緣的；有時候想度某一個人，可是對方還沒有緣時就不能度，只能去爲他種下未來世得度的種子；未來世還是要等緣熟，這就是緣。有時候度眾生的緣很難說，因爲眾生的緣千差萬別：有的眾生，你只要託人給他帶幾句話過去，他就來學法，然後就得度了；有時候你帶上幾十遍的話去，全都沒有用，可是只要送一本書給他，就能解決了。可是有的人還不行，必須要弄出很多的惡因緣出來，讓他不得不被動接受，最後終於才願意得度。各人的因緣互不相同，但是你都必須度。你不可以說：「這個人眞會搞怪，好麻煩呵！度這個人太辛苦了，我不要度他。」那你就是有我了，因爲你嫌辛苦嘛！可是等到緣熟了，不管那個緣多麼惡劣，只要他得度的因緣熟了，你就得度他。心裡面不要生氣說：「這個人以前把我罵到一塌糊塗，誹謗我『什麼都不是』；像這樣的人，今天也來學法？」所以開口就說：「你的悟緣不在我這裡，走開啦！」就不想幫他開悟。不應該這樣，菩薩永遠都只有一個觀念：「只要他來求法，也沒有惡業在身，得法的緣就是成熟了。」應當如此，不要去管過往如何，這樣才能說你懂得無我法。如果老是在那邊記恨：「這個人以前怎麼樣罵我、怎麼樣抵制我，今天他也想得這個法？門都沒有！」那就表示說：你沒有通達無我法，你還在記仇。記仇的是誰？是意識。顯然這時你還落在意識裡面，那怎麼能叫作「眞是菩薩」？應該叫作「不是菩薩」了。

所以，眾生不瞭解這一些道理，他們根本無法想像佛菩薩的心量。大部分的人，當他罵了你以後，他就永遠不來跟你學法了。即使後來知道你的法是眞正的正法，他也不會來學；因爲他心裡認爲你會對他記仇，一定不會幫助他，這就是眾生心。眾生看到 佛陀時也是一樣，當他誹謗過一次以後，他就認爲：「**雖然祂眞正是佛，可我再去跟隨祂學法時，祂也不會願意度我。**」眾生就是這樣想的。一般眾生不會相信說，去向 佛陀懺悔以後 佛陀還是會度他；因爲眾生總是不信，所以就是眾生。所以我說，眾生看佛也是眾生。可是佛看眾生，每一個人都有得度的因緣，只是緣的深淺差別、遠近差別。因爲佛早就走過眾生與菩薩的階段，在菩薩位看到一切眾生的時候，發覺所有的眾生有如來智慧德相；至於眾生能不能得度，就看他們的無明有沒有消除掉；只要無明消除了，就能得度了！所以佛視眾生：眾生是佛。

可是已經悟道了，不管在聲聞法、緣覺法或菩薩法中悟道，他們看 釋迦文佛時又是如何？聲聞人是以解脫境界來觀佛。當他們成爲阿羅漢以後不久，他們對 佛的認知是說：「佛就是阿羅漢。」他們何時才會改變這種錯誤心態？要等到第二轉法輪的時候，佛陀宣講般若諸經時，才發覺還有許多妙法是他們所沒有聽過的，是他們從來都沒想過的；當他們發覺有許多法是他們所聽不懂的，自己的智慧遠不如 世尊，這時候他們終於才警覺到：「佛是阿羅漢，然而阿羅漢還不是佛。」終於警覺了。

可是緣覺人又怎麼看？緣覺人，也許你想：「你蕭老師別騙人了！緣覺跟佛陀不可能同在一世，怎麼會有『緣覺人怎麼看佛』的問題？」但我告訴你，就是有！因爲 佛在世的時候，也把因緣法開示給那些阿羅漢們，所以有許多阿羅漢也是通達緣覺法的，也具有辟支佛的證境；他們若不是緣覺，又是什麼？但是他們證得辟支佛的境界，卻不許稱爲獨覺或辟支佛，因爲他們是經由音聲聽聞而不是自悟；這時雖然他們已經有辟支佛的證境了，仍然得要叫作聲聞或緣覺，不能稱爲獨覺的辟支佛。所以，其實許多大阿羅漢也是具有辟支佛的證境的，但只能稱爲緣覺，不能稱爲獨覺。那麼具有辟支佛的證境時，他們又如何看待 佛陀？他們是以因緣智來了知 佛的智慧境界。同樣的，等到他們聽聞般若諸經的時候才發覺說：「原來佛是辟支佛，可是辟支佛不等於佛。」終於懂這一點了。

接著到了第三轉法輪的時候，這一些聲聞羅漢，以及證得辟支佛境界的大阿羅漢們，他們也同時來聽聞大乘經典。不會有聲聞法中的聖人說：「我拒聽佛陀講述大乘經。」不會有吧？有沒有人認爲會有聲聞緣覺拒聽？有些人心裡好像有懷疑，其實都不用懷疑，他們一定會共同聽聞第三轉法輪的唯識妙法。也許有人心裡面正在嘀咕：「你說謊！《法華經》裡面明明就有五千聲聞公然退席抗議。」既然有人想到這一點，我們當然要來說明一下：如果你在佛法中證得聲聞果、緣覺果的內涵，可以出離三界生死了，請問你的師父釋迦牟尼佛演說大乘經的時候，你又正好同住在那裡，並沒有遠行，你會想說：「我就待在我的斗室中、方丈中，坐我的禪，拒絕出房聽聞大乘法。」你會不會這樣？你已經成爲阿羅漢了，可能作出這種事情嗎？絕對不可能！我告訴你：即使只是證得初果，都還沒有成爲阿羅漢，就都不可能拒聽的，除非你不住在 世尊那裡。可是《法華經》爲什麼有五千聲聞退席？因爲那五千人全都是凡夫。

凡是會否定如來藏的，凡是會主張阿羅漢就是已成佛的人，全都是增上慢的凡夫。因爲他們只要有證得聲聞初果，自然就會知道：般若唯識的八識心王妙法，都不是阿羅漢所知道的，也都是最勝妙的佛法。阿羅漢們連阿賴耶識在哪裡都還不知道，對他們而言，這第八識叫作異熟識，這個識在哪裡都還不知道。當 佛陀講解說：「這個異熟識，無始以來本自清淨，本來而有，無我無人，自性清淨，本來涅槃。」阿羅漢怎麼想也想不通，怎麼聽也是聽不懂；那麼你想，阿羅漢們敢再以佛果自居而輕視於 佛陀嗎？他們不論問什麼法，佛都有法給他們，而他們完全不懂。那麼，初果人發覺自己眞的可以斷三縛結、眞的可以證果；而阿羅漢所說，已證初果的自己都還有許多不懂的，也還到不了；可是阿羅漢對 佛所說無不信服，那你說，當 佛陀要開講《法華經》時，初果人敢退席抗議嗎？所以我請問你們：退席的是什麼人？當然是聲聞法中的增上慢凡夫。

由這一點事實，你們都可以判斷，凡是否定如來藏的人，都是還沒有證如來藏的人，我相信沒有人會跟我說：不可能如此。凡是會否定祂的人，一定是還沒有證得祂，也不懂阿羅漢們爲何不敢否定祂。那麼證得如來藏的人，都能夠現前觀察如來藏的自性清淨、本來涅槃，而他發覺這是阿羅漢所不懂的；這時　佛再深入說明這個本來自性清淨涅槃的非常廣泛的法，及非常深入的法，自己怎麼思惟也思惟不到，怎麼想也想不到，這時還會去否定佛所說的法嗎？他還會否定大乘嗎？絕對不可能嘛！由此又得出一個結論：**「凡是否定大乘法的人，都是沒有開悟的人，也是還沒有證得聲聞初果的增上慢凡夫。」**這樣就有兩個結論了！

用這兩個結論作為標準，你可以去衡量一切善知識；如果有哪一個善知識是在否定大乘法的，你就知道那個人絕對不可能是初果人。如果不是初果人，那他宣稱證得什麼三果、四果，當然也都是騙人的；因為他連站都站不好了，還能跑步嗎？所以你們可以這樣去衡量那些善知識們：凡是否定如來藏，不肯承認證**悟如來藏，就是大乘法中開悟般若**的人，這些人一定是沒有證悟般若的人。一個沒有實證的人，不是凡夫，那該叫作什麼？這就很容易判斷了。因為證如來藏的人，不可能讀不懂般若經；自稱懂般若經、懂中觀的人，卻沒有證如來藏而否定如來藏，就顯示他根本不懂般若經，那他所謂的開悟與中觀當然就是假的。如果誰能夠從這個道理把它發揮，寫成一篇短文，貼上網路去也很好；這樣，也許又使許多人看到你這一篇短文，他們將來證悟的緣就會漸漸成熟，他們就知道如何去親證大乘道。所以緣覺聖者都知道「佛」是什麼，以什麼而知？以因緣智來了知 佛陀；他們也只能這樣了知，其他的層面，他們還是不曉得。

再來看看菩薩。菩薩以五分法身來觀行，但這是已經入地了。地前以般若的總相智、別相智來觀行。講清楚一點好了：比如說明心的菩薩，就用明心的智慧來觀 佛陀：「佛證悟如來藏，說出來眞的沒錯；因爲我證了以後，我發覺佛講的跟我證的完全一樣，佛眞的有這個智慧。」如果有繼續深入別相智去修學，他用別相智來觀 佛：「原來佛陀知道的般若有這麼多，雖然同樣是明心，可是我的智慧終究不如佛，差這麼多。」等到入地以後才發覺說：「以前所以爲的佛陀智慧境界，原來還是太低估佛陀了。」因爲入地以後是用五分法身來衡量 佛陀的境界，可是用五分法身來衡量 佛陀時，其實也是各地所知都不相同；初地所知的 佛陀境界不同於二地，二地不同於三地，三地不同於四地，乃至十地滿心不同於等覺，等覺所知不同於妙覺菩薩，各地所見都不一樣。只有誰能圓滿了知 佛陀的境界？只有成佛了才能具足了知，所以說：「諸佛境界唯佛與佛乃能了知。」因此，諸佛是以莊嚴報身、以自性法身住於常寂光境界中來互觀，佛與佛之間是這樣互觀的，不是菩薩位所能了知的。

世間善知識也是像這樣的道理，有好多人看見善知識的時候，說善知識不清淨；有好多人沒看見善知識，聽到善知識被人毀謗時的名號，就說那善知識不清淨；這就是凡夫眾生，因爲他們落在有爲法中，他們想：「天氣熱了，善知識還不是一樣流汗；他流了汗，難道他不用洗澡嗎？」他們都落在這些事相上面。這些凡夫眾生，要什麼樣的人才能度他們呢？要有特異功能就度得了，不然就用魔術手法也可以度得了，只要裝神弄鬼就能度了那些人。到目前爲止，那些所謂的特異功能人士，有哪一個是眞的有特異功能？都沒有，都是變魔術的；只是他們手法太純熟、太快了，人們看不清楚罷了。包括求欲界天上的甘露飲食，也是搞魔術手法。可是眾生們就吃這一套呀！你如果有這些手段，他們就信得不得了。

如果不搞魔術，修一些神通也可以，每天晚上去夢中跟他講一講。他想：「我已經連續夢見他一個月了，看來這應該是眞的善知識，我應該跟他學。好！我明天一定去。」他就去了，結果學什麼？學的都是意識境界有爲法。

當他有一天聽到那個善知識跟他講：「我想要去跟某某人學，因爲他的智慧太高了，我都想像不到、無法猜測。」好了，有一天他跟著師父去見那個善知識，可是他就在那邊試驗，心中罵著：「你這個善知識，忘八蛋！我現在心裡面罵你，看你知不知道？」他發覺，那善知識不知道被罵了，所以他又不相信善知識了。所以眾生看善知識是這樣看的，當他心裡面不清淨的時候，他就想這個善知識心裡面一定跟自己一樣不清淨。也許他遇到的善知識剛好是個女眾，他就想：「我長得這麼英俊，難道妳都不動心嗎？我想，她看著我在說話，一定是對我動心了。」他沒想到說，難道人家講話時都不該看他嗎？難道人家講話要看別的地方而輕蔑地跟他講話嗎？所以，他心裡面覺得善知識不清淨，這就是眾生。

可是，有的人看見善知識卻是清淨的、卻是有智慧的。這就是說，其實光看善知識的表相，來判斷善知識是否清淨、是否有智慧時，都是緣於這些眾生各人心地是否清淨、自己是否有智慧而產生不同的差別。假使那個眾生是汙垢的，是不淨的，他看見善知識時，善知識在他眼裡看來就是汙垢的、不淨的，那他就會遠離。假使這個人是有智慧的，當他聽見善知識的說法，讀了善知識的書，他會發覺這個說法才對，那表示這個人本身是有智慧的。假使是沒智慧的人，他讀來讀去：「哎呀！人家的天書是無字的，可是這一本卻是有字天書，我還是讀不懂，這一定是亂講、籠罩人的，故意寫到很深讓人家讀不懂，表示說他有智慧，其實他是籠罩人。」他讀不懂，沒有智慧，所以認爲那善知識也是沒智慧而亂寫，故意寫得讓人家讀不懂，他就這樣認爲。所以對於善知識的信受，認定善知識是淨是垢，認定善知識是愚是智，都純憑眾生各人的智慧與所見底因緣。

所以，諸位來聽經已經聽這麼久，而不願意離開；可是外面還是繼續有人罵：「這個邪魔外道，不曉得把《金剛經》怎麼講？」眾生一向如此呵！從來都是這樣，而且是古今如出一轍，不是現在才如此。但是，菩薩卻正要在這種境界裡面來攝受眾生，這樣成佛才會快；因爲在這種狀況下，你能夠爲眾生種下見道的因緣，種下證道的因緣。可是，你如果去純一清淨佛土，你要爲眾生種那個因緣就會很困難。譬如說，極樂世界裡面，證悟因緣還沒有熟的人都還住在蓮華寶殿裡面，你要幫他們種什麼因緣？你沒機會。而且阿彌陀佛已經化現了八功德水「尋樹上下」，猶如很多ＣＤ、錄音帶一樣不斷地說法，一直幫他們種下證法的因緣，不必你來種。其他已經離開蓮華的人，他們可以直接聽　佛說法、聽菩薩說法，或者聽化佛、化菩薩說法，也用不著你呀！又如娑婆人間到了八萬歲人壽的時候，你說：「**地球總是有很多因緣可以爲眾生種下證道因緣種子。**」我告訴你：「**活到八萬歲的人，那些人大部分因緣都成熟了，不必等你來給他因緣。**」所以，你能夠利益眾生最有利的時機，累積功德福德最快的時機，就是五濁惡世。

因此，菩薩才需要出淤泥而不染，要從淤泥中出生；因爲你一定要投胎到這個淤泥中來，在這裡出生，可是能夠不被汙染。因此菩薩心中沒有任何希求，不貪眾生的錢財寶物供養，不貪眾生的男色、女色供養，不貪眾生推崇他成就大名聲等等，菩薩都不貪這些。因爲不論再怎麼貪，全都帶不到下一世去；也沒有辦法一直霸佔著，終究要交給他的徒弟；而在家人也一樣，世間錢財終究也要交給你的子女。如果沒有子女，也沒有兄弟姊妹，那就是歸國家所有；因爲既然沒有旁系親屬，已經倒房了，那財產可就是國家的，也就是眾生的。

所以，想要攝受自己的佛土，想要莊嚴自己的佛土，唯一辦法就是攝受眾生。那些大法師搞出一大片金碧輝煌的寺院，韓國草皮上的雜草拔得一乾二淨，景色好美；但那不是在莊嚴佛土，而是在搞世間法。只有攝受眾生的人才是眞正在攝受佛土，只有幫助眾生成熟見道因緣的人才是眞正在莊嚴佛土；因爲當眾生的佛土該成就的時候，就是你的佛地淨土成就的時候。所以，眾生已經到了可以成就你爲他們設定的道業時，那就是你成佛的時候到了。如果你希望成佛的時間提早，就要盡量去幫助眾生；只要他們的緣熟了，他們證悟的條件夠了，你就盡量幫助他們開悟。當他們悟了，只要他們的福德智慧足夠，你就盡量提升他們的智慧，這樣就是你的快速成佛之道。如果度眾生時總是想：「這個人，我不能給他太多；雖然他是可以得十分的，我只要給他五分就好。免得他將來得了十分，又看不起我了。」這麼一來，你成佛的時間就會拉很長。由於這個緣故，成佛才需要三大阿僧祇劫。

如果你只修自己的法就能成佛，你成佛不需要三大阿僧祇劫；因爲到了二地、三地、四地以後，成佛應有的智慧都可以很快成就；但問題是，你成佛時，不能只有一朵紅花，沒有其他的葉子來襯托；想要成就那朵紅花，可得要很多的綠葉。假使有一個人成佛了，結果座下竟連個弟子都沒有，你說他是成什麼佛呢？那眞是不可想像、無法思議。不是太好、太勝妙而無法思議，是因爲實在太低劣。這種人怎麼可能成佛？連一點點度得弟子的福德也沒有，因爲他都沒有幫助人證悟而可以成佛；這個就只有密宗才有，所以密宗所成就的都是假佛。因爲不論是誰，在一世又一世修行的過程之中，一定多多少少—即使他的心態吝嗇到像不迴心的定性聲聞一樣—也會度到幾個弟子。即使是一個定性聲聞、一個阿羅漢，他一世中至少也度三、五個人證得二乘見道；怎麼可能菩薩一世又一世修行很多劫以後，結果沒有一個弟子可以證悟？天下沒有這種佛。

所以，因爲成佛的過程之中，要成就自己的佛國淨土，必須要利樂許多的眾生。當這一些共業眾生、共同修學佛道淨業的眾生應該要成就道業了，這時就是你成佛的時候。正因爲要利益很多人，所以成佛才需要三大阿僧祇劫。也許你想：「這好像講不通，因爲釋迦牟尼佛在人間度阿羅漢不過只有一千二百五十人，證悟底菩薩好像更少，顯然才不過度了這麼多人，那需要三大阿僧祇劫嗎？」可是你別忘了，娑婆世界是三個千的大千世界，還有多少星球世界的人，需要成爲阿羅漢，需要成爲菩薩？這個娑婆世界不是只有我們這麼一個地球和人類，所以釋迦佛所度的人其實是非常多的。那麼瞭解這個道理，諸位應該有不同的認知了：「我想要成就佛道，就是要在利樂眾生之中來成就；否則我的共業佛土不可能成就，那我自心佛土即使成就了，又怎能成佛呢？」更何況一千二百五十位大阿羅漢們的座下，也還各有許多的阿羅漢弟子呢！所以，從這個認知裡面就要知道說，凡是為正法久住，為眾生修學正法而作的事情，都沒有唐捐其功，這都是跟你未來成就佛土有關聯的，這才是眞的莊嚴佛土。因此說，你悟後或者悟前為眾生、為佛教所作的一切事情，其實都是在攝受你自己的佛土，也是在莊嚴自己將來成佛時的佛土。在這樣的狀況中，也使得眾生成就共同的佛法淨業，也就是在幫助眾生成就他們各自的佛土——未來的佛土。

所以，當你悟前或悟後在為正法、為佛教、為眾生作事的時候，不要向佛、菩薩討人情說：「佛啊！菩薩啊！我這三年、我這五年作得夠多了吧？請你幫我開悟。」這就是討人情。諸佛、菩薩聽了都笑，為什麼會笑？因為祂們心裡面會這麼想：「這個傻眾生、傻孩子，這是為自己作的，又不是為我作的，怎麼來向我討人情呢？」因為一切都確實是為自己作的，你作得夠多了，你證悟的緣自然就熟了；你不必開口，佛、菩薩也要幫你。祂不幫你，要幫誰呢？難道去幫那些螞蟻菩薩、蜈蚣菩薩嗎？難道要去幫那些具足貪瞋癡的凡夫菩薩嗎？所以，我們作了就作了，要知道這都是爲自己作的；而且不但是爲這一世的自己，也爲未來無量世的自己而去作；因爲這一些功德都會存在，功不唐捐。所以說，如果自己發了願說：「我要莊嚴佛土。」結果卻向佛、菩薩討人情，那就不是莊嚴佛土。

起心想要莊嚴佛土的人，也不是眞正在莊嚴佛土的人；因爲莊嚴佛土時其實自己的佛土無可莊嚴，眞正的佛土唯是自心、唯是眾生心，要你去莊嚴什麼呢？眞正的莊嚴佛土是沒有能莊嚴、沒有所莊嚴的，因爲眞正的佛土是自心淨土、唯心淨土，是第八識自心如來的境界，沒有能莊嚴也沒有所莊嚴。只有悟錯的人，落到意識心中，才有能莊嚴與所莊嚴。他們會怎麼莊嚴？他們會教導你：「當人家罵你的時候，你不要生氣，這樣就是莊嚴自心、就是莊嚴佛土。」結果人家罵得越起勁，他的臉色就越來越鐵青、血脈僨張，可是心裡面想著：「人家罵我，我得忍著，這就是莊嚴佛土。」他所謂的莊嚴佛土，就是在心中一直念著莊嚴佛土。可是他有眞的莊嚴了嗎？都沒有！因爲他有能莊嚴，也有所莊嚴，那都是落在意識境界上，落在意識裡就不叫作莊嚴佛土了。從自心佛土如來藏的自住境界來看，根本就沒有能莊嚴佛土的人，也沒有被莊嚴的佛土；這樣繼續攝受眾生、護持正法久住人間，都轉依如來藏而不作莊嚴想，才是眞正的莊嚴佛土。

再來看看，宗門裡怎麼說莊嚴佛土。我們一定要爲大家說明：想要莊嚴佛土的人，應當要先攝受眾生；可是想要攝受眾生的人，應當要先攝受自己的唯心淨土。然而這個唯心淨土有眞、有俗，應當要先知道。在宗門中的世俗說，我們來看看是怎麼說的：

《歸元直指集》卷上：【禪師曰：「若言淨土教門，億劫之中說不能盡，是以略舉數言耳。」古德云：「上士一決一切了，中下多聞多不信。」誠哉是言也！夫眞信修行之士，要生西方淨土，不是說了便休，須是把作一件大事相似；若是信得及，便從今日去，發大勇猛、發大精進。莫問會與不會、見性不見性，但只執持一句南無阿彌陀佛，如靠著一座須彌山、搖撼不動。只此一念，是汝本師；只此一念，即是化佛；只此一念，是破地獄之猛將；只此一念，是斬群邪之寶劍；只此一念，是開黑暗之明燈；只此一念，是渡苦海之大船；只此一念，是脫生死之良方；只此一念，是出三界之徑路；只此一念，是本性彌陀；只此一念，是唯心淨土。但只要記得這一句阿彌陀佛在，念莫教失落，念念常現前，念念不離心；無事也如是念，有事也如是念；安樂也如是念，病苦也如是念；生也如是念，死也如是念。如是一念分明，又何必問人覓歸程乎！可謂：一句彌陀無別念，不勞彈指到西方。】

《歸元直指集》這段文字所說的淨土，那都是落在意識境界上，誤會了佛土。所以很多人盲目迷信淨土宗祖師的說法，是沒有智慧的。這個《歸元直指集》是屬於淨土宗裡的凡夫祖師所寫的東西，且看看他怎麼說：

這位淨土宗祖師舉出一個禪師的說法：「如果說淨土宗的教門，想要把它講清楚的話，即使以幾億劫的時間來講都講不完，所以說大略的舉出幾句來說。」這位淨土宗祖師講了這幾句話，他宣稱是禪師所講的，然後他又說：「古德有這麼講：『上士一決一切了，中下多聞多不信。』」這其實是永嘉玄覺的〈證道歌〉所講的，但他可能不記得是永嘉玄覺所說的。他舉出這一句來：「上上士只要一經決斷以後，一切都已經了了分明了；可是這樣的境界，中士、下士等人聽得再多也都沒有用，他們大多是不相信的。」舉了古德這二句話，接著他說：「說得眞是誠懇呀！這些話確實是至誠之言，凡是眞正相信佛法而修學的人，想要往生到西方淨土去，並不是講了就算數了，必須把想要往生極樂淨土這一件事情當作是一個大事情來看待才可以；如果是眞正信得過的人，就從今天開始發起大勇猛之心，發起大精進的念佛行。不要問會或者不會，也不要問有沒有看見佛性，只要單單執定一句『南無阿彌陀佛』，就猶如依靠著一座須彌山一樣，怎麼搖撼都不動心。就用『念阿彌陀佛這一念』，這個一念就是你的本師；就這麼一念，就是化身佛；就是這個念，即是破地獄的猛將；就這麼一念，即是斬群邪的寶劍；這麼一念，就是打開黑暗的明燈；這麼一個念，就是渡苦海之大船；你這麼一個念頭，就是脫生死的最好方法；就這麼一個念，就是出三界最直接的路；你這麼一個念，就是你的本性彌陀；這麼一個念，就是你的唯心淨土。只要記得這一句『南無阿彌陀佛』，佛號一直在、一直念著，不要讓它失落了；念念之間都使這句佛號現前，念念都不離心。沒事情的時候是這樣念，有事情的時候也是這樣念；安樂的時候是這樣念，病苦的時候也是這樣念；生的時候是這樣念，死的時候也是這樣念。像這樣子一念分明，又何必問別人哪裡是歸鄉的路程呢！眞的可以說：一句彌陀無別念，不勞彈指到西方。」

你看，這就是淨土宗裡的凡夫祖師所說，落在唸「阿彌陀佛」這一念中，而他這一念都還不離聲音名字呢；如果談到無相念佛，他就不懂了，這位祖師鐵定不懂無相念佛。你們可以看到，他說自己講的是宗門妙法；可是他這個宗門講的是什麼呢？全都是事相上的境界；把這一念就當作是自性彌陀，我說他「生則必定生」，可是若要談自性彌陀，尚未夢見在。換句話說，他這麼一念一直都抓著，要生極樂淨土一定可以生；可是如果要談到自性彌陀，他作夢都還不知道呢。所以我把這個歷史記錄，定位成宗門裡面的事說。

可是學淨土法門的人都是很直心，從來不會懷疑，所以照單全收，完全信受。他說：「生也如是念，死也如是念。」可就沒有想到說：「我出生的時候怎麼念佛？」有沒有誰出生的時候念一句阿彌陀佛的？都沒有，目前都還沒有看過有這種人。如果有人看過，這父母親一定會趕快去求神問卜的：「這是不是妖怪來出生？」等到他死的時候，心跳停了、呼吸斷了，還怎麼唸這一句佛號？這「阿彌陀佛」四個字可唸不出來了；可是他說死也這麼唸呀！那些學淨土法門、學持名唸佛的人，有沒有一個人曾動腦筋去懷疑過？所以他們眞的很可愛、很直心。學禪的人就有智慧辨別了，有智慧，才能夠終於眞的找到自性彌陀，發覺這個自性彌陀眞可愛、眞直心，然後自己就變成既可愛、又有智慧、又直心了。那麼這樣瞭解了宗門中的事說，接下來該講宗門中的眞實說了，可是剩下一分鐘不夠來講這個，只能等下一週再來分解了。

上週講過宗說裡面的世俗說，今天要講到宗說裡面的眞實說：《景德傳燈錄》卷四：**【鳥窠禪師　見秦望山，有長松，枝葉繁茂、盤屈如蓋，遂棲止其上，故時人謂之鳥窠禪師。復有鵲，巢于其側，自然馴狎人，亦目爲鵲巢和尚。有侍者會通，忽一日欲辭去；師問曰：「汝今何往？」對曰：「會通爲法出家，不蒙和尚慈誨，今往諸方學佛法去。」師曰：「若是佛法，吾此間亦有少許。」曰：「如何是和尚佛法？」師於身上拈起布毛吹之，會通遂領悟玄旨。】**

這個鳥窠禪師，也算是響叮噹的一號禪宗史上的人物，很多人知道他；但是到底他葫蘆裡賣的什麼藥，那就很少、很少有人知道了。這位鳥窠禪師姓啥名誰，已經沒什麼人記得了。他因爲看見秦望山有一棵松樹，這松樹往側面生長，長得長長的，並且枝葉很繁茂，盤過來盤過去，枝條委屈，如同一個傘蓋一樣，正好可以在那上面睡覺，所以他就住在樹上。因爲他以樹爲家，所以當時的人們就說他叫作鳥窠禪師。因爲他在那樹上住久了，也不傷害動物，後來有喜鵲飛過來，漸漸的就熟悉了；互相之間很熟悉了，都知道沒有傷害對方的意思；可能鳥窠禪師有時候也布施一點食物給牠，結下了好緣；所以這喜鵲跟他之間就變得很熟稔，人家往往看見他在樹上有喜鵲陪著他，因此也有人叫他作鵲巢和尚。

他有一個侍者，名字叫作會通；因爲他跟著鳥窠禪師也有一段時間了，或者一、二年，或者三、五年，並沒有記載是多久。有一天侍者告辭，想要離去了。鳥窠禪師當然要問他：「你爲什麼要離開？你要到哪裡去呀？」他回答說：「**我會通是爲了法才出家的，不是爲了飲食、衣服而出家；可是出家這麼久以來，不曾承蒙和尚您慈悲的跟我教誨，所以今天我想要往諸方善知識那裡，到處參訪學佛法去了。**」鳥窠禪師想一想，這本來是應該要罵他；因爲每天都在跟他說佛法，他自己聽不見，本來是該罵的；不過因爲座下人稀，就這麼一個侍者，他若是離去了，誰來服其勞呢？所以他就跟侍者說：「**若是講到佛法的內涵，我這裡也還是有一些些。**」其實是很多，不過他說：

我這裡也有一些些。這會通一聽，很高興，就問：「請問，如何是和尚您的佛法？」這鳥窠禪師想想：「這個侍者服我之勞也是有一段時間了，應該可以幫助他了。」所以就在身上抓一抓、摳一摳，終於有了，因爲以前不貪名利的禪師穿的都是粗布衣服，不像現在大法師們穿著綾羅錦緞的僧服。他抓到了一些布毛，就拿到嘴邊這麼一吹：「呼——。」這個會通法師，這下眞的會了、通了——領悟玄旨了。玄旨，就是烏漆墨黑，讓人弄不懂的旨意；可是烏漆墨黑弄不懂，那是對悟前的人講的；對已經悟的人，那可是一點都不玄，完全都不黑。玄就是烏，古話叫作烏。閩南語現在還講這個古話：「烏去了。」烏就是黑。現在台灣搞機器製作維修的人，人家說他們是黑手，他們也自稱：「我是幹黑手的。」寫成文字時都不對，應該寫成說：「我是幹烏手的。」這樣才對。

這個會通是不是眞懂究竟無我了？當你在鳥窠禪師這個布毛下面會了去，那可就是理上的究竟無我了，這時候就是證涅槃了。當會通法師這一領悟之後，要是有人跟他問：「請問，你學的是大乘法，那二乘聖人入了無餘涅槃，是怎麼回事呀？」他就會告訴你：「入無餘涅槃的事，不是你懂的，只有我懂。」請問：「如何是入無餘涅槃？」這時會通法師可就變成禪師了，可能一巴掌就打過去說：「這就是無餘涅槃。」也許有人想說：「你是不是在騙我？跟我裝瘋賣傻。是不是以爲我不懂，用這個來籠罩我？」其實不然，他眞的在告訴你無餘涅槃裡面的境界。這個時候才會知道說：「原來阿羅漢入了涅槃是這個境界，還是我們當菩薩的好，不必入無餘涅槃就已經了知無餘涅槃了，原來活著就已住在涅槃中。」

這個時候來看這個涅槃心，祂眞的是究竟涅槃；因爲滅了十八界而入了無餘涅槃，就只剩下祂，再也沒有別的了。所以二乘聖人捨報入無餘涅槃，灰身泯智：色身不在了，意識也永遠斷滅了，所以他的解脫智也不在了，那是灰身泯智以後才證無餘涅槃。我們菩薩們眞幸福，不必灰身泯智，好吃的照吃，好喝的照喝；如果爲了供佛，還可以跳起舞來，甚至於唱歌讚頌諸佛，還是涅槃，菩薩可眞好。這個時候，可不只是理上的究竟無我而已，也同時無妨又有五陰十八界的假我；所以同時具足我與無我，不單只是無我；我也具足，無我也具足，所以既非無我、亦非有我，這豈不是成就了中道的眞義嗎？這就是菩薩的法。二乘阿羅漢入了涅槃，可不是中道，那是一切法空，剩下如來藏無知無覺，究竟寂滅，既沒有我，也沒有無我。所以中國禪宗這個禪門眞奇妙，阿羅漢們弄不懂；可是這鳥窠禪師拈起布毛來，這麼一吹，人家會通法師究竟是會了個什麼，他就通了？

諸位，你們上過理髮店，不然也燙過頭髮，或者也幫過孩子縫縫衣服、補補衣服，總是偶爾有些髮絲、棉線的，有沒有吹出個什麼來？竟然悟不了呢。問題出在哪裡？出在正知見不具足；最大的問題是想要求悟時，參禪的知見是完全顚倒的。這個知見顚倒了，能不能罵你們？不行，完全不能罵你們，得要罵你們原來跟隨的師父，或者你們以前的老師。你們是被誤導的，所以這個過失與你們無關。所以黃蘗禪師說：「大唐國內無禪師。」古時候禪師常常說：「普天下，看著黑漫漫地，盡是死人。」所以有的禪師就講：「普天下，死人無數。」你說：「哪有死人？到處都是活人走來走去呀！」可是禪師卻說：「那些都是活死人。」有的禪師就講：「都是過在其師。」因爲他們的師父教錯了，所以大家就悟不了。如果眞的悟了，鳥窠跟會通就在你眼前，你可以看得見他們呵！你說：「他們已經死了一千多年了，你怎麼這樣講？」我說：「他就正在你眼前，只是你看得見、看不見的問題。」哪一天見了，也許禪三回來，一把抓住親教師說：「鳥窠禪師啊！我終於找到你了。」那你也許會自問說：「那麼會通在哪裡？」我教你：那時你應該拍拍自己胸脯說：「咱家就是會通。」不然你憑什麼會通了禪宗的宗旨？

所以中國禪宗的開悟，只是指掌間事，沒什麼難的，難就難在知見顛倒。知見顛倒竟然是「過在其師」，可是反過來套一句現在政治上常說的話說：「難道你就不用負責嗎？」對呀！你們自己也要負責，可別全怪以前所隨的師父。要知道，你們之所以會有「過在其師」的現象，是因爲你自己的法緣不好，你爲什麼不能一開始學佛就撞見了蕭平實呢？偏偏要去撞見你以前那個師父，那你能怪誰呢？只能怪你自己；因爲你的法緣就是這樣，這就是福德的問題。如果你往世跟我結過很深的緣，你總是會很快撞見我的。往世如果跟我結了惡緣，就算住在咱家隔壁，每天遇見了也沒有用。

所以，證悟明心這回事情，其實不難，只在指掌之間，是非常簡單的事。但是，因爲太簡單，所以也常常有人自以爲悟，宣稱他悟的眞心和正覺悟的眞心一模一樣；後來我們查證了以後，其實都只是表面一樣，事實上不一樣，因此又說開悟眞的很難。證悟這個法之前所需要的次法上的配合，才是重要的事。所以，也許這一世路上遇見我，跟我打個招呼；雙方有了好感，互不相識也沒關係。也許下輩子遇見了，願意聽我說幾句話；肯聽我說幾句，好感又增加一些；下下輩子又遇見了，還是會喜歡聽我講話，時間就可以聊長一點。又再下下下世，也許又遇見了這個人，我覺得非常喜歡，覺得很有緣；所以他也對我有好感，就拿了顆橘子送給我，又結了這個好緣；那可好了，又可以聊更久了。就這樣，一世一世結緣，將來一定有悟入的因緣。緣是要這樣結下來的，只結一世的緣就能開悟，這是很不容易的。除非有什麼特殊因緣，譬如有時候佛、菩薩給了善知識一個念頭，使他刻意來幫助你，那其實是分外，這種事情也不常見。

所以談到這裡，大家就要記住一點，普賢菩薩的十大願王，其中一個就是教導大家：要跟大眾廣結善緣。但是廣結善緣時，該怎麼結法？菩薩跟人家結善緣時並不太一樣，有時候是用金剛怒目跟人家結善緣，有時候菩薩是用打的、用辱罵的方式跟人家結善緣。就是有這種事，這也不是我們現在信口開河，古時候就已經有這種事情了；但是不管怎麼樣，結緣的時候當下也許你覺得是惡緣，但是未來世它其實可能是一個善緣，那就看你怎麼樣去面對那個緣。會通禪師從鳥窠禪師這個布毛裡面悟得佛法，那麼回到《金剛經》來講，如果有人問他說：「如何是佛法？」也許他就告訴你：「所謂吹布毛，即非吹布毛，是名佛法。」他就這麼告訴你，因爲他已經成爲禪師了。你說：「你蕭老師講話那麼奇怪，都跟人家不一樣。」我就告訴你：「如果咱家講法跟那些大法師們一樣，你又何必來正覺聞法？你來就是因爲我講法跟人家不一樣，你才要來。如果我跟你講的永遠都是蘊處界苦、空、無常、無我、緣起性空，那你不必來，他們那邊也許就有了。」

但是，問題是：「吹布毛即非吹布毛，那到底是什麼？」也許有人說：「你剛剛解說，這樣即是佛法。」對呀！我說「就是佛法」。也許又有第三者在旁邊聽了，問說：「可是我還是不知道佛法呀！」那怎麼辦？那不然，我就明白一點告訴你：「是佛法！」會者就會心一笑，不會的人就無法會心；如果要笑，就只能苦笑。所以這會與不會之間，差異是非常大的。也許有人不太信受，心裡說：「你講的都是古時候的公案，這個公案已經一千多年了，老掉牙了，太陳腐了，你跟我們講這個公案有什麼用？你不如就直接告訴我們會通所會的玄旨吧！」問題是，會通所會的既然叫作玄旨，不叫作明旨；

我當然只能告訴你玄旨，不能告訴你明旨。我已經把玄旨告訴你了，你如果覺得它還是很玄，那就不是我的事了；因爲我已經把玄旨告訴你，你會了，它就變明旨，就不叫玄旨了。

所以，這個佛法非常的厲害；它跟二乘的解脫道大不相同，必須要緣熟了才能悟，悟了就不會退轉。緣若是還沒有熟，勉強幫你悟了；就會像水果在樹上，都還很硬還很青澀時，我就硬把它摘下來，不能吃的。譬如說釋迦果好了，它根本離成熟都還很早，我卻硬把它剪下來給你；你把它加溫幾天，看能不能吃，結果還是不能吃。我年輕時很「天才」，異想天開；我把還很青的釋迦果拿去放在電鍋裡面加熱一分鐘，然後再把它關掉擺著；可是依舊熟不了，因爲那根本還不該摘下來，沒有人要買它；結果我買回來了，怎麼催熟都沒用。又有一次，我學聰明了，弄個皮鞋盒子（學佛以前有皮鞋盒子），我弄一些紙把它包一包，裝進盒子裡，再放在電熱水爐上方，那兒有一點溫溫的；結果催熟好了兩顆，其中一顆還是變黑了，還是不能吃。爲什麼呢？因爲它根本還不該被採下來。所以，從此以後，我買釋迦果時，都是買已熟已軟的，決不買還沒有一點點軟的。因爲有些農夫急著採收，其實都不對啦！

修行上也是如此，如果悟緣還沒有成熟，先把你硬給弄出來；就會像那個不論怎麼保溫都溫不熟的釋迦果一樣，根本就沒有功德受用，甚至於將來還會謗法呢！所以你如果不知道這個布毛的玄旨是什麼，就把它記著：「有布毛佛法。」這個布毛佛法要是會了，就通般若經：一切法都是「布毛」，一切法都是「般若」。暫且把這個公案記在心裡，別忘了。

回到剛剛講的公案，以前有許多道場主人，他們都自稱開悟。我就說：「你們出去的時候若遇到自稱開悟的人，就用公案考他。」結果就有幾次這樣的結果：會外有師兄、也有師姊被印證開悟了，當我們正覺的師兄、師姊問他們說：「這個公案，到底悟在什麼地方？」他們都講不出來。講不出來也就罷了，偏偏還要狡辯。他們的說法都是千篇一律：「這是一千多年前的公案，早就老掉牙了，是很陳腐（種種形容詞都有）的東西；所以你用這個公案來考我，根本就不對。你不能用古時的公案來證明說有沒有悟。」因此，我們就有問題要問他們了：「禪宗祖師們在公案中悟的是什麼心？」既然所悟的是實相心，是出生名色的如來藏；不管祖師們是讀經教悟入的，或是參公案悟入的，或者是看話頭、參禪而悟；我不管他們是怎麼悟的，永遠都是悟得同一種如來藏心；當他們悟了以後，人家把他們悟的過程記錄下來，那就變成公案了。

顯然，這些禪宗祖師們留下來的公案記載開悟的過程，所描述的開悟內容，當然還是如來藏。這個如來藏，一千年前的如來藏，跟現在人的如來藏，會不一樣嗎？實相永遠都是一樣的。既然千年、萬年以後還會是一樣的實相心，爲什麼古時的公案不能用來印證現代開悟的眞假呢？當然可以嘛！所以有些人腦袋眞的有問題（不能說他們講話沒經過大腦，因爲講話時一定先經過大腦思考才講出來），因爲他們自稱開悟了，問題是，他們的所知所見太膚淺；他們都不知道那些話講出來時會有很多問題存在，連他們自己都不瞭解。既然古時候公案記錄的祖師們開悟的是如來藏心，而我們現在開悟的也應該仍然是如來藏心，因爲如來藏是亙古不變，始終如一（不應該說始終如一，因爲講「始終」就變成有始有終了，應該說永遠如是）；所以這公案，不僅佛陀的時代如是，一千多年來的中國禪宗如是，乃至五億七千六百萬年後彌勒尊佛來人間的時候也將仍然如是，絕對應該如此。不但如是，賢劫最後一尊佛來人間成佛的時候，也應當仍然如是；乃至未來無量無數劫以後，沒有止盡的未來，所有人成佛時也仍然如是，應當如此呀！所以公案是永遠新舊一如，沒有所謂陳腐可說。

所以我說，布毛不是布毛，吹布毛也不是吹布毛，說佛法也不是說佛法；大乘菩薩，般若與唯識兩大藏教，講了一大堆，也不是在講佛法；實際理地可都沒有佛法可說。所有大乘經典所講的妙法，都是在講（我學一個大禪師講的）：全都是在講那一念心。哪一念心呢？可不是能思念、能想念、能了知的那一念呵！而是這個一念萬年，一念億年，一念無量無邊恆河沙數劫之後也都不起語言妄想的那一念心，因爲祂這個念無始無終都是如此；可是你想什麼，祂也都知道。祂都在了知你正在想什麼，祂永遠有如是念，可是祂從來沒有相應過語言文字。所以，這個玄旨不容易會，但是如果有緣遇到善知識，只要得法的因緣成熟了，不會也難。意思就是說，什麼時候能會，只是一個時節因緣。因此，只要你在正法道場中，一直熏習下去，不愁沒有開悟的時候，只在時間長短難易的差別而已。可是會通禪師這一會，眞通了般若；從此以後，他就可以理事兼融。那我們就來看看這個理事兼融，在宗門裡面怎麼說：

《黃檗斷際禪師宛陵錄》卷一：【「文殊即實智，普賢即權智，權實相對治；究竟亦無權實，唯是一心。心且不佛、不眾生，無有異見；纔有佛見，便作眾生見。有見、無見，常見、斷見，便成二鐵圍山。被見障故，祖師直指一切眾生本心；本體本來是佛，不假修成，不屬漸次，不是明暗。不是『明』、故無『明』，不是『暗』、故無『暗』；所以無無明，亦無無明盡，入我此宗門。」】

黃檗希運禪師，也是禪宗裡面響叮噹的祖師；如今也不曉得跑到哪個星球去了，如今看不到他在這個星球了。他有一天開示：「文殊菩薩是代表實相的智慧，普賢菩薩是代表權巧的智慧，權與實是相對治的。」這三句話，先得要讓大家瞭解一下。善財大士有五十三參，剛開始是 文殊菩薩指示他去見善知識，然後那些善知識就開始轉介各自所知道的善知識；就這樣一位又一位一直輾轉指示下去，到了後面時又被指示回去見 文殊菩薩；這時 文殊菩薩指示他去見 彌勒菩薩、普賢菩薩，最後又被指示歸結到 文殊菩薩這裡來。這代表什麼意思？《四十華嚴、六十華嚴、八十華嚴》，都有好多人研究，也有好多人講過；但是一萬個人讀華嚴，九千九百九十九人落在華嚴的枝葉上面，通常只有一個人能把它貫通。這代表什麼？這可得要先從 普賢菩薩說起了。善財童子這五十三參，其實就是遊普賢身。也許你想：「普賢身有那麼廣大嗎？善財童子參訪那些善知識，走過多少地方，怎麼都只是在普賢身中走？」我告訴你：「事實上就是這樣。」你也許想：「普賢身是不是像一個小國家那麼大，或者像印度那麼大？」我告訴你：「豈止那麼大！善財童子是有大福報，從法界的實相示現給我們看，如何從初信位走到等覺位。」其實普賢身非常廣大，假使你沒有 善財大士那麼大的福報，你不可能一世中從初信位走到等覺位，這是很正常的。

你也許上一世在 琉璃光如來的世界，在那邊聽 琉璃光如來說：「現在娑婆世界那邊，釋迦佛的法還有人在傳，去那邊修證比較快；因爲我這裡的一天，等於那裡是一劫（也許不只一劫），所以你在這邊學，速度很慢；你如果想要學得快，就去那邊，那邊蕭平實還在幫人家開悟。」也許你上一輩子聽了 藥師佛的指示，所以你生到這裡來了。如果上輩子你在 琉璃光如來的世界，是已經斷了我見，可是還沒有證如來藏，那時你還只是在六住位滿心中，那時也還是行普賢行，還是在普賢身中行。然後這一世，是經過幾萬億佛土而來到娑婆世界投胎，如今終於在正覺同修會裡明心了，這也是普賢行。然後聽說蕭老師也曾說要先去極樂一趟再回來，「那好，我也去一趟，既然明心了，可以上品上生，好歹去那邊弄個初地回來，那也不錯呀！」因爲明心以後都可以上品上生，去到那裡最少都能擁有無生法忍；無生法忍最低就是初地果位，想一想，覺得也不錯啦！終於這一世捨報後往生去了極樂世界，那又是經過多少萬億佛土？可是去到極樂世界時，還是住在普賢身裡面行菩薩道。

這在告訴你說，從初信位開始修學佛法，一直到等覺地，乃至到最後身菩薩位，經歷十方無量世界行菩薩道，其實都在普賢身中行。這三大無量數劫的菩薩行都是普賢行，都是在普賢身中行，那你也許這樣子想：「奇怪！我怎麼沒有看到普賢身在哪裡？」那我請問你：「你喚什麼作普賢身？」有沒有想到這一點？說穿了，普賢身就是你的如來藏。你前一世在琉璃世界，也是住在你的如來藏中行菩薩道，你並沒有離開過你的如來藏。所有人都沒有在自己的如來藏外面行菩薩道，都是住在自己的如來藏裡面行菩薩道。這得要眞的證悟了，你才能眞的信受奉行；還沒有證悟以前半信半疑，我可以接受；我接受你的半信半疑，是應該的。當你上一世遠從東方琉璃世界來到這娑婆世界受生，下一世又要往生去西方極樂世界，這樣子前後三世就跳過一大阿僧祇劫。這娑婆正覺同修會只是作為你的跳板，這樣前後三世就能到初地了，你說快不快呢？眞是快極了！可是你從東方琉璃世界生到娑婆來，那是多麼遠！從這娑婆世界往生到西方極樂世界去，又是那麼遠；而這麼遠的距離來往，也都只是在普賢身中，而這才只有三世而已；那麼如果其他未來的幾世中，也許你又會遇到某一尊佛，依你當時的證量而告訴你，應該又往生到某個世界去，那可又是幾萬億佛土之外的佛世界。那你想，這普賢身有多大？眞的不能想像！可是你要是這樣想：「這普賢身那麼大，我無法想像！」我卻又告訴你（這時平實導師舉出小指的尖端說）：「普賢身其實也不大，就這麼一丁點。」

這樣一講，有一句佛經就通了，有沒有呢：放之超過須彌山，可是收藏起來時竟比芥子還小。芥是什麼植物？芥菜，芥菜的種子比芝麻還要小。那麼大的普賢身，竟然可以收藏到那麼小的芥子裡面去。也許你懷疑說：「我才不信。」那我講一個比較現實的好了。現在有顯微鏡，你看有情眾生，如果福報壞到極點、極點、極點，受生為細菌，連你的肉眼都還看不見牠；而芥子你都還看得見，比起細菌來，芥子還算是大的。所以，如果你有了這個菩薩藏的見道智慧，你繼續進修時，這一開始其實就已經是 文殊之智了，但這時只是證得一個總相；你再繼續進修，到了妙覺位，這個過程當中，其實就是讓你經由許多的境界相，去發起你的種智。這得要去跟眾生廝混，不論好的眾生、惡劣的眾生、中等的眾生，你都要往生去跟他們廝混，才有因緣發起你無生法忍的各種現觀，如來藏中一切種子的智慧才會出現。那麼像這樣三大阿僧祇劫的普賢行，可以讓你成就權巧的智慧：譬如哪一地的現觀該怎麼修，十住位菩薩的如幻觀又該怎麼修；你都知道，這就是權智。這個權智完成了，結果還是 文殊之智，依舊是 文殊的眞實智慧。所以說，權智與實智是相對治的，不過黃檗禪師講的對治，不太好，我們把它改一下，叫作相輔相成。而這些普賢行，全都是在你如來藏所生的六塵法相中修行，不曾外於你的如來藏所生的相分，何曾離開過自己的普賢身之外？

可是，黃檗禪師接著說：「究竟亦無權實，唯是一心。」說如果要談到最後的結論，談到最徹底時，其實也沒有所謂權智與實智可說，全都是這個如來藏心，以外無別法。因爲不管你是在琉璃世界，或者來到娑婆世界，或者去到極樂世界，或者去上方無量無數世界，所有佛世界你都去過了；連下方無量無數世界，你也都去過了；然而不管你去到哪裡，你之所見都是自己眞心如來藏所顯現的六塵境界。可是這個如來藏心卻不是佛，也不是眾生；因爲成佛時還是要靠五蘊來成佛，而這個心不成佛。但這個心也不是眾生，因爲若是眾生，當你罵他，他都會生氣；若是菩薩，你罵了他，他還會想要度你；可是這個眞心如來藏，不論你怎麼罵祂，祂都不會生氣，也不會想要度你，所以祂不是眾生。祂也從來不會跟你唱反調，你想想說：「聽說某地新開了一家素食餐廳，又便宜又好吃，去吃一吃吧！」祂絕對不會跟你唱反調說：「你應該學菩薩行，都在學佛了，還貪什麼好吃的！」祂一定不會。也許哪一天換了個極端說：「我從今天開始要修學苦行，吃飯時都不下菜，連醬油都不要用。」說這樣白吃飯來修苦行，原來現在修苦行也可以修到變白吃了。可是你白吃時，祂也隨著你白吃，祂都沒有意見。祂永遠都隨順你，你再也找不到一個人像祂這麼隨順的了。

可是悟後轉依了祂以後，如果心中才剛剛起了「佛」的見解，緊跟著就會有眾生的見解存在。心中起了一個念說：「我以前曾經遇見釋迦牟尼佛，我當過祂座下的弟子，所以我今天才可以開悟。」這樣就有了眾生見。可是實際理地並沒有佛、也沒有眾生，這才是如來藏的自住境界。只要心中有了佛就會有眾生，起佛見、起眾生見，就是兩個鐵圍山。有了佛見、有了眾生見，那就會產生有見、無見。看到了眾生時就說：「眾生是確實存在的。」那就是有。也會看到說：「眾生都有五陰，五陰確實存在。」那就是有。如果有一天修學佛法，學到後來變成斷滅見，心想：「因爲我很有智慧，我去觀察這個五陰中的每一陰，觀察十八界中的每一界，全都是會壞滅，這眞的無可否認。可是全都會壞，那就變成斷滅空了；你說有如來藏，我又看不到，我又找不到，那我憑什麼相信你？所以我相信一切法斷滅。」這又從有見轉變成無見了。

請問：「落入無見好不好？」不好呵！可是明明 佛在四阿含裡面說：「阿羅漢入無餘涅槃時，要滅盡全部的自我，五蘊、十八界全都應該斷滅，連一法都不留。」那到底這個無見，好不好？（有人答：不好。）還是不好，可見你們很有智慧。因爲如果落於無見，那就不可能願意斷盡我執了。世俗老人家都有一句俗話說：「好死不如賴活。」死得很痛快，都沒有痛苦，仍然不如痛苦地活著；所以寧可痛苦地繼續輪迴生死，也不要死掉變成斷滅空。這是正常的心理，一切有情都有這個我執。即使是斷見論的外道，也仍然有這個我執，他們嘴裡說：「一切無常斷滅，死後就一了百了。」可是他們其實很希望再投胎的，他們死後也一定會再去投胎。那些斷見都是依於常見而產生的，所以只要有了常見就會有斷見，有了斷見就會有常見；同理，有了無見就會有有見，有了有見就會有無見。可是所有阿羅漢都不會落到無見、有見中，阿羅漢們都相信　佛陀所說的：有一個無餘涅槃的本際可以實證，是眞實、清涼、常住不變。阿羅漢相信這樣，所以願意把五蘊、十八界自我全部滅盡，願意入無餘涅槃。如果有人不相信無餘涅槃之中有本際常住不變，也就是不信無餘涅槃之中有如來藏常住不滅，他就不可能斷我見、證初果，更不可能是阿羅漢；因爲他連聲聞初果都不可能證得，因爲他一定會落到意識裡頭去，恐怕遵照　佛陀所說滅盡十八界以後會成爲斷滅空。

如果有了常見、有了斷見，那還是兩邊。有常，是爲什麼認爲常？因爲把意識心誤認爲常，或者把意識心分割成幾個部分，只取其中的一部分作爲常，譬如細意識、極細意識，於是成爲常見外道邪見。有了常見就不離斷見，因為他其實心中很清楚，意識心會斷滅；可是他不願意斷滅，就自我陶醉、自我說服說：「意識心有一個部分是不會斷滅的，只是我不知道祂是哪個部分。」就建立細意識常住的說法，說細意識就是結生相續識，是不會斷滅的，這樣自我安慰、自我欺騙。所以，他有常見就一定會有斷見，害怕意識斷滅；而他也知道經中記載著，入無餘涅槃時是要滅盡十八界的。除非他像六識論底應成派中觀師一樣，從來都不讀《阿含經》，那可就沒救了。只要讀過《阿含經》，都知道入涅槃時一定要滅盡十八界；這時他知道什麼是斷見，可是卻會落在常見裡頭，因為怕落入斷滅空中。有了常見與斷見時，這又是兩個鐵圍山：有見是一個鐵圍山，無見是另一個鐵圍山；常見是一個鐵圍山，斷見也是另一個鐵圍山，那就都是落在兩個鐵圍山中。落在鐵圍山中，想要回來就難了，因為被二見所遮障的緣故。

所以，祖師為眾生們直接指出那個本心，不管什麼樣的眾生，他的本心都一樣，都是這個如來藏。然後，黃檗禪師就說：「本體本來就是佛，祂叫作法身佛。」當然有人如果要吹毛求疵，就寫文章貼到網站上罵：「黃檗禪師亂講，他剛才說那個心不是佛，現在又說這個本體、這個心本來是佛，亂講！」其實黃檗禪師沒有亂講，因爲那個心不是佛，而這裡講的佛是指法身佛。當禪師就是這麼好，隨便怎麼講都行；有時說眞心如來藏不是佛，有時又說是佛，都可以講得通。這個眞佛是每個人身上本來都有的，不是只有諸佛、諸菩薩才有；也不是只有你們的親教師才有，而是你們本身也都有；就叫作法身佛、因地法身，又叫作自性彌陀。可是，這個佛不是修行以後才變成的，這一句話就指出那一些錯悟大師們的大問題。

諸位想想看，你們以前逛過很多道場，有許多人是學佛三十幾年，都快四十年了才進了正覺，已經逛過多少道場？好在現在人都不是穿草鞋，都是穿著皮鞋、布鞋；不然的話，腳上都要長繭了。那麼多道場都逛過了，每一個地方都教你要怎麼修這個覺知心意識，都說修完以後這個生滅的妄心意識就會變成常住的眞心了。你們檢查看，是不是都這樣？你們曾經去過的道場，有哪一個不是這樣？沒有一個不是這樣。除非你們去過的某一些道場，他們從來都不講開悟的法，就只是教你老實唸佛，說只要唸佛就好。只要他們有講開悟、有講參禪，可都是這樣講的：「你現在覺知心在打妄想，這就是妄心。那該怎麼樣修成眞心呢？你就打坐一念不生。如果是一個鐘頭可以一念不生，那就是小悟；如果可以半天、一天都一念不生，那就是中悟；如果可以好幾天都保持一念不生，那就是大悟徹底了。」還有法師這樣子寫在書中流通呵！而且是很早期就這樣寫的。也許你們有人不信，那我就告訴你是哪一家印的？是商務印書館印的。問題是：那種眞心是藉著修行而成的？或是不藉修行而成的本來就眞實底眞心？（有人答：修行成的。）你看！還是藉著修行而變成的，是想要把妄心修行去轉變成眞心；可是，人家黃檗禪師說底眞心是「不假修成」，是不論你有修行或者沒有修行，祂都本來存在而且本來就叫作眞心。

每一個凡夫身中的第八識心都是眞心，販夫走卒如是，士農工商如是，乃至糞窖裡面的蛆蛆，牠們的眞心也是不假修成，也是本來就眞。本來就眞的，不是藉緣修成的，才不會因爲將來修行的藉緣毀壞時跟著變壞，所以祂才是眞正的眞心、才是眞佛。如果是要藉緣來修成的假「眞心」，當那個「修緣」壞散的時候，祂也會跟著壞散。所以，本來入定三天都是一念不生，心想：「喔！我大悟徹底了。」可是突然間老爸在那邊叫：「阿狗啊！來幫忙一下，別再坐了。」這一下子，得要下座了，就問老爸說：「有什麼事情？」

這時又得開口，又有妄想了，那又轉變成妄心了。就是因爲離念靈知是修成的，藉著打坐修行而變成「眞心」；可是這個打坐，這個修行的助緣被老爸這麼一呼喚，這個修緣散壞了，於是「眞心」又變成妄心了，所以這樣的眞心會壞，凡是藉緣而得的都會壞。只有本來就眞的心，不是藉修行助緣而變成眞的，那個心才是眞，始終都是眞心；所以趙州禪師說「眞佛內裡坐」，眞佛從來都不修行。假佛才得要修行，我們的五陰就是假佛。「眞佛內裡坐」，祂從來都不必修行，那才是眞佛。

有沒有聽過這一句話「眞佛內裡坐」？老趙州早就講過了：「**木佛不度火**。」木頭雕的佛一遇到火就燒掉了，所以「**木佛不度火**」。老趙州又說：「**泥佛不度水，金佛不度鑪**。」金佛是金子鑄成的，不管是什麼金屬，一送進去煉鐵、煉黃金的爐，全度不了，全都融了，所以「**金佛不度鑪**」。可是趙州又說「**眞佛內裡坐**」，這個一直都住在五蘊山中而不出來了知六塵的心，才是眞佛。問題是，這個眞佛是不是藉修行而成就的？一直都很少有人能這樣子探究。只有我們正覺出來弘法以後才說：「**不是要把自己這個妄心意識修行變成眞心，而是用這個妄心去修學佛法知見，建立一個正確的方向，建立**

能夠幫我們尋找到祂的看話頭功夫，然後藉這個妄心來找另一個本來就在的眞心。」只有我們這麼講。十幾年來我們講的跟人家都不一樣，所以十幾年來（編案：這是二〇〇七年講的），人家都在罵我們是邪魔外道。全都是因爲我們講的正法跟他們講的不一樣，如果我們跟他們一樣了，他們就不會叫我們是邪魔外道。可是，我們卻要說他們才是邪魔外道，因爲他們所謂開悟的眞心，跟邪魔或天魔都是同樣的認知；天魔與邪魔也都認爲這個離念靈知是眞心，可以一念不生而享受五欲之樂；而人間的外道也認爲離念靈知是眞心，才會有五現涅槃等外道涅槃。

所以，眞佛應該像我們說的**「不假修成」**便存在著，你們只是去把祂找出來而已，祂是本來就在的。這就像媽媽在學校放學時，去校門口一大堆的小孩子中，在人頭鑽動之中尋找：**「到底我的孩子是哪一個？」**在那邊找、找、找，但因爲孩子只顧著玩，忘了媽媽要來接他。那妳可得要去尋找了，把那個本來就在那裡的孩子找出來，而不是把媽媽自己的身體變成孩子，而說是找到孩子了。這才是眞的道理呀！可是，那些大師們就是這麼笨，只能罵他們眞是笨到身子癢時都不懂得要伸手去搔，還要你教導他應該怎麼去搔癢。所以，參禪時就像是你要去找出孩子來，就是要去把他找出來；你的孩子本來就在那裡，只要去找出來，而不是去把自己變成孩子，這才是正法。所以趙州禪師說「眞佛內裡坐」，祂是本來就在自己的五蘊山中，不假修成。

祂也不是漸次成就的，所以黃檗禪師說「不屬漸次」。不曉得那個十牛圖是在黃檗禪師之前畫出來的？還是之後才畫出來的？黃檗說「不屬漸次」，如果是黃檗開示以後才畫出來的，那就是黃檗禪師預先罵在前頭了，結果他還特地跳進去被罵。黃檗禪師就好像作了一個罵人機，後來一直都有人主動跳進去被他罵，眞夠笨！他已經說了：「不屬漸次。」十牛圖卻告訴你說：「如果開悟了，譬如先找到牛跡，然後找到牛尾巴；找到牛尾巴以後，再悟得牠的屁股，然後再找到牠的腳，然後再找到牠的肚子，最後才看見牠的牛頭，然後看見牠的牛角。」譬如說，有好幾種水果放在桌子上，各種不同，現在要你從其中找出一顆蘋果來；而你以前沒有見過蘋果，突然間終於知道原來這個就是蘋果，你便找到了。請問：「你找到蘋果時，是不是先看到它的蒂頭，然後再看到它的一小部分，然後再漸漸的放大再看到整顆？有沒有這樣？」全都沒有人這樣看到的呀！你找到時就是全體找到了，開悟時也就是這樣子。哪有先悟到一小部分，然後再變成一大部分，然後再變成全部的？開悟都是頓悟，都不是像十牛圖畫的這樣。開悟這回事，從來沒有漸悟的，只有頓悟，所以說「不屬漸次」。如果有人告訴你說：「我悟了，可是我只找到牛尾巴。」你就告訴他：「牛尾巴拿來！我讓你看全牛。」當然他不可能拿出那個牛尾巴，他會告訴你：「我就只能打坐到這個程度，請問全牛是怎麼回事？」你就給他一巴掌，就全部解決了，眞的只要一巴掌。他質問你說：「你怎麼打我？」你說：「你不是要全牛嗎？全牛就在這裡。」然後他如果還不懂，你就把黃檗希運禪師這兩句再告訴他：「『不假修成，不屬漸次』，眞悟的事，可沒有先找到牛尾巴再找到牛頭的，這才是眞正的開悟。」

黃檗禪師又開示說：「不是明暗。」開悟這回事，有什麼明、有什麼暗？落入意識或識陰中，有覺有知才會有明暗；當你有明有暗，是因爲沒有悟，所以說是「千年暗室」；因爲悟了，智慧出生了，所以叫作「一燈能照」。可是，不論明或暗，那都是你家的事情；那跟如來藏這個眞佛無關，眞佛是沒有明也沒有暗可說的。凡夫眾生心有暗有明，沒有悟之前是有無明，才稱爲「千年暗室」；這一悟了就有明了，有智慧了，所以說「一燈能照」。但是這個了知明與暗，可都是意識覺知心妄心；對你所證悟的如來藏自身來講，祂可沒有明也沒有暗。如果沒有找到如來藏，可就很難猜測我這個意思了。既沒有明，也沒有暗，那是什麼境界？那可要擠破腦袋了，眞的很難想像與瞭解。可是當你找到了如來藏，你會發覺說：這根本不需要想像，也不需要思惟，祂本來就沒有明也沒有暗。對你來講，這就是很現成的事，根本不用想像。可是還沒有悟的人，或是悟錯的人，他可就很難想像了。

爲什麼這樣呢？黃檗禪師解釋說：「因爲這個如來藏不是明，所以就沒有無明。」有明才會有無明。這就好像茅山老道，他能夠飛砂走石、變牛變馬，因爲他能變化；然而既能變，就會有黔驢技窮的一天，終究會變完。那個茅山老道，我們就拿他來譬喻作「明」，他因爲懂得很多，就會有他不懂的地方；可是對於從來沒有所謂懂或不懂的祂而言，祂可就無所不懂了。所以你想什麼，如來藏都知道，你瞞不了祂，包括你所懂的都在祂裡面；可是對祂而言，祂既沒有「明」——祂沒有「懂」，所以祂就沒有「不懂」；因爲你懂，你就同時會有不懂的。覺知心什麼時候才能夠沒有不懂？成佛時才沒有不懂。可是這個眞佛，祂從來就沒有不懂可說，因爲祂從來沒有懂；沒有懂就不會有不懂，有了懂才會有不懂，能夠這樣子現觀就是證般若。

所以，當你證得如來藏以後，般若諸經就能夠會通，原因就在這裡；因爲祂永遠都不在兩邊，可是兩邊都在祂裡面；這兩邊如果離開了祂，就不可能存在了。正因爲祂含攝了兩邊，可是祂自己卻不落在那兩邊，但是所有的兩邊都不能離開祂而存在。因此祂既不是明，所以祂就沒有暗，沒有暗就沒有明。既然不是明就沒有無明可說，不是暗就沒有無暗可說。所以當你以前是暗，現在悟了離開無明，所以叫作沒有暗；有了明，沒有暗就是「無無明」。可是祂從來沒有明也沒有暗可說，你要叫祂離開什麼無明？所以從祂來講，既然沒有無明可說，所以《心經》說祂這個心「亦無無明盡」。

《心經》都是在講這個第八識如來藏金剛心。好多人唱《心經》，唱了一輩子；因爲他少小出家，然而今天垂垂老矣，保不定哪一天要走，心中卻很苦惱：「這《心經》我一天到晚在唱著：『無無明、亦無無明盡。』這到底是什麼意思？我老是弄不清楚。」因爲從他來看：「明明我就是有無明，我學佛法就是要達到無明盡，結果卻告訴我說：『沒有無明盡。』那到底在講什麼？」眞的弄不懂。可是我告訴你：「這個弄不懂而在煩惱的師父，他是有救的，搞不好下一輩子就悟了。」可是，如果一天到晚在唱：「無苦集滅道、無無明、亦無無明盡。」卻從來都不曾起過一念懷疑說：「為什麼《心經》會這麼講？」那我告訴你：「他再十輩子也悟不了。」

所以黃檗禪師說：「沒有無明也沒有無明盡，能夠證得這樣的境界，才是進入我禪宗門下之人。」所以中國禪宗之所悟，是禪定法門呢？還是般若法門？（眾答：般若法門。）是般若法門。以前好多大法師都說：「這個禪宗的開悟就是禪定。」這都是古西域人講的話，中原人不作此說。禪宗這個東西本來就是般若，本來就不是禪定。結果還有人寫了禪的書，說禪宗這個禪就是禪定，跟四禪八定就扯在一起；偏偏他又沒有證得四禪八定，所以整本書從頭到尾都叫作胡說。可是我們沒有悟以前，還是讀得好歡喜，還讚歎他講得眞棒呀！現在看起來，一點都不棒。哪一天也許見了他，我眞給他一棒，因爲他眞的亂講。

所以你看，黃檗禪師講得這麼白：從來離兩邊。這個離兩邊，是本來就離兩邊，不是現在才離兩邊。這個眞佛本體，也本來就是眞佛，不是修行以後才成爲眞佛：「**不假修成**」。也不是漸次修，並不是先悟到一點點心體，然後再悟到很多心體，然後才全部悟得，不是這樣的。只有頓悟漸修，沒有漸悟這回事情；因爲當你找到了那個兒子的時候，你就整個找到了，不會說：「我是先認清楚這是他的頭，然後我再順著頭來認他的身體。」都不需要這樣嘛！你若認得這個頭，你就認得那整個就是他的身體，不需要經由頭再去一一確認身體的每一個部分，根本不需要嘛！

這意思就是告訴我們，其實理與事是同時並存的，禪宗的禪法修行並不是要把事變成理。可是，那些大法師們都教人要把事變成理，所以當他們自稱開悟以後，假使有人對他們不禮貌時，他們是不敢生氣的；因爲一旦生氣了，那時就叫作沒有悟，他們是這樣的。可是我們正覺不一樣，悟了以後照樣可以生氣，生氣時還是住在悟境中，而且不生氣時也一樣是眞悟。於是他們就想不通：「爲什麼你們生氣的時候還是眞悟？爲什麼你罵人的時候還是眞悟？」因爲他們的想法是：「罵人的時候一定要用語言文字，有語言文字時就是妄想，就是離開悟境了。」對不對？一定要呀！即使罵得最簡短的話，譬如「渾蛋」，這二字還是語言文字；在他們來講，心中出生了渾蛋兩個字時，那就是離開悟境了。可是我們正覺不一樣，我們大聲斥罵人家嚴重誤導眾生卻還不肯改過時，大罵他們「渾蛋加三級」的時候，我們這個眞實心還是離語言文字的，還是不起妄念的。

所以，以後你們遇到那些悟錯的大師們，就告訴他們：「你們那個悟，即使一整年都不起妄念，都還不是小悟。我們悟了以後，是有一個心永遠都不會起妄念的，我在罵你的時候，我還是不起妄念的。」他們可就弄不懂了！那你就問他：「我正在罵你，我現在正在跟你講話，語言文字一大堆，但我還是沒有語言文字，我還是一念不生，你評評看，我這個悟是大悟還是小悟？」他也只能承認你是大悟。由這裡作個方便，就好像把這個方法當作一個藥引子，就能把他們引進正覺來了。因爲他們想：「這個眞是不簡單，罵人的時候語言文字一大堆，竟然還是可以一念不生。」他從來沒有想到說你講的一念不生的是第八識，他還以爲說你的一念不生同時也是意識，以爲你一念不生同時又可以罵人。這就是禪宗佛法厲害的地方，你就暫且不跟他說破，你說：「你如果想要證到這種語言文字一大堆的時候，仍然是一念不生的境界，那你就來正覺，我就保證你可以修證這個法。」如果他起了一念愛樂之心，不就進正覺來了嗎？等到有一天他明心了，心想：「原來你騙我，原來你有語言文字的時候，眞的是語言文字一大堆，原來是另一個心從來沒有語言文字；不過我雖然被你騙了，還是被你騙得很歡喜、被騙得很值得。」

因爲已經弄通了法界的實相，理事無二、理事互融，這才是眞正理事圓融；而他們都是要把事相的法變成理，當他們想要把事相的法變成理來圓融的時候，人家若是罵他，他都是不敢回嘴；因爲只要一回嘴，就變成落到事上去了，就是不在理上了。他們都會這樣想，所以當他們看見你悟了以後，還一天到晚在說法，還一天到晚辨正法義說別人哪個法不對的時候，他就會說：「你不是悟了嗎？怎麼一天到晚都不住在悟境裡面？」他不知道說：「原來你不斷在說法的時候，也是住在永遠離念的悟境中。」他們都不知道。所以，理與事要怎麼樣兼攝圓融？是應該在罵人的時候、正在歡喜、正在痛苦、正在跟人家電話哈拉個不停的時候，一樣是理事圓融。那麼這樣一來，無一事中不是理事圓融，無一法中而非理事圓融。追趕跑跳碰，或者說上座打坐一念不生，都叫作理事圓融；這樣才叫作事事無礙法界。所以必須要如此，才能夠攝化一切眾生。

喜歡修人乘的人來了，你教導他人乘的法；喜歡修天道的人來了，譬如像一貫道，你就教他修天乘的法；有人喜歡修聲聞乘的法，你也可以教導他；想要修因緣法而得緣覺，你也可以教他；有人想要修佛乘，你就教他菩薩道。你都可以教他們。只要這個法通了，你對五乘法也都可以逐漸通達。可是，如果只有通別乘，不是這個一佛乘的法，那你對這個法就沒有智慧可以講了。因此，這個法是理事兼融的法，不是那一些人所修的妄想要把事變成理。那是錯誤的想法。你若是通了這個法，就可以攝化一切眾生。有人要來求人乘的法，你就教他要遠離十惡，不要成就十惡業道；教他要好好的受持五戒不犯，他可以成就人乘的法。如果有人說：「我想要生到天堂去享福，可是我又見不到老母娘幫我掛號，我該怎麼辦？」你就說：「你不用去找老母娘，我告訴你怎麼樣生天堂。你除了持五戒，再加修十善業；只要有了十善業道的成就，根本不必老母娘，你就可以生天堂去了。」有的人說：「我也想往生天道，但我不是為了求享受，我想要去色界天。」你就教他初禪怎麼修、二禪怎麼修等等。這就是天道，你也能夠攝化他們。也許有人來了，他說：「我想要證初果。」你就告訴他怎麼斷我見、怎麼斷三縛結。

我常常遇到一位一貫道的道親，她都叫我：「師兄啊！師兄啊！」我就回答說：「欸！」她若大聲叫喚我：「師兄！師兄！」我就回應：「欸！來了、來了。」可是我知道，她自己認為是道教裡的學人，我卻都裝不知道，因為她常常說：「我要去『我母』那兒修行（台語）。」她的母親住在廟裡？我都裝迷糊。我一聽就知道那就是一貫道，但我都裝迷糊。有一天她突然在外面廟裡拿到我的書（那時我還比較有時間，有時候偷得浮生十分鐘的閒，坐在前院搖椅上晃呀晃地，休息一下），剛好她在隔壁，從圍牆鐵欄竿看過來時看見我了，就談到斷我見等等，我也為她開示一些。後來談過幾次了，我告訴她：「妳不要再唸老母娘了，不如唸佛的好，因為老母娘的境界跟妳一樣，同樣是沒有斷我見。我這個法不好修，連阿羅漢都不懂了，妳的老母娘連初果都證不到，她怎麼會懂？妳還是唸別的，可以唸觀世音菩薩，倒也不錯，可不要再唸老母娘了。」然後我才跟她說：「其實妳那個本質是一貫道。」如果不跟她指導一下，她將來可能會變成乩童；她那個現象已經有一些開始出現了，我教她要趕快丟掉那些境界。

所以，不論佛門內外，那些人都是要把事變成理。真正禪宗門裡，一定在事上就有理，理中也有事；事不離理，理不離事；但是事不即理，理不即事，這樣才能理事兼融。唯有理事兼融的人才能攝化一切眾生，能攝化一切眾生才能夠攝受自己的淨土，這樣才是眞正在莊嚴佛土的人。如果不是這樣，就不能符合《金剛經》說的莊嚴佛土。可是，當你出來攝受眾生，出來度化有情時，有一個原則你得要記住：「律己須嚴而攝人以寬。」如果不是這樣，你只能去極樂世界等待好幾千萬億年，看能不能度一個眾生。你如果能夠律己以嚴、待人以寬，在五濁惡世攝受眾生時就比較容易了。你若想要快速地成就佛土，最好的地方還是娑婆世界。所以，我告訴你們說：悟了以後可以上品上生去極樂世界得無生法忍，可是得了以後，要趕快跟 阿彌陀佛禮拜說再見，要趕快回來娑婆世界；因爲你在這裡攝受眾生很容易、很快速，你在極樂世界要攝受眾生很難。因爲 阿彌陀佛有種種方便攝受眾生，輪不到你來攝受。否則，五億七千六百萬年以後，彌勒菩薩在這裡成佛了，其他的同修們都已被受記成佛了，你在那邊卻還沒有攝受到一個眾生。

這是事實，也許你想：「你講得太早了吧！不是五十七億年嗎？」不！印度是以一千萬爲億，不是以一萬萬爲億，所以算起來是五十七億六千萬年，就是中國算術的五億七千六百萬年。五億七千六百萬年後 彌勒菩薩來人間成佛時，大家在這裡最少都得阿羅漢果；因爲最早的龍華三會都是聲聞法會，大家都可以先得阿羅漢果；接下去講菩薩法，那也許你又可以進入初地、二地或者三地不等。親值應身佛　世尊時，在佛法上，祂可不怕你挖寶；你能問多深，就盡量問，祂總是能滿足你。那你想，五億七千六百萬年後，你在這裡已經到了什麼地步了？因爲你去那裡得了初地，很快就回來攝受很多眾生，你的佛土成就將會很快。如果去那邊不肯回來，而且是悟前去的，那麼想要度化一個眾生時，要等到什麼時候才能度得？且不說是悟前去的，單說是悟後去極樂世界好了；悟後去了，是上品上生而得了無生法忍，進入初地；可是想要在那邊攝受眾生，你遇到每一個眾生，結果都是　阿彌陀佛已經在爲他說法了，你又能攝受誰？以前的同修們在娑婆世界自度度他，已經攝受很多眾生了；結果你去那邊才一會兒，彌勒菩薩已經在這裡成佛了；你都還沒有攝受到一位眾生，那你要怎麼莊嚴佛土？對於莊嚴佛土這件事，這是很切身的問題。

所以眞正的法還是要在娑婆修習才會快速，但是你一定要先求斷我見、斷三縛結，接著要求開悟明心。這個明心，並且是要能夠經過千錘百鍊去檢驗而不會改變的，才是眞的佛法。正巧我們正覺的法就是這樣，我從一開始弘法，就是這個第八識如來藏妙法，我從來沒有改換過。不像有的人，十年前是那個，十年後換了這個，再過十年以後他還會再換另一個。但我們始終不換，永遠是這個東西，這樣才是能夠理事兼融的人。你若是能夠這樣，就能夠攝化很多眾生；但是有一個行事的原則，就是律己須嚴、待人以寬。因爲五濁惡世的眾生，你若是要待他以嚴，可得要看人：這個人已經入門了，你就可以從嚴要求他。他若是還沒有入門，你可就不能從嚴要求；要盡量給他方便來攝受他，要讓他具足種種的次法。當他把次法也修習具足了，他就能得到法；得到了法，你就可以從嚴要求他，這樣才是對他有利的。如果他已經悟了，你還從寬要求他，那你就是害他成佛之道眞的要歷盡三大阿僧祇劫了。理事兼融講完了，接下來第十八分講什麼呢：一體同觀。

〈一體同觀分〉第十八

【「須菩提！於意云何？如來有肉眼不？」「如是，世尊！如來有肉眼。」「須菩提！於意云何？如來有天眼不？」「如是，世尊！如來有天眼。」「須菩提！於意云何？如來有慧眼不？」「如是，世尊！如來有慧眼。」「須菩提！於意云何？如來有法眼不？」「如是，世尊！如來有法眼。」「須菩提！於意云何？如來有佛眼不？」「如是，世尊！如來有佛眼。」「須菩提！於意云何？恒河中所有沙，佛說是沙不？」「如是，世尊！如來說是沙。」「須菩提！於意云何？如一恒河中所有沙，有如是等恒河；是諸恒河所有沙數佛世界，如是寧爲多不？」「甚多，世尊！」佛告須菩提：「爾所國土中所有眾生，若干種心，如來悉知。何以故？如來說諸心皆爲非心，是名爲心。所以者何？須菩提！過去心不可得，現在心不可得，未來心不可得。」】

講記：「須菩提！你的意下如何呢？如來有肉眼嗎？」「就像您說的這樣，世尊！如來有肉眼。」「須菩提！你的意下如何呢？如來有天眼沒有？」

「如是，世尊！如來有天眼。」「須菩提！你的意下如何呢？如來有沒有慧眼呢？」「如是，世尊！如來有慧眼。」「須菩提！你的意下如何呢？如來有法眼沒有？」「如是，世尊！如來有法眼。」「須菩提！你的意下如何？如來有佛眼沒有？」「如是，世尊！如來有佛眼。」「須菩提！你的意下如何？恒河中的所有沙子，佛說那是不是沙子？」「如是，世尊！如來說那是沙。」「須菩提！你的意下如何？譬如一恒河中的所有沙子，有這麼多沙子數目的恒河；這麼多恒河中的所有沙子數目的佛世界，這樣多的佛世界難道不是很多嗎？」「非常的多，世尊！」佛陀告訴須菩提說：「像這麼多的無量國土中的所有眾生，若干種類的眾生心，如來全部都知道。是什麼緣故呢？如來說諸多眾生的心全部都不是心，這才是我所說的心。爲什麼這樣說呢？須菩提！過去心不可得，現在心不可得，未來心不可得。」

一體同觀，到底是要憑哪一個「體」來「同觀」呢？當然諸位都知道，就是如來藏，就是「此經」。可是在以往，我們所見的很多《金剛經》的註解，都是用意識心爲主體在註解的。特別是在應成派中觀來講，他們完全是用意識心的境界在註解《金剛經》，從來不曾涉及唯一的法界實相本體，所以他們其實不能「一體同觀」，而是「異體多觀」；異，就是那個差異的異，是「異體多觀」。因此，同一部經，一個人講一種法，大家講出來時各不相同；所以才會有很多的《金剛經》註解，一人一註，結果變成百家註。《心經》也是一樣，你要是把《心經》古今的註解都蒐集起來，絕對不止百家，所以一樣是百家註。

大陸有一位法師，他也有些名氣。有一天，他的《心經》註解準備要去出版了，出版社也談好了，也拿到書號了，突然得到我的《心經密意》，讀過以後說：「**我不出版了。**」並且希望當我的徒弟，還寫了信來。從表面上看來，好像這部《心經》的註解已經有一點被我壟斷的味道。不過，我這個註解可不是托辣斯，我無意壟斷，誰都可以繼續去註解。《金剛經》也是一樣，也是百家註；可是很多註解總是流通過一代、兩代以後就不見了，沒有人願意再印行了，因爲大家終究會去比較；於是註解的人過世以後，徒弟漸漸失散了，註解的內容又不是很勝妙，就不再有人印行了。

這個「一體同觀」，每一位開悟者都一定是同樣以如來藏爲體來觀，才可能所觀的實相都同樣，也才可能所觀的實相都是同一種法界體，才可能是

「一體同觀」。如果不以如來藏爲體來觀，那就會變成多體多觀，不可能每一個人都依相同的主體而說同一個樣。所以，很多人講《金剛經》時，不管講哪一分，各人都會有不同的說法；因爲眾生的意識心所熏習的佛法內涵各不相同，因此所思所說自然也各不相同，不可能是「一體同觀」。有人從人道的意識心來說，有的人又多講了一些，再從畜生道相應的意識心來說某些事相；因爲他心心念念想的，都是怎麼從說法中去牟取不當的利益，將來應該出生到畜生道去，所以他以人身講出來的時候，已經是畜生道的意識心了，那他講出來的事相會跟人家同分嗎？當然不同分，那他下輩子將會是畜生同分，決定不會是人同分。

甚至於爲了名聞與利養而大膽謗法，毀謗說沒有如來藏，就用謗如來藏的應成派中觀邪見，來解釋這一品的「一體同觀」分，於是他在下一輩子就會變成地獄同分；所以未悟及錯悟的人演講這一品時，其實都是多體多分，不是「一體同分」。可是你如果以如來藏來講，每一個有情各自的如來藏，都是同樣體性而沒有差別；所以這個如來藏，不管是在地獄道中、畜生道中、餓鬼道中、人道中、天道中、修羅道中，祂都是永遠同樣的體性，沒有第二分，這才叫作「一體同分」。我們若不把範圍講那麼廣，把它縮小來講，縮小到一個人類的自身來講時，這個如來藏遍在五陰的每一陰中，也是「一體同分」；遍在十八界的每一界中，還是「一體同分」，這樣現觀時，才是真的親證一體同分，才是真懂「一體同觀」的開悟菩薩。這樣的一體同分，過去世是一體同分，現在世、未來世也是一體同分；遍十方法界，橫亙古往今來以及無量劫的未來，仍然是一體同分，這才能叫作遍周沙界。亙古亙今都是一體同分，因爲祂永遠都是如此，這才是這一品〈一體同觀分〉所要說的眞義。我們再來看看經文怎麼說：

佛說：「須菩提啊！你的意下如何呢？如來有沒有肉眼？」須菩提答覆說：「就像您所說的那樣，世尊！如來有肉眼。」「須菩提啊！你的意下如何呢？如來有天眼嗎？」「就像您所說的一樣，世尊！如來有天眼。」「須菩提啊！你的意下如何呢？如來有慧眼嗎？」「就像您所說的一樣，世尊！如來有慧眼。」「須菩提啊！你的意下如何呢？如來有法眼嗎？」「就像您所說的那樣，世尊！如來有法眼。」「須菩提啊！你的意下如何呢？如來有佛眼嗎？」「就像您所說的一樣，世尊！如來有佛眼。」

先講這幾句聖教。有許多人說：「如來成佛了，所以成佛是不用吃飯的。」有沒有聽過？當然有聽過，如果你沒有聽過，那表示你孤陋寡聞；因爲我們以前也讀過人家寫文章是這麼寫的，在電視上也看過有法師這麼講，這是很早期的事了。你要不信，我告訴你，眞的有，並且在網站上面還可以查得到。有一位法師講：「如來是不吃飯的，如來吃飯只是一個示現，祂這邊吃了，護法神就接了去，度給眾生吃了。」他的名氣還不小，我們就不用講他是誰。

如來有肉眼，那顯然如來也有色身；要不然的話，何須要佛母摩耶夫人來生祂呢？祂又何須來入胎呢？所以祂當然是有色身才能度化人類眾生；既然有色身，祂當然要吃飯，難道祂吃飯還爲別人吃？假使你要說爲別人吃，從事上來說也講得通，因爲如果不吃飯，色身不能維持；維持色身的目的是爲眾生，所以吃飯還是爲別人吃，也講得通。從事上來說，如來特地要示現爲人身，來與人類同事，而天人們也同樣可以來親近，這樣才能夠使大家願意發心修學佛道；否則的話，如何度人類行菩薩道？因爲人們會以爲人類不可能修行成佛，只有 世尊那樣的天人才能成佛；或以爲 世尊本來就是佛，人類是無法修行成佛的；大家會這樣想，就不可能願意修學佛法了。既然 世尊來人間入胎受生示現爲人類，當然要有色身；既有色身當然就有肉眼，怎麼會說 佛沒有肉眼？既有肉眼也有色身，當然也得要吃飯才能生存於人間。

爲什麼 世尊要特地問這一點？因爲需要用人身來修行，才能成就佛道。佛道的修行是以人間爲主，諸地菩薩的修行也都要在人間修，所以我們這個人間就是凡聖同居土。除非入地後被 世尊攝受進入娑婆淨土，否則這就是個淨土，不要妄想說：「這娑婆世界，據說也有實報莊嚴土；那個實報莊嚴土，可能都是金沙鋪地呵！」我告訴你：「你找不到，實報莊嚴土還是在這個穢土中並存；只要你入地了，就是住在實報莊嚴土。」這個「肉眼」，世尊問須菩提「肉眼」的目的，就是在告訴你：在這個穢土也有人能成就佛道，所以你如果要行菩薩道，你就得在這個穢土裡面修。目的在告訴大家這個道理。

那麼 如來有沒有天眼？有，如來有天眼。這是在告訴眾生，你們這些外道修得的天眼沒什麼，如來也有天眼，並且 如來的天眼遠遠勝妙於外道的天眼。接著又問：「如來有沒有慧眼？」「有，如來有慧眼。」外道有沒有？外道可就沒有慧眼了。外道全都沒有慧眼，只有 如來有慧眼；想要得慧眼的人，就得要跟著 如來修學，否則沒有辦法得到慧眼。請問：慧眼在哪裡？是不是頭上多長了一個眼睛？請問：天眼在哪裡？是不是額頭又多長了一個眼睛？都不是。以前曾經有密宗的喇嘛寫書說：「**想要開天眼，得要從眉心中間如何修、如何修。**」諸位有沒有興趣知道是誰講的？賣個關子，下週再告訴你。

還有兩分多鐘，有些事情我要先講一下，然後留一分鐘請輪值老師宣布事情。我們講經、或者平常禪淨班的課程、或者增上班的課程，你們如果自己作筆記，請你只能自己留著看，不要去找幾個人或者十幾個人整理了以後互相組織起來去流通。不論會外流通或會內流通，都不要作，好不好？因爲這會有很大的後遺症。我們以前台中有人這樣作過，被我們制止了！因爲很久沒有宣布過，所以現在台北也有人再這樣作。我們還是要請大家把它停止下來，那些已經組合起來的資料就把它銷毀掉。另外，我們這裡《金剛經宗通》有一些投影的資料，請你們不要去把它照像、錄影流出去，因爲這個是現場聽聞者的權利，不要損害了聽聞者的權利。這些資料在將來出書時不一定會有，沒有來聽，那他就沒有這個利益，這一定是這樣的；不然，你們來現場聽聞，跟以後人家閱讀講記的人，二者的權利有什麼差別？來聽經者的權利應該不一樣才對；他們現在不來聽經的人，將來閱讀書籍時看不到現場的情形，他們的權利就是那個樣子，他們是歸於另一個樣子；應該這樣有差別，這樣才是公平。

《金剛經》上週講到第十五頁〈一體同觀分〉第四行：「**須菩提！於意云何？如來有法眼不？**」上週講了肉眼、天眼、慧眼。當然來到同修會明心了就知道什麼叫作慧眼，慧眼就是能夠看見法界的眞實相，所以有了實相般若，可以去觀察法界中的萬法，都是從實相而來的；你證得實相心，就照見了實相，所以有了實相般若，這就是慧眼。換句話說，明心了就有慧眼。如果眼見佛性，慧眼就更好。如果別相智都具足了，那麼慧眼就圓滿了。換句話說，三賢位所得，明心以後所得的智慧，一直到十迴向位爲止，都屬於慧眼的範圍。佛接著又問須菩提說：「**你意下如何呢？如來有沒有法眼呀？**」須菩提答覆說：「**就像您說的這樣，世尊！如來有法眼。**」法眼跟慧眼究竟有什麼不同？那當然要說明一下，因爲許多人談慧眼、談法眼都是言不及義，所說的根本不是慧眼與法眼的眞實義。至於密宗說的修證天眼的事，全都是荒唐無稽的事，不可能修成功的，因為他們都在追宗人間最大的淫樂境界，不可能發起天眼的。（編案：是指羅桑喇嘛寫的修證天眼的書籍，天華出版社出版。）至於天眼，只要受生到欲界天中就會有了；這是報得的天眼，層次不高；生到色界天中也會有，層次更高。若是在人間，只要正確修學，也可以證得天眼；但是不論什麼層次的天眼，都一樣無法知道菩薩們的慧眼所見，當然就沒有佛菩提智，自然是沒有實相般若的智慧，更不可能知道菩薩的法眼所見實相境界，不值得羨慕。

現在大家要瞭解，什麼叫作法眼？法眼跟慧眼有什麼不同？法眼講的是諸地菩薩之慧眼。諸地菩薩都有無生法忍，這是因為修學一切種智而發起了道種智，了知諸法無我，實證大乘的法無我，這就是法眼；也就是說諸地菩薩親證了一切法本來無生，有了這個諸法無我的智慧，就把這個智慧說為法眼。為什麼這個智慧、這個法要叫作眼？這是對「他」而說，不是對「自」而說。也就是說，他有了無生法忍的智慧，他有眼力能辨別諸方善知識；乃至對於已經證悟底菩薩，凡是智慧在他之下的人，他都能夠判斷對方在什麼階位，對方所說的法對或者不對。因為有這個無生法忍的眼力能夠現觀諸法本來無生，也能夠分辨別人所說的法，所以叫作法眼。三賢位裡面當然也有能力來辨別，就像我們同修會有好多師兄、師姊破參以後，個個猶如雄獅一般，能在網路上面獅子吼，使得好多佛法網站論壇一個一個關閉了。至於《阿含經》中說的法眼淨，只是對二乘法的慧眼生起了，成爲聲聞見道位的人，所以說他法眼清淨，不是對大乘法也獲得法眼清淨，這是應該分清楚的。

言歸正傳，我後來聽說有好多佛法網站的論壇關閉了，好奇地問他們：「爲什麼？」因爲我還不知道有許多同修們各自在網路上的佛法論壇辨正法義，那時候我們何總幹事說：「**因爲我們的師兄、師姊上去各個佛法論壇辨正法義，他們那些常見論者辯論到沒辦法支持了，就關閉了。**」我說：「哦！還有這回事？」原來我們這些雄獅都好厲害，眞的叫作金毛獅子。這個意思就是說，他們有慧眼，但是對於諸方善知識比較淆訛的部分就沒辦法辨別；好在諸方善知識連明心都沒有、連我見都沒斷，所以我們這些師兄姊們隨便講幾句話，都可以把他們的錯誤辯論得很清楚。但是法眼，就很深利也很廣泛，所以法眼與慧眼是不同的；有慧眼之後還是有許多地方是不懂的，但是有法眼就可以看得很清楚、很深入，到達一切法本來無生的智慧中，二乘聖者再怎麼想像也都無法瞭解，這叫作菩薩的法眼。所以說，法眼是諸地的事，不是開悟後三賢位內的事；但你們明心後就應該開始修學，所以我才會開設增上班的課程來教導。

接下來，佛又問：「須菩提！你的意下如何？如來有佛眼？還是沒有呢？」須菩提答覆說：「就像您說的這樣，世尊！如來有佛眼。」這又牽涉到說，佛眼跟法眼又有什麼不同了。其實說眞的，佛眼的內涵，我也是弄不清楚，我也只能夠依文解義告訴諸位。佛眼是具足一切智、道種智、一切種智；具足這三智，所以稱爲一切智智，函蓋了三身四智，這就是佛眼。對於佛眼，我所知道的很有限，只能依《瑜伽師地論》、《成唯識論》來爲大家講解。一切智智的智慧函蓋聲聞的解脫道十智，以及根本無分別智、後得無分別智，也就是函蓋了五眼，表示說三乘菩提及世間、出世間法，無有不知。也就是說，如來藏所含藏的一切種子，也就是如來藏所含藏一切諸法的功能差別，佛眼沒有不知的；因爲沒有不知，所以有大圓鏡智與成所作智，因此而跟等覺、妙覺菩薩產生了非常大的一段距離。

我們說 佛陀是四智圓明，「四智圓明」大家耳熟能詳。由前五識出生了成所作智，第六識擁有妙觀察智，第七識生起了平等性智，第八識則有大圓鏡智。這四智，大家耳熟能詳；但是這四個智慧的內涵，有多少人能知道？眞是少之又少。前五識的成所作智，使 如來可以用這五識單獨去變現種種的化身，去利樂與 佛有緣的眾生。而妙覺及等覺菩薩的這五識，都要被意識心來運作，不能自己單獨運作的。所以，佛陀跟妙覺、等覺菩薩的距離就差很大了。

佛陀的妙觀察智，我們正覺同修會的師兄姊們明心了，就擁有了少分了。可是這個少分，還只是下品妙觀察智的少分；要到什麼時後才具足下品的妙觀察智呢？要到十迴向位滿心才能滿分。入了初地，在入地心，有妙觀察智的中品智；可是這個中品的妙觀察智，也只是極少分；要到七地滿心時，他的中品妙觀察智才算圓滿。上品的妙觀察智，是從八地的入地心開始，那時候也是極少分，一直到等覺位後的妙覺位，也就是最後身菩薩位時，才算是即將圓滿。佛陀則是上品的妙觀察智已經圓滿，因爲圓滿了，所以祂的意識可以對如來藏中的一切種子，也就是如來藏中的所有的功能差別都能相應；因爲全部都能相應，所以 釋迦如來的意識心可以用祂自己的心所法單獨去運作。這眞的很難想像，我們根本無法想像。莫說我們，連妙覺、等覺菩薩都無法想像。因爲意識都可以單獨去運作了，所以如來藏也可以單獨去運作。而如來藏在作什麼呢？利樂了多少眾生呢？如來的意識對此可以完全了知，而我們無法完全了知；即使你入了諸地以後，也無法完全了知。有時候你的如來藏去指導了過去世的某些弟子，而這些弟子們在這一世從來沒有跟你見過面，你的如來藏與意根已經去跟他指導了，你自己的意識卻不知道。有時候指導了你眼前座下的弟子，你也不知道；這都是在對方夢境裡面作事，你意識覺知心卻不曉得。可是如來對此無有不知，妙覺及等覺菩薩也無法想像這個境界，這才是上品妙觀察智的圓滿。

平等性智，對於剛明心的人來講，已經有了初分了；所以看見了螞蟻菩薩，還好心好意把牠請出門去，不像一般人伸出手指頭一揉就解決了，心裡還恭敬地稱牠螞蟻菩薩。就像我們早期那種打禪三的地方，常常有蜈蚣跑進禪堂來；本來很害怕蜈蚣的女菩薩們，看見蜈蚣時竟冷靜地說是「蜈蚣菩薩」，都不會尖叫了。女眾最怕蜈蚣，可是竟然不會尖叫了，爲什麼？因爲有了初分的平等性智，是因爲看見牠也是這個如來藏，我開悟了以後的眞我還是同樣這個如來藏。但是這個平等性智的觀察，其實也是要到佛地才圓滿，因爲平等性智也有上中下三品。到佛地圓滿了這個平等性智，所以祂的平等性智就在意根上面起作用，所以佛地意根也能用祂的心所法直接去利益很多的眾生，祂也可以獨自運作，正因爲平等性智圓滿了。

如來的第八識有大圓鏡智。這是說，如來的第八識已經現起了大圓鏡的智慧。佛地的第八識無垢識已經不像等覺位、妙覺位菩薩了，妙覺及等覺位的第八識還是離見聞覺知、離六塵的；但佛陀的第八識因爲大圓鏡的智慧現起了，使得第八識可以與六塵境界相應，也可以跟「與此相應故」等五十一個心所法中的二十一個心所法相應，就跟如來位的意識一樣有純善意識的功能了，那你能想像嗎？你們明心的人可以自己想想看：「我的如來藏是這樣子，就像洞山禪師講的如愚如魯；可是如來的第八識生起了大圓鏡的智慧，這個智慧是如來的第八識相應的；既然有智慧當然就能在六塵中了別及運作了，所以如來的第八識能與二十一個心所法相應，我們如果也在目前就這樣子，恐怕是要天下大亂的。」因爲法界中不許如來位以下的有情如此。所以妙覺位、等覺位以下的所有有情，如來藏都只能跟五個遍行的心所法相應，沒有辦法跟別境心所法相應，也就無法跟善十一心所法相應。那麼你開悟明心了，能夠想像如來的大圓鏡的智慧是什麼境界嗎？

所以如來的第八無垢識，祂也可以單獨去運作；正因爲這樣，所以具足了一切法界體性的智慧，這就是法界體性智的由來。法界體性的智慧，講的是什麼？是所有諸法的功能差別體性的智慧，這個智慧是從明心的時候開始有，但是必須到達佛地時才能圓滿。那些西藏密宗喇嘛們都是亂講一氣，說什麼只要一念不生、樂空雙運，就是證得法界體性智。那是把糞窖裡的蛆蛆當作是天女一樣，所以他們的弘法全都只有破法的過失，而不可能有弘揚正法的功德。但這個是題外話，就不繼續談它，現在回歸到佛眼來說。

佛眼，就是因爲有這四個智慧，由於具足了一切法界體性的智慧，能知能見世出世間一切法，所以叫作佛眼。因此，所有等覺菩薩到 佛陀面前來，如果 佛陀沒有給他一個念頭說：「你可以代我說法。」或者給他一個念頭說：「你可以代眾生請示某一個法。」那麼妙覺、等覺菩薩們都不敢動嘴。因爲如果淺學菩薩膽敢亂動嘴，妙覺菩薩們當然要教訓他一下，不是爲了有瞋有貪或任何原因而教訓他，而是告訴眾生說：「你們要懂得恭敬諸佛。」所以必要時，也得要把這某一個等覺菩薩的說法加以辨正：「你剛剛講了某一個法，有過失。」然後 佛陀就藉其中的某一個部分來宣講，講出一大堆佛法道理來，連等覺菩薩也聽到瞠目結舌；等覺菩薩講錯的地方，佛陀都把它辨正出來，這時候等覺菩薩就配合演出。正因爲 佛陀有一切智智，所以祂有佛眼。佛眼就是說一切妙覺、等覺菩薩，乃至諸地菩薩、所有凡夫眾生，所說的解脫道、佛菩提道的法，都有能力來加以辨別；有那個智慧上的眼力，所以叫作佛眼。一切妙覺、等覺菩薩都在諸佛的鑑照之下，爲什麼能這樣呢？因爲諸佛的第八識可以鑑機照用，這不是開悟禪師所講的鑑機照用，這兩個層次可是天差地別，所以這才叫作佛眼。

可是講完了佛眼，佛又問說：「須菩提啊！你的意下如何呢？恆河中所有的沙，佛說是不是沙呢？」須菩提答覆說：「像您所說的這樣，世尊！如來說那是沙。」佛又問：「須菩提！你的意下如何呢？譬如一條恆河中所有的沙，每一顆沙都代表一條恆河；」是以恆河中的每一顆沙來指稱一條恆河，「像恆河沙數那麼多數目的恆河中的每一顆沙都代表一個佛世界，你想這樣不可計數的佛世界是不是很多呀？」須菩提答覆說：「非常的多呀！世尊！」

佛就告訴須菩提說：「像恆河沙數那麼多的恆河中的恆河沙數佛世界，在那麼多的國土裡面，所有的眾生有種種不同的心，如來全部都知道。為什麼呢？因為如來說這所有無量無邊的眾生，所有不同種類的眾生，他們的心都不是心，所以才說是真正的心。為什麼我這麼說呢？須菩提啊！因為過去心不可得，現在心不可得，未來心也不可得。」

像這樣依文解義而把事說講過了，我們再從理上來探討看看：佛陀為什麼要說五眼？講《金剛經》就講《金剛經》，為什麼要特地扯上五眼來說呢？因為要教咱們「一體同觀」。想要「一體同觀」並不容易，好多人講：「我們要有平等心，要像《金剛經》講的那樣，要一體同觀。」可是觀來觀去，口中說一體，實際上有沒有一體呢？都在那邊分別，所以：「昨天是某甲弟子供養了我兩千塊錢，今天我見了他，沒給他好臉色；可是我上座說法的時候，我還是要說『平等一體』。昨天某乙弟子供養了我一百萬元，所以今天我看見了他，就親切的招呼他：『請上座！喝好茶。』我如今上座說法時，我還是講『一體同觀』，要平等呵！」事實上，他這樣子有沒有「一體同觀」？顯然是沒有，問題出在哪裡？出在沒有證得同一體。

一定是大家都同一體，才有可能同觀；若所證的並沒有同一體，要怎麼同觀呢？一旦落在意識心上面，看見狗菩薩來了，就說：「一條狗，懂什麼！」大聲的叱罵起來，要趕牠走；明明人家在旁邊睡覺，也沒惹到他，他偏就要破口大罵。如果有一天，看見某某企業的董事長來了，開口說：「請上座！侍者！泡好茶。」對不對？立刻就不一樣了。這表示說，他沒有證得「一體」，他之所見，全部都是不同體；也就是說，他都落在意識心上面，就會有不同個體的觀察。當他落在意識心上面，當然會分別：「這是個乞丐的心，那是個公務員的心，這是生意人的心；然而這位是總統的心，我得要好好巴結。」他的所見都不一樣，所以回到家裡時分別：「這是我兒子的心，我富有家財，他得要全部聽我的。」這表示說，他完全都落在肉眼上面。

畜生也一樣，一旦落在肉眼上面時就是這樣；有的傭人也會這樣，就會狗眼看人低。於是被瞧不起的人就罵起來：「你是狗眼看人低，狗仗人勢。其實你也沒什麼！只不過你家主人、老闆有錢，你就對我這樣子。」就罵起來。明明對方是人眼，他還罵人家是狗眼，正因爲雙方全都落在肉眼上面。如果看見了狗，他還眞的罵牠是狗眼。問題來了，落在肉眼上面所見，當然都是看到眾生的意識心的行為，因此只要一看見眾生的身口上的行為以後，就知道對方的意思是什麼。這證明，一旦落在意識上面，那就無法「一體同觀」了。

菩薩看肉眼的時候是怎麼看的？當然菩薩也看見大家有肉眼；可是菩薩看見大家肉眼時，心中很清楚知道這是如來藏眼，因為這個肉眼跟如來藏不一不異。「肉眼」不能夠說不是如來藏，只有死人的肉眼才不是如來藏。那也許你說：「**好極了！我今天終於開悟了，原來我這個肉眼就是如來藏，我今晚開悟了。**」我說，還早著哩！因為我說「不異」時，我也同時說「不一」；你只有一半，就沒有功用，必須要整個具足。光知道「不異」，可是「不一」呢？那你就要去實證，證明這個如來藏確實在：在哪裡？在幹什麼？我這個肉眼為什麼是祂所生？你都得要自己去證實。證實了以後，當你的妻子問你說：「你有沒有看到我的眼睛？」「有呀！我有看到呀！」「我的眼睛美不美？」「美呀！」「為什麼美？」「因為是如來藏。」「你都不稱讚我的眼睛漂亮。」「妳的眼睛很漂亮，沒有錯呀！是如來藏所以漂亮，不是妳眼睛自己漂亮；因為妳眼睛的漂亮是如來藏給妳的，不是妳的眼睛自己會漂亮，也不是妳的覺知心可以讓眼睛漂亮。」

所以菩薩說得沒有錯，是因爲如來藏而漂亮；如果眼睛生得很醜，那也是由於如來藏而醜；也是如來藏給你醜的眼睛，所以這一切都是如來藏。這就是證悟菩薩之所見：肉眼也是如來藏。可是沒有證得如來藏的人，他之所見都在肉眼上面，不見如來藏。菩薩證得如來藏時，證實了肉眼是如來藏所生，也證實如來藏與肉眼同時同處，所以肉眼與如來藏非一非異；因爲這樣而有中道智慧了，所以叫作慧眼，所以說菩薩有慧眼。眾生沒有慧眼，不能如此「一體同觀」。眾生只有肉眼，所以看到頭是頭、手是手、腳是腳；菩薩不管看了頭、看了手、看了腳，全都是如來藏，所以不一樣。因此說凡夫只是有肉眼，菩薩則是多了慧眼。可是菩薩有沒有肉眼？也有呀！菩薩也有肉眼，所以看到了狗眼時，當然知道那是狗眼；看到了人，當然知道是人眼。菩薩也有肉眼，但是也有慧眼；而悟錯的人只有肉眼，卻自稱他有慧眼。

再來看看天眼，請問天眼是不是比肉眼高一級？當然是高一級，因爲肉眼是人間的，天眼至少是欲界天人的境界。欲界天人都有五通，可是他們五神通不一定是修來的，那叫作報得，是由於他生天而獲得的異熟果報，應該有那個天眼通。我們說的天眼通，意思是說生爲人類，卻擁有天人的眼睛所見而擁有通明無阻的功德，這才叫作天眼通。那就要探究欲界天人的眼睛可以看見什麼？可以將遠作近、將近作遠，可以將大縮小、將小放大來看；所以他想看很遠的某地某一個東西，用天眼把那個東西攝近來看——喔！原來是什麼，如觀掌中阿摩勒果。也可以將近作遠，把很大而很近所以看不見全貌的東西，拉遠來看就可以看清全貌，這就是將近作遠。也可以將小放大、將大放小，這就是欲界天人的天眼通。不過這個天眼通，隨著欲界天的層次高低而有差別，四王天人的天眼通能看他們四王天以及人間、三惡道，但不能往上看見忉利天。忉利天能看四王天以及以下，但是不能往上看到夜摩天。就這樣一直往上推，都是上能看下，下不能看上，這就是天眼的差別，所以天眼也有許多的層次差別。

人間有好多人號稱有天眼，其實十個人裡面有九個是假的、是籠罩人的。如果他眞的有天眼，我教你們一個檢驗的方法，你要讓他們在你面前無所遁形；你就口袋裡面捏個東西，隨便捏個東西或者迴紋針或者銅板，你就拿出來說：「請問，我手裡捏個什麼？」你心裡面也不要動，不要起語言文字說：「我這是一個銅板，看你知道嗎？」假使他沒有天眼通，他剛好有他心通，你就被他猜去了！所以你就不要動語言文字，你們學會無相念佛，這個並不困難。因爲我已經遭遇過一些有鬼神通的，我都把他們檢驗過，他們摸不著我心裡面在想什麼；因爲我都用思惟觀，都沒有語言文字，我心裡面也沒在想說「你這個天眼通一定是假的」。我都沒有語言文字，他們弄不清楚，最後只好開口問我。遇到別人，他一個一個都知道；遇到我，就是不知道。我現在教你們，你就拿著，問他：「是什麼？你有天眼，請你瞧一瞧，我這是什麼？」他瞧不出來，那就表示他是假的。假的有兩個原因，一個可能是他心通猜到你心中想的，所以他就講出來；你如果心中不動，他就猜不著了。另外一個原因是他根本就不知道，他既沒有天眼通也沒有他心通，所以他無法知道你手裡拿了什麼。你說：「你再看看呀！」多給他幾次機會：「你再看看是什麼？你不是有天眼嗎？拜託！拜託！看看是什麼？」他只好老實招認：「不知道。」不知道，你就伸手給他看是什麼，他的天眼通不就破功了嗎？

如果他說有他心通，你可以試驗他，你就手伸進口袋裡面，拿個五塊錢的銅板，特地心裡面用語言文字說：「這是五塊錢的銅板，看你猜不猜得到？」在心裡面講，他就會告訴你：「你那是五塊錢的銅板。」你張開手說：「你很厲害。再來一次呵！」你就再拿一個，還是那個五塊錢銅板，你就心裡面想說：「我現在換個十塊錢銅板，看你猜不猜得到？」他說：「你現在拿的是十塊錢銅板。」你說：「你確定是十塊錢銅板嗎？」你又在心裡面想：「十塊錢，你一定猜不到。」結果他說：「鐵定是十塊錢銅板。」你就告訴他說：「鐵定、鋼定、鑽石定都沒有用。」伸開手來，是五塊錢銅板。所以有他心通，到了你眼前來，也變成沒有他心通了！只要你會，也就是說你懂得那個道理，他就不敢小覷你了。

譬如說，他有神足通，那很簡單啦！「你表現一下給我看就好，這個就不必多說了，你給我飛到對面去看看就好了嘛！」就是類似這樣子。有的宣稱有宿命通，就跟你亂扯，大多是假的。所以依實際上說來，天眼通、宿命通等等，都是一樣的道理；在人間有許多人號稱有宿命通，其實十個有九個是籠罩的。這個宿命通，如果在道教中，人家請神降乩來問（在道教中假乩比較少，可是在一貫道中假乩非常多，那就不談它），但如果是眞的神下降來講宿命，如果他能夠講到一世、兩世、三世、五世就非常棒了，那是眞正的神。但是他們的宿命通也有侷限，譬如說，你問你祖先的事情，如果你問的那位祖先，他死後已經往生到人道去了，不留在鬼神道裡面，他也查不到，所以他也不知道你問的人哪裡去了。所以在人間眞的有宿命通的話，能看到你過去世的一世、兩世就很好了，大部分是叫你拿生辰八字來，用紫微斗數、鐵板神算，用天干地支來排你的八字。那其實都不是宿命通，那個是命理之法，那與宿命通不一樣。

所以這五通，天眼只是其中之一。天眼既然屬於天人所有，天人的層次是高於人間的，所以天眼通是比人間的肉眼層次高。但是，這個天眼並沒有辦法了知菩薩的慧眼所見；即使是三明六通大阿羅漢的天眼，也無法了知菩薩的慧眼。所以，俱解脫阿羅漢他如果沒有明心，當你們明心回來，跟他談不一不異、不來不去、不垢不淨、不常不斷、不黑不白、不老不少，你可以跟他扯一堆的「雙不」；凡是有兩邊的法，你都可以湊成一對拿來用「雙不」而說法，他一定聽不懂；因爲你是依如來藏來說不美不醜、不長不短，他們落入蘊處界緣起性空等虛相法中，所以就聽不懂，因爲他沒有實證第一義諦。你可以講出一堆般若底道理：「所謂佛法，即非佛法，我說是名佛法。請問這位阿羅漢：您認為如何？」他就只好口掛壁上，他的嘴已經不是他的了，沒辦法用了。這就是說菩薩有慧眼，而這個慧眼是從證得如來藏以後才開始發起的。所以菩薩的慧眼有多分、有少分，到達十迴向位時就是滿分了。

接著，就要進入法眼來說了。而法眼是：「所見一切法，莫非如來藏。」所以，二乘法中說：「一切法亦生亦滅，無有一法不是生滅。」菩薩卻說：「一切法，本來不生不滅。」你們讀到大乘經的時候，心想：「奇怪！這跟阿含講的不一樣呵！阿含說一切法都有生滅，結果來到大乘經裡面，竟然說一切法本來不生。」不生也就不滅了。為什麼一切法本來不生？因為一切法攝歸如來藏，一切法即是如來藏，因為一切法只是附屬於如來藏的表面在運作，不曾離開過如來藏，所以菩薩依這個無生法的安忍而說一切法本來無生。所以禪宗有一個公案很有名：「明知生是不生之性，為什麼為生之所留？」也就是說，明知有生之法其實就是不生之法的自性，為什麼還會被生所留礙而無法了掉生死？為什麼還會繼續有生？禪師就這樣問徒弟。這徒弟剛悟，禪師就如此考他，真的很殘忍呵！

剛悟得如來藏，就考他這麼深的東西：「明知生是不生之性，爲何還被生之所留？」你已經開悟了、找到如來藏了，你已經知道一切有生之法都是不生的如來藏的自性，那你爲什麼還會被生死所拘束呢？爲何悟得不生之法以後還會繼續有生死？這意思就是在告訴我們說：菩薩是把一切有生之法，攝歸無生的如來藏，所以有生就是不生的如來藏的自性之一；如來藏的自性無量無邊，一切有生之法都歸於不生之如來藏，所以有生之法就變成不生了，才會說一切法本來無生。對於一切法本來無生能安能忍，就叫作無生法的安忍，簡稱爲無生法忍。這樣，無生法忍的意涵可就懂了。以前都想像無生法忍是什麼？如今不用想像，來到正覺都是可以親證的，不用想像。無生法忍現在你不一定能實證，但你已經知道要怎麼證了，主要就是《楞伽經》所說的五法、三自性、七種性自性、七種第一義、二種無我；那就一步一步去走，最後實證一切法本來無生，這就是法眼。

請問：法眼是不是比慧眼高？當然更高了。因爲在慧眼的階段，其實還是無法現觀一切諸法是如來藏所生。即使在同修會裡面，我們不斷地爲大家教導說，悟後應該怎麼觀行，但是在理論上所知的，終究還是比量而知；還得要有現觀的實證，才是眞的無生法忍。可是你要如何現證？如何現前觀察這六塵確實是從如來藏生？那就是初地滿心的事了；譬如初地滿心的猶如鏡像現觀，一切境界、六塵境界都好像鏡子映現出來一樣。鏡子是什麼？就是如來藏，這就是法眼。所以到了二地滿心可以現觀七識心猶如光影，其實所見的一切境界都是七識心的影響而使如來藏中的六塵相分現前；你如果證得這個現觀，你就可以轉變自己的內相分。從此開始掌握自己內相分的種子，是要什麼時候轉變就能轉變多少，可以自己掌握；這就是猶如光影的現觀，是二地滿心位的無生法忍，這就是二地滿心。所以，這些東西都表示菩薩有了法眼，這個法眼不是三賢位所能作得到的。

有了猶如光影現觀，一跳就進入三地初心了，這就很快。但是三地要到四地就很慢了，因爲他不單要修三地的無生法忍智慧；即使　佛陀想要加持你，你也得要用功去把四禪八定給修好；再等四無量心、五神通都修好了，你才能完成三地滿心。可是這些都是事修，要花很多很多時間去打坐、修行，去作止觀，最難的是三地滿心前應該修集的極大福德，這不單單是靠智慧來成就的。當這些事相上的修行，你也完成了，才能藉三地無生法忍智慧去獲得三地滿心的猶如谷響現觀。所以，這個法眼是地地不同的，諸地各有不同的滿心地的現觀；若沒有那些現觀而自稱說他是幾地、幾地，那都是自欺欺人。因爲連初地的現觀都還不懂，二地的現觀也都不懂，卻說他當上十地、佛地法王了；我看是猴子國裡面的法王，不是菩薩中的法王。猶如儒家有一句話罵得很好：「沐猴而冠。」本來牠就不是國王，只是一隻猴子自己去沐浴了以後，灑了一些香水，偷了一頂皇冠來，戴在自己頭上就自稱牠是國王。那豈不是「自取誅滅」死得更快？所以法眼二字是不能隨便亂套用的。

現在回來說菩薩的慧眼大阿羅漢們都不懂，連三明六通的大阿羅漢也不知道，那麼天人知不知道呢？當然不知道。天人有天眼，卻不知道菩薩的慧眼，雖然菩薩還沒有天眼。因爲天眼之所見，不能了知三明六通大阿羅漢所證的解脫智慧；而三明六通大阿羅漢的所證，卻無法了知明心菩薩們的慧眼，更別想了知諸地菩薩的法眼，這其中的差別是很大的。從肉眼提升到天眼，由天眼再提升到慧眼，請問：這個要花多少時間？因爲最少要得欲界定才行；如果已證得未到地定了，他修得的天眼就非常好，欲界六天的境界都可以看見。一般人縱使有天眼，也都只能看到四王天；他最多只是欲界定而已，即使只是欲界定，六天的層次差別可就差很多了。但是如果你有了初禪而去證得天眼通，你就可以看見初禪天的天人怎麼生活了。你如果有初禪天的天眼，你說：「我想要看二禪天人。」對不起！看不見，你如果只有很淺的欲界定，就只能看到四王天，想要看忉利天的境界也看不見，更不要說是看初禪天了，這個就是說明天眼的侷限。

可是這個天眼無法用來了知阿羅漢的智慧，更無法了知阿羅漢所不知的菩薩慧眼所見智慧境界。所以有人剛明心的時候，他覺得這好像沒什麼；可是他沒想到的是，其實是因爲我們一直幫助他，他才可以有機會覺得「沒什麼」。如果我們不幫他，他可就永遠有什麼；因爲他永遠都悟不了，可就永遠都會覺得很有什麼了。所以有智慧的人會知道說：「因爲人家幫助我，所以我才能覺得好像沒什麼，這麼容易就悟了。」私底下想一想：眞的很輕鬆嘛！來同修會修行，有的人才來共修兩年半，第一次報名就錄取去打禪三，又是第一次禪三就明心了。眞的很容易。有的人是第二次、第三次報名被錄取，去打一次禪三就明心了；說起來也是很容易。然而有的人是報名到第四次錄取，打了四次禪三也都沒明心，這也都有呀！可是比起人家年少出家，進了叢林參到老，一直辛苦參到死的那一天，只能很不甘願地走人（因爲他從年少參到老死，竟然都沒有悟，或者竟然被證明是悟錯了），想起來，自己才打四次禪三，也還是很幸福的。如果能夠這樣想想那些參禪到老死而仍然悟不了的老法師們，你這個明心，是不是眞的「有什麼」了？這就不再覺得是「沒什麼」了。

有智慧的人明心後回來，把經典請出來恭閱時：「懂了！我眞的懂了。」有許多人解三的時候誦《心經》時，其實都不是用誦的，都是用哭的。爲什麼用哭的？很多人心裡面想：「哎呀！《心經》我早就知道了，我也知道很多人解三的時候誦《心經》時一定都會哭。我早就知道這種狀況了，我到時候一定不會哭的。」結果還不是照樣泣不成聲？因爲知道現在才是眞的懂《心經》，心裡有大受用了嘛！「原來我被自己這個意識心瞞騙了大半輩子，現在終於知道什麼才是眞的心。」有受用了，知道自己離念靈知心眞的很虛妄，終於大夢初醒，看見法界的實相了。這就是慧眼，阿羅漢之所不知；更何況是一般天人的天眼，當然更不知道菩薩慧眼的智慧，所以這是有層次差別的。

但是，你如果說：「我現在有肉眼，我來修天眼；等我修了天眼以後，我再來修慧眼。」那你可得要混到下、下、下、下、下、下輩子，才能證得慧眼，因為末法時代的世間人很難找到真有天眼的人。我告訴你：「菩薩這個智慧不必用天眼來修，用天眼來修也不會增長你這個慧眼；悟了以後你再修天眼，得到天眼以後也不會增長你開悟所得的慧眼。因為這是不同的層次，而慧眼不是依天眼來修成的。」這才是正見。有的人亂說法，真的不能聽。以前，我還曾經遇到一位師兄說：「在禪宗裡面要開悟，一定要先把氣功練成就以後才可以開悟，所以要先練精化氣、練氣化神、練神還虛，然後才能夠開悟的，否則悟不了。」我說：「師兄！你如果不知道就不要亂講。」那是我出來弘法之前的事，是我以前還在某個寺院當幹部的時候。所以如果聽到那些不懂裝懂的人亂說法，你沒有智慧分辨清楚，就被誤導了，可就倒楣了。你如果能夠有智慧去辨別，就不會倒楣，能夠很快進入佛法中來。所以，佛法裡面講的東西，並不是虛無飄渺的想像法，而是真實可證的法，這才是真實佛法。

法眼與慧眼的差別，諸位知道了，就是住於一切法本來無生之中，能夠安忍，這叫作無生法忍。無生法忍的菩薩，將一切法攝歸「此經」——攝歸如來藏，所以說他有法眼。因此，一切人說法往往一句、兩句，菩薩就說：「你不必再講了，我已經知道你的境界了。」因爲從關鍵性的一句、兩句，就知道他落在哪裡了，這就是法眼。可是，這個法眼不論有多麼厲害，依舊無法想像佛地的智慧；所以這個佛眼，我只能像剛剛那樣，用依文解義的方式告訴諸位，只能講那個道理。外面的人連道理都不懂了，支支吾吾說不出個所以然，我還能講個所以然；可是我也只是憑理上的理解，想要證得佛地的智慧，都還早著哩！可是那些迷糊無知的人，動不動就自稱：「我已經即身成佛了，我是報身佛。」他是這種「抱」身佛，不是果報身的莊嚴「報」身佛，還敢大言不慚地貶抑說：「釋迦佛只是化身佛，不如我是報身佛。」等到捨報的時候想要補救都來不及了，那叫作愚癡人。

現在回來說這五眼，這五眼不是一般人之所能知，單單一個慧眼就不隨便給人呵！自古以來禪宗祖師都是如此；所以禪門自古以來的祖師們度人開悟，往往是自己先限定一個數額。就像有一個人，他手裡就只剩下那一百塊錢，他想：「我去買一顆小玉西瓜好了。」因爲他這一個月的水果費，就只有那一百塊錢可用，所以他一定要挑最需要的。到了水果行那邊，西瓜拿起來彈一彈：這個不好。另一個又彈一彈：這個也不好。全部彈遍了，還覺得不好，再找另外一家，他這一百塊錢就得要這樣花。同樣的，中國古時禪宗祖師就像是這樣，他們度人時，如果不是根器非常好的，他寧可不要；所以很多中國禪師，他們一生只度一個徒弟，然後告訴他的徒弟：以後你再往下傳時也是一樣寧缺勿濫。他們要品質非常好，只要一代傳一代，能夠不斷傳下去就可以了；因爲如果有一個證悟者在世，正法就沒有斷絕，他們往往是這樣想的。如果一世之中度得十幾個、二十個人開悟，那算是他非常慈悲了。如果像雪峰禪師，因爲他悟得很困難，所以他一生度了一百五十幾個人開悟，那已經叫作濫慈悲了，因爲他又不幹破斥邪說的護法大業。

我們現在增上班有三百多人（編案：這是二〇〇七年說的），從表面上來看，到底算是什麼樣的慈悲？應該叫作頂濫慈悲。不過我們這一代有重要任務而需要諸位，所以我這個頂濫慈悲當然有我的用意；因爲我們必須要把佛教界過去一些錯誤東西排除掉，也要把密宗趕出佛教界。如今我們已經結束了一盤千年冷飯：八、九、十識以及六、七、八識的爭議。我們這一世已經把它解決了，現在沒有人敢再說：**「證得第八識不算開悟，要證第九識、第十識。」**

再也沒有人敢講了。現在他們那些六識論者，也不敢再公然寫在文字上說：「人總共只有六個識。」也都不敢再講了！如今我們就把它楷定在八識心王規矩中，所有佛教界大小師們以後在人間弘法時，都得要遵循這個八識規矩來弘法。所有佛教弘法者對識的主張，都不許多一識也不許少一識；少了叫作殘障，多了叫作心外求法的外道。如今我們已經把它楷定了，所以這一盤千年冷飯，我們把它炒了、吃掉了，以後他們就沒得炒了。

我們還要編纂《正覺藏》，需要很多人來工作；這事情很重要，把那些錯誤的外道僞經都趕出大藏經之外，所以我們必須要努力來編纂《正覺藏》。我們不想在硬體建築上去作功夫，所以我們將來蓋的正覺寺，主要是用在編輯《正覺藏》或未來擴大傳戒大典上面，同時也解決了祖師堂那塊土地產權歸屬的問題。因爲那塊土地現在都只能登記在現任的理事長私人名下，改選時就去重新登記一次，沒有辦法正式登記在法人之下；時間久了就會有問題。所以建了正覺寺以後，一舉兩得。

接著說，法眼與佛眼更不是一般人之所知，但是這五眼爲什麼要轉到恆河沙上面來說？這二者有什麼關聯？我們要瞭解 佛陀這樣講一定有祂的用意的。這就是說，經由這五眼就能了知一切法。肉眼可以了知世間法，世間人的肉眼，說穿了其實就是覺知心，這個肉眼其實是由覺知心來運作的。譬如說，有好多人玩古董，不說很多種，單說一個瓷器好了。有的人看見一個瓷器的時候，他一眼就認出來：這是哪個年代的哪一類瓷器，現在人間還剩下幾件，價値多少錢，他一瞧就曉得。有些人沒眼力，去鄉下人家收購得來，不過是一兩百塊錢人民幣買得，他要賣多少錢？要賣一千元人民幣。有個專家來了一看，他心裡知道那是什麼貴重的東西，不動聲色買下來；當然他還是會故意跟老闆殺價，殺得落花流水，一千元殺到五百元成交了。成交後帶回去，弄一個很精美的盒子，用絲緞包裝了起來。有人來的時候，好朋友才可以看，平常人不給見；因爲他知道這什麼釉、什麼紅，現在世間大概只剩這一件了，他很篤定。他爲什麼能一見就知道？因爲他有這個眼力。所以終於有一天，傳到某一個專家耳裡，就趕過來看，一看果然是眞的，讚歎說：「**老兄！你眞的好眼力！**」這叫作眼力，這眼力就說是肉眼。可是肉眼自己能看嗎？要有他的意識覺知心來運作。所以肉眼的意思就是說，用這個意識可以看出天下的法——人間眾生所知的法，肉眼只能看這個。

那麼天眼呢？他看的範圍就廣大了，包括天界，隨著他的禪定高低而使他能看到諸天的境界各不相同；禪定高的人，天眼就能看到比較高層次的天界的境界；禪定證量低的天眼，只能看見較低層次的天界，這個就是天眼，這就是層次差別，這樣就看到不同的境界相了。人間的法相，由肉眼來看，就代表他能見人間的萬法。那麼四禪天人的天眼呢？能看天界的法相，從四禪天以下到人間、三惡道都看得見，這就是最頂級的天眼；當然，這還不是三明六通的天眼，只是世間凡夫的頂級天眼。這就是說，十方世界諸天的境界，他都知道。天的境界有多少法？這也是法。人間的法由肉眼看，天界的法由天眼看。

但慧眼可不是看世界中的世俗法，菩薩的慧眼是看法界的實相。一切諸法的背後是什麼？天眼之所不能見，但是這個慧眼依於肉眼都能看見。所以菩薩如果悟了，他不必去極樂世界，就知道極樂世界所有的菩薩們、所有的聲聞們也都同樣是這個如來藏妙心；這就是慧眼之所見，不必用天眼來看。如果說單單西方十萬億佛土之外，認爲還不算數，不然再往東方十萬億佛土之外，南方、北方、上方、下方十萬億佛土之外，如果眞有意生身的神足通，你也可以去看，上從那裡的世尊，下至一切有情，也都還是這個如來藏，這就是講慧眼的所見。慧眼能夠這樣看，就表示現觀了十方三世一切法界，其實根本都還是這個如來藏。可是看得那麼廣大，所謂恆遍十方、遍周沙界一切有情，全都是這個第八識心，一切有情無非這個心，可是仍然無法現前觀察一切諸法都是這個金剛心。天法界、地獄法界、人法界、畜生法界、餓鬼法界，全部都是這個心；所有十方三世法界的一切法，不管它是什麼法，都不離這個金剛心，都是由這個如來藏所生，也全都附屬於如來藏；能夠這樣親自證實，觀察確定而無所疑，也就是法眼。這樣層次又不同了，這比三界中的頂級天眼所知所見更多，比慧眼菩薩的所知所見更多。那你說，如果是世間人，不管他是佛門中人還是外道，如果還沒有眞悟，能夠跟已有慧眼的菩薩對談嗎？他們還能夠跟已有法眼的菩薩談嗎？當然不行，因爲他連跟天眼菩薩對談，或者跟有天眼的凡夫都沒得談。

如果要說佛眼，等覺、妙覺也都還談不上；因爲等覺、妙覺菩薩還是有許多不知的法，這些都是唯佛與佛乃能知之。如果談到說：常寂光土是什麼境界？等覺、妙覺菩薩可都不知道了。如果眞要問起來，佛說：「**諸佛有十**

種境界，諸佛這十種境界也方便叫作十地。」也就是說，諸佛同樣都有這十種境界，可是等覺、妙覺菩薩還是聽不懂，那麼諸佛也就不必解說了，因爲連第一種、第二種境界都無法想像，何況其他八種呢！有好多人讀經時讀不懂，就說：「諸佛有十地，所以諸佛也分十級。」眞是胡說八道！諸佛的十地，是說諸佛同樣都有十種境界，而不是諸佛分爲十種等級。有一次世尊先講其中的第一種境界時，連等覺、妙覺菩薩也是聽到迷迷糊糊地，還需要再講第二種嗎？就不需要了，因爲聽不懂。這就是顯示佛眼與法眼確實不同。

現在這五眼的差異瞭解了以後，在表示什麼呢？表示具足這五眼時就能了知一切法。只要具足了五眼，就能了知一切法，無所不賅，無一不包。世尊接著問：「須菩提！於意云何？恆河中所有沙，佛說是沙不？」回答說：「正是世尊所說的這樣，世尊！如來說是沙。」其實當世尊說「恆河中所有沙」的時候，並不是在說恆河中的所有沙，而是彈出弦外之音了；但須菩提一時間沒有體會出來，就回答說：「正是世尊所說的這樣，世尊！如來說是沙。」早就錯過世尊這一著了。

須菩提既然錯過了，我也不便公開講什麼，可是現在說，以如來的五眼而談到恆河沙的數目，再談到恆河沙數那麼多恆河中的所有沙，有那麼多恆河沙數的佛世界；如果具足了這五眼，也就是已經成佛了，就像恆河沙數恆河中的恆河沙數世界，等覺、妙覺菩薩所無法計數的所有的眾生心，你就都能知道了。恆河沙很細，特別是下游；下游的恆河沙跟白沙灣的沙的個體來比一比，大概是六比一。且不說恆河沙數，單說台灣三芝鄉白沙灣的沙，你數得盡嗎？已經數不盡了。可是恆河到下游有多麼寬？在恆河這岸搭了船，可以在船上看對岸水面的日出；恆河的下游是很寬的，可是我們當年在瓦拉納西看恆河日出的那一段，還不算是眞正的恆河下游，大約只算是中游吧！還不到下游，就已經可以在河中看恆河日出了，你說恆河寬不寬？到下游時當然更寬了，而且沙又那麼細，請問：「單只一條恆河沙數，你要怎麼計算出來？」那恆河沙無法計算的。

然而 佛說的是，恆河沙數那麼多條恆河中的所有沙，每一顆沙算作一個世界，有那麼多沙數的佛世界，其中的眾生數目是無法計數的；而那些無法計數的所有眾生，全都同樣是這個金剛心如來藏。不管那麼多佛世界裡面的有情，是天人、是阿修羅、是畜生，或是螞蟻、細菌，或者是地獄、餓鬼，或者人類，都不管是哪一類有情，也不論數目有多少，全都同樣是由這個金剛心如來藏所成就。假使他方世界有一個星球，那裡的人類就像電影中的ET那樣，或者像異形那樣，但我告訴你：「**他們同樣還是這個金剛心如來藏，同樣都是由各自的如來藏所生成。**」在無量無數不可計數的世界中，不管是哪一天、哪一道的所有眾生；那麼多世界裡面的眾生，你根本數不清；可是那一些眾生，不管數目有多少，也不管是細菌的心、狗的心、人的心、天的心、地獄的心，全部都同樣是這種心，全都是第八識金剛心如來藏，所以說「**如來悉知**」。這意思就是說，經由五眼而能了知世出世間一切諸法，也能遍觀十方無量世界中的有情；在了知了十方三界中一切諸法以後，可以「一體同觀」全都是由這個金剛心如來藏所成就。能夠這樣「一體同觀」，所以說世尊對一切眾生心無所不知；所以說：「**爾所國土中所有眾生，若干種心，如來悉知。**」

「**何以故？如來說諸心皆為非心，是名為心。**」為什麼說無所不知呢？因為如來所說一切眾生的心都不是心，這個不是心的心，才是真正的心。如果有人今天是中途進來聽經，只聽到我講的這一句話說：「**不是心，才是心。**」

心裡就可能想：「廢話！你講這個，是在籠罩人吧？既不是心，又怎麼可以叫作心？」所以請先不要斷章取義，世尊這一句話裡所講的就是非心之心；這個「非心心」才是眞實心，而眾生所知道的覺知心全都是假心。菩薩就是要找到眞的心來取代悟前所知的假心，這個假心六識等，以往都把眞心如來藏據爲己有，然後「日用而不知」。眞正找到了眞心以後，才知道說：「原來我每天在用祂，我卻不知道祂。禪師罵我『日用而不知』，還眞罵得有道理。」這個時候就可以用祂了，每天來運轉這個心，就叫作「轉經」。古時眞悟禪師們轉經時都是這樣轉的，而不是大家聚在一起又是木魚又是鐘鼓敲得震天價響，同時拿著經典「如是我聞……」一直大聲唸個不停；那不是眞的轉經，那其實是被經轉。更不是像那些大法師們拿著經本在那邊依文解義，那也不是眞的轉經，依舊是被經中的文字所轉了。

「此經」就是如來藏，就是《金剛經》；《金剛經》就是此心如來藏，是金剛不壞心；《金剛經》的經文中，字字句句講的都是在講這個金剛不壞心。這道理，我在前面已經跟諸位講解過了，佛陀說這個心叫作「此經」。如何是此經？就是這個如來藏叫作此經。這個金剛心如來藏，世尊講到這裡時，又說祂是「非心」之心；告訴我們說，這個不是心的心，才是《金剛經》中所說的心。所以，「心、意、識」在大乘法中與二乘法的說法並不一樣；在二乘法中，同樣一個意識心分成三個階段，命名爲心、意、識。過去世的意識心叫作心，現在世的意識心叫作識，而未來世的意識心就叫作意，因爲那個作意會一直存在、想要繼續存在，所以就會有未來世的意識覺知心繼續現起。所以二乘法裡面講的心、意、識，都是指同一個意識心，是依過去世、未來世、現在世來定義心、意、識。但是，大乘法中講心、意、識時則是有不一樣的定義，「心」是講如來藏此經，「意」是講意根，「識」是講意識等六識。

接著回來說禪師們說的「轉經」，當你悟了以後，你就能轉經。所以，有一個婆子派人送來一大堆銀子供養老趙州，那使者帶話說：「請和尚轉經。」這趙州從諗禪師叫侍者收了銀兩供養以後，就從禪床下來，在地上轉了一圈，就告訴使者帶話說：「請你回覆婆子：轉經已畢。」你們看，這白花花的銀子這麼好賺，那不曉得是供養了幾百兩、上千兩的白銀，就這麼容易地收下來了，只這麼下床走一圈，無上大法的法會就作完了。

那婆子絕對不是等閑人物，她供養了一堆銀子，少說也有上千兩，因為受供的對象是鼎鼎大名的趙州禪師，而且供養主又是很有身分的施主。可是，白花花的銀子，那老趙州當場收下了，他受託轉經的大法會，也只是下禪床繞一圈，就這麼轉經完成了；沒想到那婆子很是具眼，接報以後嫌那老趙州說：「我要他轉全經，為何卻只轉了一半？」這就不是落入離念靈知的錯悟者所能想像的了，究竟老趙州少轉了哪一半的經？如果是一般趕經懺的僧人，我看他作上三年法會怕也趕不完這個轉經的經懺，否則如何對得起那婆子呢？但人家老趙州就這麼下床一轉，可就轉經已畢了。那婆子雖然還有閑言語，也得接受呀！如果有人不信，去請問別的禪師，譬如去請問閫帥王公的崔𫄨師夫人，一定都同樣會告訴他說：「對呀！老趙州早就轉經完畢了！」其他的禪師也會同樣告訴他：「不然你來供養我銀子，試試看呀！看我怎麼轉經，我也還是這麼轉。因為老趙州眞的把經轉完了，他眞的可以運轉此經。」所以，這個運轉「此經」，顯然不是用意識心來轉的。所以如來說的眞實心，顯然不是離念靈知呵！若是落到離念靈知裡面，還能夠知道老趙州是怎麼轉經的嗎？又是轉在何處呢？你若是解釋說：「我知道呀！他就是下禪床，就這麼一轉呀！」對呀！是一轉呀！然而這個轉經所轉的經究竟在何處呢？我還是要問轉在何處：「就這麼一轉，轉在何處？」我就是要重複問你：「轉在何處？」並不是知其然就可以了，還得要知其所以然，實相智慧才能生起，才會有慧眼出生。

所以，世尊說：「如來說諸心皆爲非心，是名爲心。」這就在告訴你，一切眾生各自都有的非心之心，才是如來所說底眞心；當 世尊向須菩提說：「恆河中所有沙」的時候，其實也是在說這個非心心，只是當時須菩提的差別智不夠，於是一時間錯過了。凡是眾生所知落在六塵中的心，全都不是 如來在這部經中所說的心，全都是假心、生滅心；不是常住心，不是本住心。因此 如來就作了一個結論：「爲什麼呢？須菩提！因爲過去心不可得，現在心不可得，未來心不可得。」以前廣欽老和尚，不是很多人去懺公那裡打佛七嗎？打完佛七回來，大家去拜見他，當時廣欽老和尚伸手出來說：「來！來！來！你們打佛七，挖到什麼寶？拿來給我，我看看。」後來不是有個比丘尼，終於擠出三句話說：「過去心不可得，現在心不可得，未來心不可得。」她說三心都不可得。廣老那時怎麼說呢？他當場拈起身上的僧衣說：「咱們關起門來說話，這件衣服不是這麼好穿的。」對呀！你要穿僧服，這僧服著實不好穿，你得要有法回施給護持你的在家弟子們。可是當時那些人一個個都是眼見如盲，當廣老伸手跟他們要寶時，其實已經伸手送給他們了，他們可都不知道。廣老當時可是一手抬、一手壓，他們何嘗知道？

所以還有許多人在講《金剛經》，有時候也引用《金剛經》：「你在那邊想那麼多，幹什麼？過去心不可得，現在心不可得，未來心不可得，不要再想了。」這講法著實可笑呀！可是，當我說「他們這樣講叫作可笑」時，我又得罪人了！講了義經而不得罪人，還眞難！對我來說很難。因爲那些大師講的三心都是指意識心，意識心也是不可得，因爲同樣無形無色；可是佛所說的是「非心」，不是大眾所知心的意識心。只有非心之心才是 如來所講的金剛心「此經」，不是在講意識心，意識心是夜夜斷滅的無常心，怎麼會是《金剛經》所講的金剛心？其實從世間相來說，意識心並非沒有三世可得，因爲現前大家都可以認知哪一個是意識心，顯然都有現在心，有什麼不可得？即使狡辯說意識的過去心不可得，未來心不可得，然而現在心不是現前存在嗎？如果又狡辯說：「哪有？這意識心無形無相，你怎麼能說可得？」

他一講完，你立刻就給他五爪金龍，他會生氣質問你：「你爲什麼打我？」「你不是說不可得嗎？既不可得，你怎麼知道我打你？怎麼知道痛、知道要生氣？當你知道痛、知道要生氣時，這個知痛起瞋的就是意識心，怎麼會說現在心不可得？」意識都知道三世，怎能說三心不可得？

爲什麼佛說這「非心心」如來藏三世都不可得呢？那就得要證悟了來現觀。當你找到了這個非心之心，你發覺這個心猶如金剛而不可壞；也會發覺祂自身從來都不反觀自己，祂也從來都不了知自己是否存在；就像唯識學有一句很有名的話，叫作「如刀不自割」。刀子只能拿來割紙、割菜、割什麼，但刀子不會割它自己。這個金剛心、非心心就像是這樣子，無始劫以來，從來不會反觀祂自己，因爲祂從來都不在六塵上面了知任何事物；而了知三世的事，是只有能在六塵中了知各種事情的心，才會了知三世，才會有三世的分別，正是意識覺知心。而這個金剛心既然都不反觀祂自己，所以祂也不會感覺說：「我已經經過多少時間，我是從上一世來到這一世，我要去到下一世。」祂心中從來不會有這種對於三世的了知。

凡是會觀察說，自己是從上一世來的，以後死了會去後世，心中存有對於三世的了知，這都是意識心的事，當然是有三心存在的。正常人的意識心，不論他想要怎麼樣使自己不想自己的過去、自己的未來，但祂永遠都會知道自己有三世，所以落入常見外道見解中，才會有過去心、現在心、未來心的認知。等到要入胎的時候，才知道說，原來自己知道有三世，其實卻沒有三世，因爲入胎後意識覺知心就全部不見了。所以這個三世都不可得的心，不能說是意識心；而是在講非心心——不是心的心。你看，佛陀這麼老婆告訴你：不是心的心，才是金剛心；而這個金剛心沒有對於三世的了知。因爲這個心如刀不自割，祂從來不會反觀自己是否存在，當然也更不會去觀察自己是過去心、是現在心、是未來心，所以這個金剛心沒有三心可得。

世尊這個意思是在講什麼道理？爲什麼三心都不可得，會是「一體同觀」的？因爲佛陀以五眼來說明：這五眼能夠遍觀一切諸法，遍十方法界而無所不知；可是十方一切法界之一切諸法，全都含攝在這個金剛心裡面，而十方法界一切有情眾生的心都同樣是這個心。所以，當你證得自己這個金剛心如來藏時，從如來藏裡面去現觀、去實證一切種子的時候，當你如此圓滿具足一切種智的時候就成佛了，你就具足了知一切眾生心中的種子。所以，當你開悟不退、到某一個階段以後，佛陀就能預知你再過多久以後會成佛了，也知道你這些種子運作的結果會產生什麼現象，所以你將來會有多少聲聞弟子、會有多少菩薩弟子、佛土叫什麼名稱、佛法住世會有多久，世尊都知道。這就好像有一個方程式在那邊，當某一個人到達這個方程式的某一階段時，祂就知道接著再多久將會變成怎麼樣，就能受記某某人何時成佛。可是如果還沒有悟，或者悟了還不堅固而無法保持不退，或者剛才開悟所以智慧還很淺，心中還沒有決定不變，就很難判斷。所以只要修到了一個階段，世尊就可以爲你受記；因爲祂可以觀察你的一切種子，從你心中的一切種子就可以了知，你過去所接觸的那麼多的有情繼續跟你互動的結果，將來會變成某一個狀況，就能爲你受記了，這就是具有五眼而能爲菩薩們受記的原理。

換句話說，所有十方三世一切諸法都在各人的「此經」中，此經叫作非心心。當你把十方三世一切諸法都攝歸於這個非心心的時候，現觀一切諸法都不曾一剎那離開此心，那時又何曾有一法外於此心呢？所有有情一切的修道、一切的善惡諸行，都在此心中行，都在此心中修，從來不曾外於此心；因爲不論你這一世在娑婆世界裡的修行，或者上一世在琉璃世界，或者下一世可能去到極樂世界修行；不管去到哪裡，你都不曾在你的如來藏之外修行。想想看，你的意識心能夠離開你的五陰外去運作嗎？而你的五陰是生存在你的如來藏中，可惜的是那些悟錯的人都不知道這一點，還說意識覺知心自己是常住的本心；所以禪門裡有一首很有名的偈：「橫看成嶺側成峰，到處看山了不同；不識廬山眞面目，只緣身在此山中。」且不談這首偈的作者悟得眞或不眞，他後面這二句話倒是很寫實：一切錯悟大師們都不知道自己從來不曾住在如來藏的境界以外，還在主張意識離念靈知是常住的本來面目呢。

從實證金剛心的人來看，五蘊山本來就存在於自己的如來藏中；但是大家都看不見自己的如來藏，全都落在五蘊山中；不論怎麼看，看來看去都只看到五蘊山，全都看不見如來藏實相法界；於是天下人的五蘊山，就一個又一個全都變成鐵圍山，把自己堅固地圍住而不能跳脫於鐵圍山外。想想看，你所見的一切色塵，並不是看見外面的色塵，不是聽見外面的聲塵；你的所有六入都是內六入，那你覺知心意識怎麼可能是住在如來藏之外？只有外六入才是如來藏的六入，那外六入是如來藏的事，又不是你意識覺知心的事。

如來藏藉著外六入變生了內六塵，成為十八界中的六塵界，使你有內六入，才會有你的六根觸六塵而出生的意識覺知心，然後你這個覺知心就住在內六入裡面行善造惡、修學佛道、吃喝拉撒；無量劫以來的每一世離念靈知意識心，全都在這內六入裡面，沒有一刹那是曾經在外六入中。那麼請問你：一切諸法，不論十方三世，你去到哪裡，不都是在你的如來藏中嗎？

這就是說，世尊特地要跟你說五眼，以及特地跟你說恆河沙數恆河中所有沙數佛世界的不可計數的眾生心，而說如來全都了知，是因為不可計數眾生的眞心全都同樣是這個不知三世的金剛心；而一切眞正證悟的菩薩，即使剛才證悟而不退轉時，也都可以像 如來這樣了知，證實 如來所說的金剛心全都沒有過去、現在、未來，所以才說：「**過去心不可得，現在心不可得，未來心不可得。**」而且世尊也以五眼的具足作為保證而為我們開示說，這個金剛心並不是想像施設之法，而是眞實可證的非三界心，所以才說「**以此為實**」；不該說金剛般若是在講一切法空，不該說金剛般若是在講性空唯名。世尊以五眼中的最高層次的佛眼，說明成佛後所見的無量無數三界中的無量無數眾生的眞實常住心，全都同樣是這個沒有三世的金剛心「此經」，而不是能知三世的意識覺知心；是以佛眼所見來說明，來證實這個法界中的事實。不但如此，在前一品〈究竟無我分〉中，還特地舉出自身的例子來說明：以前落在意識心的時候，能夠覺知諸法，心中有諸法，都是有所得心；所以不論怎麼修行，福德多麼廣大，諸佛都不爲因地的 釋迦菩薩受記。直到後來證得無所得心，所證的心是不了知諸法的本住心，就是沒有三世的金剛心如來藏；覺知心轉依這個本住心來看待一切諸法時，三世都不可得，但這個心卻是沒有任何三界法，也沒有三世的轉變，所以都無三界有，就是「無有」；然而這個心卻是眞實存在的，眞實有大功德的心，所以又說爲「實」。當 釋迦菩薩因地證得這個「實、無有」的「法」時，然燈佛才爲 釋迦菩薩受記未來成佛時名爲 釋迦牟尼佛。所以《金剛經》講的心，當然是金剛心、本住心，不是五陰出生後才生起的了知三世的覺知心意識、離念靈知。

單單修福而不斷我見、不證金剛心，不可能證知實相法界，就不可能生起實相般若智慧，永遠都不可能被受記成佛，當然更不可能成佛；因爲全都落入意識生滅心中，都是有所得心，都是會壞滅的心，都是了知三世的心，不是離三世的眞實心。金剛心是無始亦無終的本住法，既非三界有，從來不落入三世中，卻又眞實存在；證得這種心，才會生起實相般若智慧，才能在將來成佛，所以世尊說：「以『實、無有』法」得阿耨多羅三藐三菩提。正因爲這緣故，然燈佛爲祂受記成佛。

世尊這樣詳細解說，讓你瞭解，過去世也許你當過轉輪聖王，也一定當過人間的國王，也一定當過午夜牛郎、妓女。這些，我過去無量世也都當過，你們也都一樣，沒有人不曾當過。過去世你們也曾經具足過四禪八定，也曾經具足過五神通，也曾經下過地獄，也曾經生天，全部都有。既然過去有無量世，還有什麼身分沒經歷過？何必單看這一世而起分別心？過去世也曾經廣有資財、富比國王，也曾經窮到連一餐之資都沒有，這些都經歷過。所以，對有錢人，你不必羨慕；對窮人，你也不必看輕他們；因爲這都是各人自己如來藏中的事，自作自受，從來不曾外於如來藏。一切諸法都在如來藏中，造惡、修善、修道也全都在自己的如來藏中；生天、下地獄享福或受苦時，也全都住在自己的如來藏中領受。

當你能夠這樣去觀察時，就看見十方三界無量世界中的無數眾生們，全都是這個樣子，都沒有不同，那不就是一體同分了嗎？如果你能夠現觀所有眾生都是一體同分，全都是如來藏所生而依如來藏生死，本質都是如來藏分，那麼這個現觀就稱爲「一體同觀」了，所以《金剛經》中說的「一體同觀」是確實可證的，不是空話或玄學、哲學。到這時，還要去歧視貧窮的老人家嗎？還要去羨慕富有的國王嗎？全都不必了！所以，因爲實相上的一體同分底現觀，你就可以在事相上現觀一切眾生全都是一體同分——全都是如來藏分，這時心中也就平等、平等了，那你就是有下品平等性智了，就是親證「一體同觀」實相境界的菩薩了。你如果能夠這樣的話，就不會再去起心動念說：「**我看某人多麼有錢，以前其實比我窮；那我今天也開始努力拼命，不管用什麼手段，我都要變很有錢，要超過他。**」那可就不必了！既然明明知道都在自己的如來藏中行善或造惡，不論善惡業，一旦造作以後，那種子還會落到自己的如來藏以外嗎？當然會在自己的如來藏中嘛！

不論是誰，行善造惡以後，善惡業種子都存在自己的如來藏中，因爲我們本來就住在自己的如來藏裡面。好比說一個氣球好了，假使有一個永遠不會破的極大氣球，有一個眾生每天在裡面行善造惡；他作完以後結下的種子，會超出氣球之外嗎？當然不會；而十方三界一切有情莫非如此，這就是一體同分的道理。能夠這樣現觀，就是「一體同觀」。我們上週也講普賢行，說無量的普賢行其實都是在自己的如來藏中行，所以才說普賢身無邊廣大，原因就在這裡，這樣就是〈一體同觀分〉所說的實相正理。這就是說，先從五眼的事相上面來分出高下；分高下以後就開示佛眼所見具足了十方三世一切諸法，也說明了不同境界的有情所見的境界智慧是不同的，世尊就以這五眼含攝了十方三世一切諸法。然後再由事歸理：講了無邊的事相以後，要歸到理上來，理上就是講「此經」、講如來藏，說十方三界一切有情的不同心，其實都要回歸到各自的如來藏心來；而一切有情的如來藏心全都不墮於過去、現在、未來三世之中，這才是一切有情各自都有的眞心；如來在這段經文中把祂說爲非心，說這個心才是《金剛經》所講的心：「**如來說諸心皆爲非心，是名爲心。**」所以十方三界一切有情的各種心，攝歸到理上來說時，也就是歸到這個眞心如來藏，這個心就叫作非心心。

歸到這個心以後，就不可以一天到晚再分別：「**這某某同學他比我差，他差我差得遠了，他還想跟我比！**」全都不需要了！你若是眞的要比，請你去跟會外的大師們比，不要在正覺會裡與同修們比高下。因爲你若是去跟外面的人比，其實是在度眾生，是在告訴眾生說：「那些大師為什麼是悟錯了，你們不要被誤導了。」那是基於悲心而作，在會中比較，就沒有必要了。因為你既然歸於自心「此經」的時候，你反觀自心、觀察你的自心，從來都不會生起高下的分別；也同時觀察別人的同樣這個非心心：會不會起這種高下分別？全都沒有。祂有沒有三世的差別與了知？全都沒有；因為祂從來都不觀察這個，完全是如如不動的。當你這樣現觀時，你才能夠說是親證了「一體同分」，這樣的現前觀察才是真正的「一體同觀」。

如果落入離念靈知之中，就會了知及分別三世，就會有高下的分別，所見的覺知心各有各的想法，不可能一體同觀；或者打聽而知道密意了，沒有親自參究的過程與體驗，就不可能轉依這個非心心的體性，還是斷不了我見，就不是「一體同觀」；就表示空有知見，可是轉依沒有成功，那就不是真正的開悟。那時就得回到「一體同分」的基礎來，一體同分的基礎是從什麼地方開始的？（有人答：證如來藏。）對！要靠證得如來藏才能開始，可是證得如來藏並不容易；因為並不是知道所謂的般若密意，不是知道禪宗祖師所悟的密意就能生起智慧的，而是要自己參禪來知道的，才能夠具有一念相應慧，才能夠成功地轉依如來藏而生起源源不斷的般若智慧；因爲當他自己參究而一念相應時，我見一定會徹底斷除，自然就會成功地轉依「此經」。但這不是容易的事情，可是在正覺同修會中其實卻很容易。但是也有人來同修會十年了，還是明不了心，那當然也有原因；因爲 佛陀不隨便給人這個法，即使成爲阿羅漢了，如果不肯迴心大乘成爲菩薩時，佛陀也不給他這個法。禪宗祖師也跟著這樣仿傚，不隨便給人這個無上大法；一定要等到學這個法的人，他的開悟條件具足了，才會給他這個無上法。條件具足的意思，是說他的次法已經圓滿了，至少在證得這個心的次法上面已經圓滿了，那就可以實證這個無上法。

所以，荷澤神會禪師曾經講過：「如王髻珠，終不妄與；福德智慧，二種莊嚴，行解相應，方能建立。」荷澤神會禪師說，就好像國王髮髻裡面藏著的那顆寶珠，因爲是世界之寶，恐怕人家偷了去，於是就藏在頭頂髮髻中，就沒有人敢去偷了。「此經」這個如來藏心，就像國王髮髻裡面的那顆寶珠一樣，終究不隨便給人的；即使他的那些兒子，也不隨便給的；除非被他選定將來要當國王了，將來才會給他，也只有給那麼一個太子，所以說他「終不妄與」。一定要福德與智慧這兩種法來作莊嚴，光有智慧或者光有福德，都還不能給他無上法，還要行解相應；換句話說，想實證「一體同觀」的智慧境界之前，應該如何行，要先有那個模樣。

譬如光知道說菩薩應該如何、如何，並不等於就是菩薩，而是已經身體力行，顯現出一些實質來，才算是眞正的菩薩。譬如有人知道菩薩應該要怎麼樣，也以菩薩自居；可是他的身口意行卻像個屠夫一樣，見了眾生都想殺；凡是看了眾生，他就想：「我這一刀應該怎麼刺進去。」屠夫就是這樣的習性。屠牛者的習慣，當他走在外面看見了牛，他就立刻聯想這一刀要從哪裡刺穿心臟；看見了羊，也立即聯想這一刀要從哪裡刺；看見了雞、鴨、兔，都會這樣想。就好像古時候的劊子手也一樣，他看見了任何人，都會先衡量對方的脖子。又如賣帽子的老闆，凡是看見了人，就先衡量對方的頭，所以說「買帽相頭」，就是這樣的習慣性。

同樣的道理，如果想要當菩薩，而且想要當開悟的實義菩薩，一定要先「行解相應」，所理解的跟你的身口意行要能相應。如果看見了一個人，就想：「這個人蠻有錢，我應該用什麼手段巴結他。」那還能叫作菩薩嗎？這叫作行解不相應。他知道，菩薩應該要怎麼樣，而菩薩能夠得到什麼智慧；可是，他的心卻還不是這樣，無法成為合乎菩薩格的人，那叫作行解不相應。行解不相應的人，不具備菩薩的格，就無法得到法王的髻珠；所以，荷澤神會說要「行解相應，方能建立」。所以，禪師最討厭的是幫助徒弟悟了，結果讓人家說：「你這個徒弟，行解不相應。」禪師就想：「我眞是瞎了我的狗眼！」只能自責。這意思是一樣的。

那麼這個〈一體同觀分〉的事說、理說都講完了。接下來，來看看補充資料上面的理說又怎麼說？一切眾生都有法身，可是聽到法身以後，往往都誤會了。《景德傳燈錄》卷六：

【大珠慧海禪師　韞光大德問：「禪師自知生處否？」師曰：「未曾死，何用論生？知生即是無生法，無離生法說有無生。祖師云：『當生即不生。』」曰：「不見性人，亦得如此否？」師曰：「自不見性，不是無性。何以故？見即是性，無性不能見；識即是性，故名識性；了即是性，喚作了性；能生萬法，喚作法性，亦名法身。馬鳴祖師云：『所言法者謂眾生心，若心生故一切法生；若心無生，法無從生，亦無名字。』迷人不知法身無象、應物現形，遂喚『青青翠竹總是法身，鬱鬱黃華無非般若』，黃華若是般若，般若即同無情；翠竹若是法身，法身即同草木；如人喫筍，應總喫法身也。如此之言，寧堪齒、錄？對面迷佛，長劫希求；全體法中，迷而外覓；是以解道者，行住坐臥無非是道；悟法者，縱橫自在無非是法。」〕

看看禪師家這麼說，心裡面要想：「開悟還眞是好，當然我要求悟呀！」除非開悟是不好的，否則當然是要求悟嘛！你看，人家這一篇道理講出來，無懈可擊；還沒有悟以前，隨便講個什麼，人家都可以破我們，顯然開悟是很好的。至少從表面上看，只要眞的開悟了，人家對你都很恭敬，這有什麼不好？「恭敬」誰不要？只有一種人不要，叫作傻瓜。哪個傻瓜不要？就是「此經」，只有祂不要，三界中不論是誰都想要。開悟讓人家恭敬，有什麼不好呢？可是，就只是這個傻瓜祂不想要；可是這個傻瓜，才眞是聰明者所想要證得的。

韜光大德來問法，先提出質疑。在禪宗公案裡面，凡是被稱爲大德的，你要知道那代表他在當世非常非常有名，才會被稱爲大德；因爲當代人把他的行誼記錄下來時，若不稱他爲大德，就有一點對不起他。因爲他在人間營造的名聲是非常大的，所以要稱他爲大德；可是禪師雖然稱他爲大德，其實心裡面卻想：狗屁不如。禪師家說話，往往不跟你客套拽文的。禪宗說開悟的人是了生脫死的人，所以這個韞光大德來問說：「大珠禪師！你既然開悟了，請問你自己知道下一世要生到哪裡去嗎？」原來是上門來踢館的，大珠禪師就說：「我如今都還沒有死，何必要跟我談什麼生到哪裡去呢？已經知道生的法就是無生的法，不可以離開生的法來說有無生。」

這句話是什麼意思？光這句話，就把現代所有的大法師們、大山頭們，一竹篙掃落海裡去了！大珠慧海說：「要知道，『生』這個法就是『無生』之法，『生』也就是『無生』。」那麼請問各大山頭大師們：「爲什麼生就是無生？生，明明是有生，有生就有滅，怎麼還可以叫作無生呢？」大師也許回答說：「離念靈知就是無生。」請問你：「你睡著了，離念靈知還在不在？」「在呀！我只是在睡覺。」那請問：「爲什麼你睡覺的時候我跟你說話，你都不知道？你的『知』在哪裡？先不要說『靈』，根本就不靈，還講靈知！」「原來這個不是。」「你這才知道不是。」其實大珠慧海這句話已經告訴我們，一切有生之法都附屬於無生之法，所以「生」即是「無生」，講的正是這個道理。那些大師們竟都不敢跟著講，因爲只要勉強講了這種法，就一定會瞎掰一堆；掰到後來連他自己都不知道自己在講什麼，不是實證而用瞎掰的，就是會這樣。

其實，一切有生之法都是無生之法，因爲是依附於無生之法而存在，歸屬於無生之法，本來就是無生之法所含攝的；也就是說，一切有生的蘊處界都是不生的如來藏所含攝的，這些有生之法都在如來藏中，大珠慧海當然要說「**生即是無生**」。可是，有的人也許抗議說：「**你這個說法不對，我怎麼看都看不到自己的如來藏在哪裡呀？**」那麼我就舉個流傳很廣的禪偈來說一說：「**廬山煙雨浙江潮，未到千般恨不消。**」浙江潮，就是指錢塘潮；然而廬山煙雨呢？請問：廬山煙雨，你是要在廬山裡面來看，才看得到廬山煙雨呢？還是要離開廬山一段距離，才看得到廬山的煙雨？當然要離開一段距離才能看得見。爲什麼說已見廬山煙雨而竟然還看不見廬山的面目呢？「**只緣身在此山中**」。你正好就是身在如來藏中，而你的智慧不能跳脫於如來藏所生的各種境界外，就看不到如來藏廬山的眞面目。猶如一個旅人不能跳脫於廬山所顯現的煙雨境界時，就看不見廬山的眞面目，看來看去全都落入廬山所出生的煙雨含攝範圍內，當然你看不見你的如來藏，問題就出在這裡。

所以修學佛菩提實相般若的人，才需要有人幫忙指引；否則我在這邊講了老半天，是爲了什麼？你們若是自己早就悟了，也不必我來幫忙了，所以韜光大德才要來請問了生脫死底道理。然而「生即是無生之性」，這才是眞正的禪宗證悟之理，才是眞正的大乘佛菩提妙義；這是本已如此而不假修行來成就的，參禪人只要去證知就行了。如果想要像凡夫大師們那樣把這有生之法轉變爲無生之法，就得每天努力打坐修行，成爲離念靈知以後卻不是本來就無生，而是修來的假名無生，這種無生其實還是有生，當然就是妄想。事實上是：有生之法與無生之法合併在一起，無生之法是本來就無生的；但有生之法不等於無生之法，所以要用有生之法來找到無生之法，這才是禪門中眞正的開悟。

《金剛經宗通》上週補充資料的理說之一，講到大珠慧海對韜光大德的答覆：「未曾死，何用論生？」這主要是說，這位韜光大德，他問大珠慧海的題目是：「你是不是已經知道來世將會出生到何處去？」所以大珠慧海針對他的問題，答覆說：「未曾死，何用論生？」可是如果是從眞正學佛人來講，應該是先論生，然後說死。世間法中說，在學校是當學生；在出世間法中來修學的卻是學死。可是要怎麼脫離死的繫縛，並不是從怎麼死來學，而是從怎麼生來學，才能夠通達如何死。能通達如何死，就知道將來要如何生，才能了生脫死，所以二者有互相關聯。但是想要學死，得要先知生；不知道如何生，學死就學不成功。這就是大乘佛法很特別的地方，所以禪宗裡面一向標榜的是了生脫死，不是脫死了生。因爲如果能了知如何生，就知道將來會如何死，無餘涅槃就懂了；否則的話，就沒有辦法脫死。

這意思就是說，眞正學佛之人要先知道生從何來。不但學佛是如此，學阿羅漢也是如此。學佛與學羅漢完全不一樣，可是如今普天下都把學羅漢當作學佛了，那問題就很大了，所以就會錯將聲聞道當作佛菩提道，誤認爲阿羅漢就是佛；又認爲只要能斷盡我執，就是成佛之道，那其實是不對的。可是學佛如是，學阿羅漢也如是，都要先知生處。阿羅漢知道生處，知道生從何來，可是不能實證；他們是聽聞 佛陀開示說，生是從諸法本母來。這是在《阿含經》中講的「諸法本母」，你要是在大乘經典裡面就找不到這四個字，在《阿含經》中有。這意味著什麼？意味著想要成就解脫道，也要完全相信佛的開示，說確實有一個「諸法本母」，也就是諸法所依之母法——法身，即是無餘涅槃中的本際，也就是《阿含經》中記載的入胎而出生名色的本識。剛入胎時，意識還不存在，六識都還沒有出生，但是已經有本識住在母胎中，次第製造著我們的名色。這就是阿含講的諸法本母。

佛在初轉法輪時期，爲阿羅漢們說明如何能證得因緣觀。佛說當初還沒有成佛時（當然這是方便說，是說在這一世示現爲菩薩出家修行還沒有成佛時），是怎麼成就因緣觀的；世尊說明是先修十因緣法，先以十因緣法推知名色的由來即是本識。也就是從老死往上推，後來推到名色的時候，再探究名色是從何而來？這不就是禪宗裡問的「生從何來」嗎？因爲世世有生的是名色，可是名色從何而來？佛在十因緣法中說明名色是從本識中生出來的。推究名色的根源就是這個識，到了這個識就無法再向前推出任何一法了，只能退回來，所以說「齊識而還，不能過彼」。在這個本識之前，沒有任何一法存在，所以推究一切法的出生時，最多只能推究到這個能生名色的本識，再也沒有任何一法可以超過「彼」——本識，所以是「齊識而還」。再從這個本識依照順序檢查回來，重新證實是由這個本識出生了名色，然後再出生一一法，最後才有老死。

依十因緣法證明名色之本就是本識如來藏以後，把十因緣支，順逆都一一檢查過後，證明確實沒有錯了，然後再依十二因緣法去推究人們會不斷地從本識中出生，而導致流轉生死的原因；於是開始推究老死是從何而來的？從生而來；生從何而來？從有而來。這樣逆推，逆推到上一世或者此世的名色時，推究說，爲什麼會有一世又一世的名色從本識中出生？全都是因爲愛攀緣：攀緣我所，攀緣錯誤的見解，攀緣於五蘊的自己，所以就有了種種的行，導致身口意行不斷的出現。然而滅不掉身口意行的原因，就是因爲不肯滅掉名色自我，這就是我執無明，於是就不能證得無餘涅槃，不能出離三界生死流轉之苦。這個身口意行爲什麼會不斷地出現而導致名色不斷出生呢？根本原因就是我見、我執等無明。十二因緣法中所說的無明，就是不知道五蘊的虛假，把五蘊的全部或者其中的局部，當作是眞實常住不壞的自我。由於這個無明，所以身口意行不斷地出現；既不肯捨掉身口意行，不願意斷滅，因此就只好去入胎，於是本識就重新出生了來世的名色，所以就有了受想行識，最後就有老病死。於是就把這個我見與我執的無明滅掉，留下本識常住不變，就可以出離三界生死流轉了，這就是證得因緣觀的過程。（編案：詳見《阿含正義》中的舉證、開示、解析。）

佛陀特別用自己的例子來爲我們解說，先有十因緣來推知萬法的本源，結果是「**齊識而還，不能過彼**」，從本識再過去就沒有任何一法存在，一切法到本識就止盡了。這樣推知了以後，再順向檢查一遍而證實沒有錯；是因爲有這個本識，所以出生了名色，然後才會有最後的老病死；這時推斷出一個結論，全都是因爲有本識常住不變，所以能夠世世出生新的名色。可是，爲什麼這個本識會世世不斷地出生名色？再去推尋這個原因，推尋的結果是因爲我見、我執等無明，才會使本識世世出生新的名色。這個無明是指煩惱障上的無明，跟大乘菩薩所破的無始無明不一樣，因此這就是緣覺菩提的因緣觀。從這個因緣觀來看，其實就是禪宗講的「**生從何來**」的問題，讓你知道爲什麼會有名色出生，答案就只是這兩個：一個是因爲有本識，所以會不斷地出生名色；另一個是因爲有我見、我執無明，所以使本識不斷地出生名色，因此老病死等痛苦永遠除不掉。這就是在告訴我們「生從何來」的道理。這是藉十因緣法先知道「生從何來」，接著再努力去弄清楚爲何會從本識中出生名色？原因是無明，那麼無明是什麼？爲什麼會使我不斷的入胎去出生名色？是因爲我見與我執。

如果完全不學法的人，根本不懂我見與我執，他們都落在我所執之中，所以捨報的時候牽掛著：「我這個金孫，不曉得我兒子會不會再打罵他？」他放不下心；因爲放不下，於是捨不得再去投胎，結果只好在家裡面留著。想要在家裡留下來，就只能當一種眾生，台灣話叫作「公媽」，也就是祖先啦！祖先就是留在鬼道裡的先人。所以，中國哪一家沒有鬼？家家都有鬼。因爲家家都在拜祖先，除非那祖先看得開：「兒孫自有兒孫福，我管那麼多幹什麼？我管自己要緊。」於是就投胎去了。否則他就要當祖先，讓人家每年三次供養冷豬肉，三杯水酒。一般祭拜祖先時就是只有這樣，如果有額外的供養，那就是忌日。生日是不會再拜他了；所以拜祖先時，除了一年三節以外，唯一的就是忌日。我不曉得你們家是怎麼樣，至少我們家小時候都是這樣。以前家鄉堂屋大廳牆壁上都有紅紙寫著，哪一天是哪一位祖先的忌日；看到那一天到了，就知道祖先有冷豬肉可以吃了。拜過祖先，當然孩子就有得吃了。可是，如果某家的祖先常常去寺裡聽經，已經眞正懂得無明是什麼了，他根本就不會再顧念子孫，一定會趕快去重新受生。

所以，斷除無明才是最重要的；然而修學緣覺菩提而想要斷除緣覺菩提所斷的無明時，一定要有兩個配合才能打破：第一個、要相信 佛說「有一個本識是常住的，是出生名色的法」；這個要先信，這就是十因緣法說的知道「生從何來」，但還沒有自己證實。對這個十因緣法「生從何來」的道理不修習，或者修而不懂，隨後所修的十二因緣法即無法成就。可是，十因緣法已經失傳多久了？諸位去查查看，從現在往前推，有哪個善知識告訴我們十因緣法？沒有！印順倒是有提到十因緣法，可惜他完全講錯了，他是以六識論而曲解了十因緣法，認爲十因緣法只是十二因緣法的減說，因爲他不懂十因緣法的眞義，所以他的因緣觀也是修不成就。因此，無明的打破——打破解脫道中的無明，第一個就是一定要信有能生名色的本識，就是信十因緣法所說名色諸法「齊識而還，不能過彼」；一切諸法最多就只能推究到本識，一切人推究到這個本識爲止，就全部要退回名色來了。因爲本識之前無有一法可以推知、實證，這是第一個部分。第二、就是回頭來觀行，來實際上觀察：五蘊的每一個蘊，十八界的每一個界，全都是虛妄法，都是所生法。那麼這樣，解脫道的這兩個無明打破時，至少可以取證初果；除非觀行很粗糙，不能深入去一一細觀。

這個講的就是：「生從何來，死向何去。」十二因緣就是告訴你：「死了要到哪裡去。」如果你是修羅漢道、緣覺道，死了就是去無餘涅槃。可是，修學成佛之道底菩薩可就不一樣了，生從何來都是一樣的，死往何處去呢，可就不同了。譬如阿羅漢臨命終時將入無餘涅槃，菩薩卻指著阿羅漢的鼻子說：「你去涅槃中？你什麼地方都去不了！」菩薩訶斥阿羅漢：「你哪裡都去不了！」阿羅漢堅持說：「我要去涅槃中了。」等他入了涅槃，菩薩依舊指著他的鼻子說：「你根本去不了涅槃！」因爲去涅槃是把自我滅了，當自我全部滅了以後就是無餘涅槃；那阿羅漢的五蘊既然滅盡了，沒有阿羅漢存在了，還能有誰去到涅槃中？可都沒有。然後菩薩指著阿羅漢鼻子訶斥完了，轉身對眾生說：「菩薩們都不用捨命去涅槃中，早就住在涅槃中了。」然而愚癡淺學眾生不信，菩薩還指著眾生的鼻頭一個一個戳：「你們也都住在不生不死的涅槃裡。」因爲菩薩講的是事實，是有理證的。教證上也有根據，佛說一切眾生本來涅槃：「被大悲甲冑，知諸有情本來涅槃悉成就故。」這是可實證的，但卻是阿羅漢想不通的，他再怎麼作夢去想也想不出來。所以，這個就是說，學羅漢道、學緣覺道，跟學佛菩提道不一樣。學佛人死往何處去？說無所去；生從何來？也說是無所從來；因爲生或者不生，其實是一體的。說有生是方便說，因爲本來就無生；即使是有生的自己，本來就住在無生的如來藏裡面，你說還有生的來處嗎？不可能有！這才是大乘法。

所以，大珠慧海接著說：「知生即是無生法，無離生法說有無生。」眞懂佛法的人，他知道：「有生即是無生之法。」有生之法，我們的五蘊、十二處、十八界，這都是有生之法；可是，這個有生之法，其實就是無生之法。一般學佛人往往依文解義說：「所以，我們的五蘊是無生的。」好，既然敢說自己的五蘊是無生的，那麼請問他：「你是單靠五陰自己就來到這一世嗎？你不是從媽媽肚子裡蹦出來的嗎？」聽到我這麼問，他想一想：「我說的好像又不對了，因爲我明明是媽媽生的。可是經文中明明說，這個有生之法就是無生法；那五陰有生，可是佛陀說有生的就是無生的，那顯然五陰就是不生滅了。這樣看來，佛陀說法應該是前後矛盾的。」他乾脆指責 佛陀了！

有沒有人指責佛陀？有喔！達賴喇嘛是在書中明著指責 佛陀，說佛陀前後三轉法輪的經典互相矛盾，而且還是陳履安的眾生出版社幫他印出來流通一起謗佛的。印順法師聰明，他不明著否定，他用變相的手法旁敲側擊，讓你自己去覺得大乘經典的說法都有錯誤。印順比較聰明而婉轉否定 佛的說法，達賴喇嘛則是直接指控。可是 佛說的其實都不是他們所以為的這個意思，佛的意思是說：「有生的蘊處界，它本來就是如來藏這個無生法中的一個部分而已，它是附屬於如來藏的法，不可能離開他的如來藏而獨立存在。」有人也許問：「他，這個他是誰？」他，就是你，就是我，就是我們大家的五蘊自己。等你悟了，你將會發覺，你從來沒有離開過如來藏，你一直生活在如來藏裡頭；所以這個有生的你，本來是如來藏裡面的一部分；你本來就歸屬於如來藏，所以有生的你，這一世可以死了去投胎，如來藏這個無生法又出生了下一輩子的全新的你，所以大珠慧海說：「知生即是無生法。」

講到這裡，也許有人今天是第一次來聽講，心想：「好極了！我終於知道了，原來我這個有生的法、我就是如來藏，我整個全體就是如來藏。我知道了，我開悟了。」事實上卻不是這樣子。因為五陰雖然在如來藏裡面，可是如來藏金剛心，在你還沒有證悟之前，你還是看不到祂的所在。就像那個廬山煙雨一樣，是因爲什麼緣故而看不見廬山眞面目呢？「只緣身在此山中」。這叫作當局者迷，旁觀者清。必須有人把你拉出五蘊山之外、拉出廬山煙雨之外來看：「喔！原來這就是廬山煙雨。好個廬山煙雨！還眞美！」可是當你還住在廬山煙雨裡面時，你只看到霧濛濛地下著雨，只看到地面溼答答地，什麼都看不見，哪能看見廬山？所以，像這樣聽了深妙法，還不能說是開悟了；還得要去辛苦地把祂尋找出來。你要是沒來聽我講經也沒讀我的書，就能夠自己找得出來，算你是一把好手，只是這種好手難找。

現在談到關鍵點了：「我要找到自己的如來藏，要往哪兒去找？」大珠慧海禪師說：「不可能有人能夠離開有生的法而說有無生法可以實證。」換句話說，無生的如來藏是跟有生的你這個五陰同時同處。換句話說，你吃飯，祂跟隨你吃飯；你睡覺，祂跟隨你睡覺；你走路，祂跟隨你走路；你聽法，祂跟隨你聽法；祂什麼都跟隨你。既然祂都跟你在一起，那你如果離開了自己，說要找如來藏，當然沒得找去。可是，末法時代的佛門裡面就是有好多外道說：「虛空就是如來藏。」誰講的？盧勝彥，後來聽說他自稱是阿彌陀佛化身，原來是個附佛法外道。阿彌陀佛哪有那麼衰？化身示現在人間還悟不了，連我見都斷不了？達賴喇嘛還自稱是 觀世音菩薩呵！他書裡面有時候就客氣一點說：「我也沒有想說我是觀世音菩薩轉世，可是人家都這麼講，我也沒辦法。」至少有時候也要否定一下嘛！然而什麼叫作沒辦法？他若是公開否定，說自己絕對不是大菩薩化身，那就解決了，怎麼會說沒有辦法？然後他有時候又說：「我就是觀世音菩薩。」同樣的問題：觀世音菩薩哪有那麼衰？祂是 正法明如來，倒駕慈航來當菩薩；結果來人間受生以後，爲了利樂眾生，竟然還悟不了，比我這個蕭平實還差，這算哪門子的 觀世音菩薩轉世？然而 觀世音菩薩是大人大量，不跟他計較，由著達賴繼續去冒充，可是我卻不允許他冒充，當然要提出來訶責他。所以，問題出在哪裡？出在他們都不知道說：「有生之法就是無生之法。」他們都不懂，全都誤會、曲解了，更別說是實證了。

大珠慧海說：「不可以離開有生的蘊處界，而說有一個無生的法。」可是偏偏佛門裡面有許多附佛外道，譬如盧勝彥說：「虛空就是法身。」那好了，請問他的名色從哪裡來的？他沒有媽媽呵？他的名色是從虛空中出生的喲！等他哪一天改口說：「我還是有媽媽啦！」那麼我們再來請問他說：「是你媽媽生了你嗎？」那時候才可以請問他這一句。先要請問他是不是虛空生了他？等他承認不是虛空出生他，也承認是由媽媽生了他，再請問他：「你媽媽有說過她怎麼樣生你嗎？是不是今天幫你生個心臟，明天生幾條血管，後天再幫你捏個眼睛，大後天再捏另外一個眼睛，是不是這樣？」如果他的老媽媽還在，請他回家去問一問。如果不是這樣，那顯然就是他的本識如來藏出生了他呀！那他怎麼能夠說是虛空出生了他？否則他怎麼可以說虛空就是法身？

他有時候又講能量，這老哥好像腦袋出了問題！有時候說諸法的本源法身是虛空，有時候又說是能量。如果是能量，他乾脆去學氣功外道，每天去練氣就好了。他偏偏又不，偏偏又是練密宗的明點，又不是單純練氣功。可是依我的看法，且不說什麼氣功啦！就依密宗講的生起次第來說，那個中脈、明點、拙火，他都沒有修成，就別談什麼能量啦！所以說，這些人都是被無明所籠罩，就不知道這本識才是諸法的本源。大小乘的經典裡面都寫得很清楚，他們偏偏不信，偏要信西藏密宗那些凡夫祖師們胡說瞎掰。所以，咱們台灣鄉下老人家有一句話說得很好：「人牽不肯行，鬼牽砣砣行。」砣矻，就是孜孜矻矻那個矻矻。無明眾生就是這樣，可是他們那些佛門外道全都要向眞心以外去求，有時還要向自身以外去求，那怎麼可能求得到呢？經中明明說是在我們五蘊中，五蘊中既有性海也有情山。所以，學佛之家那個大門廳堂就貼著四個字「性海」、「情山」，那是很有深度的。情山，五蘊山本身就有六情，所以五蘊就是情山；可是五蘊存在的當下，也有個性海並存；一切法性的大海跟五蘊是同在的，所以性海與情山其實非一亦非異，這四字對得剛剛好。

大珠慧海告訴我們：「**不可能離開有生的五蘊諸法而找到有一個無生的法。**」換句話說，無生的如來藏是跟我們有生的五蘊同在一起的。五蘊裡面有沒有六轉識？有。識陰六識是不是生滅的妄心？是。而五蘊所在之處，就有無生之法的如來藏，就是有這個本識同在一起。這個本識是不是眞心？是！那不就是眞妄二心並行了嗎？可是到現在爲止，還有一位大法師，離我們講堂這裡不很遠，他還是不肯承認有眞心與妄心並存，到現在還是認爲說：「**這個意識心只要放下種種煩惱，祂就變成眞心了，這樣就叫作開悟了。**」這位佛門大法師說這樣叫作開悟，可是常見外道也說這樣叫開悟，那他到底跟常見外道有什麼區別呢？顯然可以當拜把子的兄弟了。所以，生與無生，這二法是同時同處的；一定有一個無生之法恆時存在從不間斷，才可能有我們的五蘊不斷地出生然後老死，所以大珠慧海說：「**知生即是無生法，無離生法說有無生。**」禪宗祖師凡是遇到弟子悟了，就要考他：「**知『生』即是『不生』之性，為何還被『生』之所繫縛？**」問你說：你已經知道無生了，也知道這有生的你自己其實也是無生之性，但你為什麼知道了以後還會被有生之法所繫縛？為什麼還無法入無餘涅槃？這就要討論你悟後應該怎麼修行了。所以，禪宗沒有說悟了就成佛的，都是那些不懂佛法的人，把人家的方便說當作是眞實說，才會說是開悟時都是究竟佛。

大珠慧海又舉出祖師的開示說：「**當生即不生。**」正當有生之法存在的當下，就已經是不生了。這就是大乘經講的，一切眾生本來涅槃。阿羅漢去求來的涅槃，其實還是這個眾生本來的涅槃，是依這個本來自性清淨涅槃而為二乘聖人施設的；所以涅槃自身並不是有生之法，涅槃的不生不死境界是本來就在的。這個韞光大德聽了大珠禪師這麼說，就問：「**不見性人，亦得如此否？**」就是問大珠禪師說：「**沒有看見成佛之性的人，也能夠如此嗎？**」

還沒有破參的人，當然也很想知道這個問題。大珠禪師就說：「自己沒有看見成佛之性，不等於就是沒有這個成佛之性。為什麼這樣說呢？因為見就是成佛之性，沒有成佛之性就不可能見。」一般人讀了就說：「好極了！我知道了，原來我能見，這個就是佛性，那不是很簡單嗎？」請問諸位：你有沒有能見之性？有，好極了，現在這樣就算是見性了。然而是不是如此？不是呀！可是你看，好多人在網站上面跟我們爭執說：「能見之性就是佛性，你看，連祖師也這麼講，佛經也這麼講。」問題是，祖師講的這個見，不是那個見；祖師講的見，是說：「你這個見還是從那個不見的來，你這個見若是離開了無生之法，就不會有這個見。這個見還是攝歸於無生之法，所以你這個見仍然屬於無生之法；正因為有成佛之性，你才能夠有能見之性。」

大珠禪師接著又說：「識即是性，故名識性。」有的人也許又說：「大珠禪師說識就是了別，你看，我現在清楚分明，心中都沒有語言妄想雜念，可是我很清楚分明。阿爸來了，我就懂得叫阿爸；孫子來了，我也懂得要叫孫子。可是，我都沒有語言文字，我都知道呀！這了了分明不就是識性嗎？」嗯！說得有道理。可是遇到善知識，他又沒道理了！因為識性有種種不同的性，眼識有能見之性，耳識有能聞之性，鼻、舌、身，乃至意識有能知之性，但這都屬於六識的識性。那麼意根有什麼識性？能隨時審度，能夠作思量，也就是作裁決，這也是有祂自己的識性。可是，這七個識都還是妄心，是被另一個諸法本母的本識所生。這個諸法本母，祂也有自己的識性，所以祂知道你在想什麼。你想什麼，祂都知道；然後你沒有想到的，祂也都知道，祂都能了別。至於祂所知道的，而你沒有想到的究竟是什麼？那可不能公開告訴你了！若是公開告訴你了，問題可大了，將來恐怕還會謗法而淪墮三塗呢！所以這得要你自己去參究。

祂是有識性的，有了別性的，但祂的了別不在六塵中；所以這「識性」二字是函蓋八識心王的，不能只是說七轉識妄心。所以，如果把六識之性直接當作佛性，那麼這個人，我不能罵他說：「頭殼壞了。」只能夠說他是凡夫所隨順的佛性。這種大法師們，本來都自以爲說：「我早就見性了，是大菩薩；所以徒弟們見了我，都得禮拜供養的。如今蕭平實寫了書出來，說我只是凡夫；是可忍，孰不可忍？」當然要很生氣抵制及毀謗說：「那蕭平實是邪魔外道，他講的法有毒，跟我們講的都不一樣。」他們這樣說的意思是：

我們佛教界大家都這樣講，就他蕭平實一個人那樣講。然而他們不懂的是，眾人皆醉，只有大珠慧海獨醒，現在也是只有我平實獨醒。他們可都不懂呀！他們還以爲所有大法師們全都醒著，只有大珠慧海與我平實二個人喝醉了。他們的看法就是「百萬將軍一個兵」，原來我平實就是那個兵。所以，大珠慧海說的「識性」，要看是講哪一個識的識性，但所有的識性都從眞如心如來藏中生出來的。

所以，大珠禪師接著又講：「了即是性，喚作了性。」又有「了性」了，那到底是誰能了？還是一樣的道理，八識心王每一個心都能了；只是了的對象或範圍各不相同，所以不能夠把這六識的了性，就直接當作是眞如佛性，否則就會出問題。到最後面大珠禪師才點了出來：「能生萬法，喚作法性，亦名法身。」那些人一天到晚在講：「我能見之性就是佛性，我能聞之性、能嚐之性，乃至能覺、能知之性，就是佛性。」請問：這些識性都是從哪裡來的？我再問：這六識之性是誰所擁有？是六識心所擁有，是識陰所擁有。問題是：識陰是不是名色所攝？是。名色從哪裡來的？從本識如來藏來。顯然的，這識陰六個識不能生任何一法。要是不信，就請他們自己檢查一下，這識陰六個識，如果確實是能生萬法的，請問他們的名色是不是由他們的意識出生的？他們在母胎中又是如何出生名色的？我要公開請問他們：「你在母胎中有沒有每天把每一根頭髮加一點、加一點、再加一點？有沒有？你有沒有每天把你的指甲增加一點、再增加一點，有沒有？」你這一問，他們可不敢答腔了！因爲明明他們的名色都不是由自己意識出生的，他們的意識覺知心從來都不曾作意在這上面呀！

這就很明白了，他們的意識不能生萬法，他們連身上這兩樣東西都生不了，還能生萬法嗎？這一下子終於聽懂了：原來識陰等六識都不行，這六識的自性也都不行，全都不行。這時候知道自己的名色不是由識陰六識所生，只好像洩了氣的皮球一般，終於才肯死下心來，願意好好地重新再參禪。如果不這樣敞明了說，他們不會死心的。你們若是遇到有人把離念靈知、把六識的自性當作眞如佛性，可得要告訴他：「大珠慧海禪師有沒有悟？」他說：「一定有悟，那麼鼎鼎大名的禪師！」既然大珠禪師是開悟的人，那就再問他：「他說的話，你信不信？」「信呀！」「他的開示算不算數？」「算。」這樣問過了，他也一一答了，他可不能再推翻了。這就是把繩索套上脖子了，他被你套住了。然後你就告訴他：「大珠慧海說：『能生萬法，喚作法性，亦名法身。』請問，你的離念靈知，你的能見能聞之性，能生萬法否？」這時候他才知道死定了，可是已經來不及了，因爲被你套牢了。所以法身、法性一定是能生萬法，若不能生萬法，就不可能被稱爲法身或者法性。正因爲金剛心祂能生萬法，所以諸法以祂爲身，才能稱爲法身；因爲祂是諸法自性的根源，所以祂才能稱爲「法性」。

然後，大珠禪師又舉出馬鳴祖師的話來：「所言法者謂眾生心，若心生故一切法生；若心無生，法無從生，亦無名字。」這就是說，眞正的法其實就是眾生心。或許有人聽了就說：「好極了！我知道我這個心在這邊胡思亂想，我也很清楚在聽你說法，我這個眾生心就是佛心，因爲心、佛、眾生，這三個是一樣的。經上也講：『心、佛、眾生，三無差別。』」可是問題來了，當他這麼一講，你又要問他：「請問，眾生心會貪著想要吃好吃的，貪著想要住億萬豪宅，會貪著想要大名聲……等、等、等、等，有好多的貪，這是眾生心，請問佛心也這樣嗎？」「原來佛心沒有這樣。可是明明經中說：心、佛、眾生，三無差別？」原來經中講的不是這個六識心，經中講的三無差別的這個心、佛、眾生，其實講的是眞實心如來藏；因爲這個眞實心永遠都是眞如法性，永遠是萬法的根源，這樣才能「三無差別」。因爲佛的八識心中、眾生的八識心中，就只有這個心是「三無差別」的；如果是識蘊六識心，那可是有大大的差別。正因爲這個心動了（心生就是心動了），所以一切法生。所以《勝鬘經》中才會這麼講，說它叫作一念無明，正因爲這個心動了。爲什麼這個心會動？因爲意根死不了；這意根死不了，無明繼續存在時，眞心如來藏就會不斷地出生萬法。

我們弘法早期，常常有學員不聽我的話；譬如有一位師兄，他用自己的方法要去找眞心如來藏。因爲他曾經聽我上課時講過：「一切法都從如來藏來，所以妄想也是從如來藏的種子裡生出來的。」所以，他這麼想：「有線索了！我只要抓著妄想就好，從這個妄想一直往前抓去，抓到最前頭就對了。妄想既然是從如來藏中出生的，只要我抓到妄想的前頭，不就找到眞心如來藏了嗎？」這位老兄每天很精進打坐，可是每一次他抓到妄想的前頭時都是空，什麼都沒有！他想：「妄想的前頭不就是如來藏嗎？怎麼我都沒有看到如來藏？」每一次，當他發覺有妄想的時候，他就去抓那個妄想的前頭，結果前頭什麼都沒有，原來妄想的前頭叫作無明，眞是要命！那不是找尋眞心的好方法，所以絕對不能土法煉鋼、閉門造車，一定要依照善知識教導的方法去參禪。他老兄就是要土法煉鋼，就是要閉門造車；煉出來的鋼不能用，造出來的車子也開不了，連大門都出不去。所以說，心動了，是什麼原因？是因爲意根死不了；意根如果願意死，這眞心如來藏可就不會動——不會再「生心」，就不會出生名色了。所以說，如果這個心無生，就是說這個心不動了；那麼「法無從生」，名色五蘊就不會出現了。當五蘊不出現的時候，還會有名字叫作「這個是如來藏，這個是五陰」嗎？都不會有了，因爲你五蘊已經不在了，哪裡還有諸名呢？什麼名字都沒有了。

大珠禪師又說：「迷惑的人不知道法身是沒有形象的，但是祂卻會應物現形。」物，你喚什麼作物？（平實導師這時指著自己的身體說：）這是不是物？整個都是物。大慧宗杲禪師最喜歡罵人，說眾生迷己逐物、背覺合塵。眾生總是把眞實心的自心給忘了，每天追逐著這個色身四處奔跑，這叫作迷己逐物。如來藏從來都不會迷己逐物，但是卻會「應物現形」；你如果離開了自己的五蘊，還想去找如來藏，門都沒有！你就算是爬窗戶，一樣找不到，絕對不可能找得到的。所以，千萬不要離開自己的色身、六識心，去往外面尋找眞心。要向自己裡面找，不要像那些佛門外道一樣總是去向虛空討。禪師常常罵人：「愚癡人才會向虛空討尋。」可是迷人們總是不懂這個道理。

所以，大珠慧海繼續講：「迷人不知法身無象、應物現形，遂喚『青青翠竹總是法身，鬱鬱黃華無非般若』。」這兩句禪門中的話，有很多人在講；還有許多人用竹板，就是把一根粗大的竹子剖成兩半，然後就把這兩句話刻上竹板背面去，還掛在大廳堂上當作文雅的裝飾。有時候你們去茶藝店品茶時，可能都會看到這個對子。大珠禪師就罵說：「黃華如果就是般若，般若豈不等於無情？」可是般若講的明明是在講有情，是講生命的實相，結果竟然會變成無情之物。「黃花如果就是般若，般若就成爲無情了；翠竹如果就是法身，法身豈不是等同草木一般？如果眞是這樣，每當有人吃筍子的時候，應該就是在吃法身囉？」因爲他說青青翠竹就是法身。翠竹既然是法身，當你夏天吃筍子時覺得好好吃；不論是煮的筍子、炒的筍子，乃至冰凍的竹筍沙拉，可以弄出好多種類來吃。那敢情好：你整個夏天都在吃法身了，那你的法身應該增長很多了。好極了！大家都該去買筍子來吃了！不是爲了幫助筍農，原來是爲了幫助自己法身的成長；可是，法身本來就是不增不減，何須你吃竹筍來增長法身？所以，大珠禪師接著就說：「如此之言，寧堪齒、錄？」也就是說，禪門中人說的這兩句話，其實不值得從你的牙齒縫裡講出來，也不值得你用筆把它錄下來。

可是，在我們正覺同修會裡，我卻要說：「如此二句，殊堪齒、錄。」因爲他們家沒有眼見佛性這個法，咱們家卻有。等你眼見佛性的時候，鬱鬱黃華上面也看得見你自己的佛性；可是當你從黃華上面看見自己的佛性時，你的佛性卻不是在黃華上面，眼見佛性就是這樣子。那你也許說：「不看黃華了，它太過炫耀了，我去看近一點的翠竹好了。」那你轉眼看到了翠竹時，翠竹上面也能看到自己的佛性，可是自己的佛性卻不在那翠竹上面。你說怪不怪？如果你沒有眼見，而是用明心的見地，想上一百年還是想不通，因爲這是唯證乃知的；但我們卻可以把大珠禪師否定的這兩句話，好好寫起來、雕起來，供在佛堂或廳堂裡。當見性者把這個境界解說出來，明心者是怎麼聽就怎麼錯，怎麼想就怎麼錯。眼見佛性的人分別從一百個不同的層面講出來，明心者聽了還是不免誤會；可是明心者聽起來時一定會覺得自己聽聞後的所知完全正確，但其實都是錯會，眞是唯證乃知而無法爲還沒有見性的人講清楚。

所以咱們正覺講堂可以刻上這兩句話：「青青翠竹總是法身，鬱鬱黃華無非般若。」如果要學古時候的禪師講粗魯一點、坦白一點的話：「黃狗大便、白狗大便，總是法身與般若，因爲那上面也看得見自己的佛性。」可是，要是哪天有個人出來說：「我是眞正見性的人，我比你更勝妙，我在那大便、小便上面，在那白狗、黃狗上面，我也看得見別人的佛性，可是那個別人的佛性是張三李四的佛性，不是講那兩條黃狗、白狗的佛性。」那我告訴你，這個人是欺騙人，是未見言見的大妄語人。眼見佛性正是這樣，可以用很多不同的方式來講，同樣眼見的人聽了，都會知道他是眞的有看見佛性。可是，沒有實證的人，想要炫耀而模仿人家一樣講時，那可要靠記憶了，得要把人家講的統統記住而不能違背。一旦其中有一句講錯了，馬腳可就露出來了！人家大砍刀早就準備在那裡，一砍就變成三腳馬。人家訶責說「三腳貓」，我卻說他叫作三腳馬。那表示他沒有親眼看見，不是從實證的境界上現觀而加以描述，是從想像的以及記憶中所記得的來講，一定會有講錯的時候。所以大珠禪師對於那些落入六識自性中的凡夫們說：這兩句話講得不對；但是從咱們眼見佛性者來講，這兩句話若是從見性的境界上面來說也可以說它對；但是從明心的境界來講，這兩句話是不對的。

可是見性這個境界的實證非常困難，難就難在你去把那些禪宗公案翻出來尋找時，你找不到一打見性的禪師。古人說：「**人生七十古來稀**。」我告訴你：「**禪門見性古來稀**。」因爲很少人能眼見佛性。可是，禪門裡面有很多眞悟的祖師也老是講「見性、見性」的，你卻不能夠說他們講錯了，但也不能夠就認爲他們就是眼見佛性了；因爲他們說的見性，是看見了如來藏的成佛之性。就是說，明心也算是簡稱的見性，那叫看見如來藏的成佛之性；但不是眼見佛性的那個見性，這二個是絕對不同的。你們想想看，光是一個開悟明心，就讓那些現代大禪師們弄得糊里糊塗、迷迷茫茫、渺渺杳杳，到底怎麼回事，至今都還弄不懂。那你說，連明心的人都不懂的眼見佛性，你要他們怎麼能懂？所以才說眼見佛性眞的不可思議。

這就是我出門在外辦事後，到了那些素食自助餐館用齋時，不論隔壁人家興高采烈在講著「**禪是如何、如何，開悟又是如何、如何**」，又在那邊講

「見性是如何、如何」，又有人在那邊說「成佛之道如何、如何」時，我全都當作沒聽到。因為我沒辦法為他們講，這不是三言兩語就能講得清楚的，何況他們連三乘菩提的基本教理都還不懂呢！那我要怎麼跟他們講？只好默而無言。這種妙法，我只能跟有緣的人講；跟會外的人，我若是輕易開口便講這種深妙法，不挨罵才怪呢！可能我還要被戳著鼻子說：「你算老幾？」如果不被人家罵說：「你算哪棵蔥、哪顆蒜？」就算很好了。這妙法確實很難講，很不容易為無明眾生解說。從明心的見地來講，大珠慧海否定禪門這兩句話，不無道理；可是來到同修會裡，他在眼見佛性者面前還是同樣否定的話，我就說他沒道理；那時候要叫他開開耳界，聽聽什麼叫作「鬱鬱黃華無非般若」，要教他明白什麼是「青青翠竹總是法身」；所以他說：「如此之言，寧堪齒、錄？」咱們正覺同修會卻要提出來說：「如此之言，殊堪齒、錄。」所以，今天我在這個地方講了一大堆法。

接著大珠禪師又說：「對面迷佛，長劫希求；全體法中，迷而外覓。」這可見他真的有開悟。也就是說，明明跟自性佛每天是面對面同在一起，不曾剎那分離，可是卻因為迷惑不知，所以向外去尋覓。其實你如果知道的話，不需要長劫希求，一剎那間你就找到了。找到你的自性佛時，只是一剎那間事，所以大乘經中稱之為「一念慧相應」。不像十牛圖講的要先找到牛跡，然後找到牛尾巴，再找到牛的大腿，找到肚子，找到前腿等等。禪門的開悟明心證眞，根本就沒這回事！祂是一念相應時就全體現前了，當你找到祂的時候，祂整個都在你眼前了。

不懂禪的人就去相信十牛圖說：「我現在先看見牛的腳跡了，但是還沒有找到牛。」廢話！看見大白牛腳跡的時候，那條大白牛可就全體都分明現前了，還要等你再去看見牛腳，沒這回事！如果有人告訴你說：「我不只看見腳跡，我還找到牛尾巴了。」那你就問他：「請問，你找到牛尾巴，算不算開悟？」他可能會告訴你：「不算，因為我一定要全牛都找到了，才算開悟。」你就告訴他：「整條牛都在你眼前，為什麼不要，偏要去抓那個牛尾巴？」這才是眞正的佛法般若見道，所以眞的不需要長劫希求。如果說是要從找到牛尾巴，才能漸漸找到全牛，說要經過幾劫又幾劫漸悟，那我告訴你：「那人如果不是初機學人，那就是在說謊，也是自欺欺人。」因此，要找到這個法身佛，不必長劫希求，只要「一念慧」生起的時候就會突然「相應」，在那一刹中，你就找到法身全體了。不必像雍正皇帝要辦好幾次禪七，大家一直打坐，想要坐到眞的無念，所以他要再三勘驗眞的無念了，才說是開悟了。然而像他那樣辛苦盤腿熬坐，終究還是悟錯了。所以「對面迷佛」的人，才需要「長劫希求」。

但是聽咱們這麼說，好像又很容易，因爲一剎那就全體顯現了。可是會外的人大概又會問：「你講的好像很容易，我爲什麼總是找不到祂？」你就告訴他：「正因爲你坐在廬山煙雨中，所以你就看不到廬山煙雨。」因爲住在全體法中，迷在其中了，所以也同時看不見外面。譬如說，你如果想看見地球長什麼模樣，你得要到太空去。若是自己無法親自去太空，你就發射個火箭，發射個太空望遠鏡也可以，再照回地球來，弄個衛星照片傳回來，也是可以看見。換句話說，你若想看見地球的全貌，那你得要離開地球。有人又想起來：「好極了！那我乾脆就出神好了！我如果出神了，就可以離開我的五蘊，從外面看進來，應該就可以看見如來藏了。」可是看來看去呢，他只看到這樣子：「原來我這張臉這麼醜！」還是看不見。因爲他出神時依舊是在「全體法中」，還是在如來藏之中；他並沒有離開如來藏，所以開悟的難，就難在這裡。因此要開悟明心，自古就難，不是今天才難；否則的話，禪宗公案會只有一千七百則嗎？早就跟附佛法外道的密續一樣汗牛充棟了。

因此，正是因爲「全體法中，迷而外覓」，就好像有個人想要看見地球，他始終在地球表面，抓著樹說這是地球，捏起一把泥土說這是地球。也沒有錯呀！這也是地球，可是地球在哪裡？又不知道了。這就是眾生，每天住在五蘊中說：「我這個五蘊就是如來藏全體，如來藏就是這個五蘊全體。」可是如來藏是哪個？又分不清楚了！永遠都是眞妄不分，所以理上就不能通透，問題正是出在這裡。那麼這個部分得要靠誰幫忙呢？要靠善知識。那善知識叫作什麼？善知識是不是蕭平實？說是也錯，說不是也錯，都錯。因爲善知識範圍是很廣的，蕭平實是善知識，正覺的親教師們也是善知識，經典也是善知識，你自己也是善知識，阿貓、阿狗也是你的善知識，全都是善知識。這樣就夠了嗎？還不夠，定力也是善知識，慧力也是善知識，福德、信力等、等、等、等，全都是善知識。要是這些已具足了，你就具足了善知識。

當善知識具足了，你想要不悟，也是求不可得。你也許說：「我這些都具足了，**可是我不想開悟。**」那可不行！你一定會自己開悟，事實就是如此。當這些條件都具足了，你突然就會一念相應，撞著這條大白牛。你也許說：「我不要一念相應。」但祂就是會讓你一念相應，你想推也推不掉，事實上眞的是這樣。所以大珠說：「全體法中，迷而外覓。」是指一般人，但是若有這些善知識來幫助你，你即使在「全體法中」也可以跳脫於「全體法」來返觀自己。也就是說，意識可以抽出於五陰之外來返觀自己，這個意識可以扮演人造衛星的角色；意識很厲害，因爲意識有證自證分，也有自證分，意根就作不到。

所以，大珠禪師說：「是以解道者，行住坐臥無非是道；悟法者，縱橫自在無非是法。」所以，眞正懂得佛道的人，行住坐臥都是道，搬柴運水都是道；可惜的是，好多大師都把這意思給曲解了、誤會了。人家禪師講的是說：「你吃飯就是道，你搬柴運水就是道。」那些大法師們都怎麼講呢：「你如果想要證得佛道，當你搬柴的時候要專心搬柴，不要想到別的事情，不要打妄想。你挑水的時候要專心挑水，不要打妄想，打妄想就不是道。專心就是道，搬柴也是道。所以，你們吃飯的時候要專心吃飯，走路的時候要專心走路。」結果這個心，整日裡專來專去，全都專在意識上面作文章；就這樣死在意識上面，無可救藥！我就說他是天生的無可救藥，眞的沒辦法救；因爲他天生就是如此，你再怎麼樣告訴他說這個是虛妄法，他全都不信。所以這種無可救藥，有的人眞是天生的，你眞的無可奈何他。

反過來說，如果你眞的悟了這個法，知道這個無生之法生了種種有生之法；再把有生之法攝歸於無生之法中，所以有生也就成爲無生，而無生的也是有生的；可是同時卻又說，無生與有生非一亦非異。到這個地步，「縱橫自在無非是法」，因爲你已經全體了知了。到這個地步，隨便一個法，你都可以從這個法中逆推、順說、橫觀，隨便你怎麼講都可以通；不論人家隨便提出某一個法，你都可以從這個法引出無量無邊法，都不會有衝突。這就是大乘法的勝妙之處，只有這樣才能夠說他眞的悟道了。如果不是這樣，千萬不要寫書；因爲寫得越多，自相矛盾的地方就會越多。可是你如果悟得沒有錯，將來你的智慧將不斷地往四面八方增長，但是你講出來時永遠指向中間一點，就是「此經」如來藏心；所以你有時候從東向西，有時候從西向東，都不會有衝突，正覺弘揚的大乘法就妙在這個地方。

可是你們不必怕難，你們應該說：「踏破鐵鞋無覓處，得來全不費工夫。」

來到正覺共修，快的話兩年半；你若是最會拖的人，給你拖上十年、十五年，也是要悟的。眞能拖上二十年，我就很佩服你了。能拖上二十年，我要佩服他什麼？說他眞的能安忍，因爲還沒有人可以二十年後還悟不了的。正覺同修會現在幾歲？才十來歲而已，所以還沒有人待上二十年。這就是古人講的：「**寧在大廟睡覺，不在小廟辦道。**」道理就在這裡。因爲你能夠在大廟裡面混上二十年，拉拉雜雜聽了一些，可能有一句話就讓你觸證到。這一觸證到了，你說：「**原來是這傢伙！**」一把抓住，從此不怕祂丟掉。所以，你要懂得什麼才是正法，正法就是七通八達。如果所悟的不是正法，那就像克勤大師評論的錯悟者一般，腦袋都要七花八裂。就是說，遲早一定要被人家在腦袋上狠狠敲上幾記，那不就七花八裂了嗎？如果你所悟的是正法，你寫得再多也不怕人家挑剔；因爲家裡人不會跟你挑剔，所悟相同嘛！而外面的人無力挑剔，還有誰能挑剔你？所以說，悟要悟得眞，參要實實際際去參，千萬不要亂打妄想。現在接著再來說第二個部分的理：

《大般若波羅蜜多經》卷五百六十九：【**佛告最勝：「……諸法眞如、諸佛眞如無二無別，法性眞如、三世眞如不相違逆，過去眞如、未來眞如不相**

違逆，未來眞如、現在眞如不相違逆，現在眞如、過去眞如不相違逆；三世眞如即蘊界處眞如，蘊界處眞如即染淨眞如，染淨眞如即生死、涅槃眞如，生死、涅槃眞如即一切法眞如。天王當知，眞如名爲無異、無變、無生、無諍，自性眞實，以無諍故說名眞如。如實知見諸法不生，諸法雖生、眞如不動，眞如雖生諸法而眞如不生，是名法身。」】

如果你證得「此經」如來藏了，這《大般若經》就開始變得很容易讀，你根本就不用去背誦。如果沒有證得如來藏，這《大般若經》讀起來會覺得很痛苦；即使能夠全然信受而把它倒背如流，也沒有絲毫用處，永遠被《大般若經》所轉。在這裡，我要套一句惟覺法師的話說：「**當前這念心**」就要被般若諸經轉去了。可是你如果悟了如來藏，這《大般若經》便由著你東轉西轉、南轉北轉，都可以轉得通；這時候它是由著你轉的，不是你被它所轉。由此緣故，佛陀在此處是以眞如來稱呼這個第八識；這時候的眞如已不是在講第八識的眞實如如法性，而是講第八識本身了，這時是用眞如來指稱第八識金剛心。

佛向最勝天王講：「**諸法中的眞如以及諸佛的眞如無二無別。**」如果你還沒證得如來藏，這一段經文不容易聽懂，會聽得刺耳、會覺得艷辛苦，然而很辛苦以後還是聽不懂。若是不信，且聽我講講看。你如果證得如來藏了，聽了就想：「這個眞如本來就是如此。」你可以現觀而完全理解，不用猜測、不用妄想。諸法的眞如，譬如色蘊中的眞如，這是眞如；乃至識蘊中的眞如，受、想、行蘊中的眞如，都是眞如。若以十八界來講，眼界的眞如，眼識界的眞如，色塵的眞如，這也是諸法眞如；這是從凡夫眾生來說諸法眞如，也就是諸法中的如來藏。凡夫眾生五陰十八界中的這個如來藏，跟諸佛的眞如是一樣的；也就是說永遠都是眞實的，永遠是常住的，永遠是清涼的，永遠是如如不動的，因地之中、凡夫位之中即已如此，所以說諸法的眞如與諸佛的眞如無二無別。而諸佛各自的蘊處界一切諸法，也都與各自的第八無垢識眞如無二無別。可是，在這兩種無二無別之中卻有個差別：諸佛的眞如可以與善十一心所法相應，可以跟五別境心所法相應，妙覺、等覺以下菩薩所不能知，這是唯一不同的地方，但其他的部分都相同，所以說無二無別。

「法性眞如、三世眞如不相違逆。」你現前中，眼識界的法性眞如，耳識界的法性眞如，眼根界的法性眞如，耳根界的法性眞如，色塵界的法性眞如，聲塵界的法性眞如……等，十八界中一一界的法性眞如，都跟你自己的三世眞如不相違逆；因爲過去世你的蘊處界等法性中的眞如，與現在世你這個五蘊、十二處、十八界中的法界性裡的眞如完全相同。這也就是說，過去世的眞如與現在世的眞如一樣，從來都沒有變動過，祂不會改變。不會說：「**我過去世的眞如就是染汙、貪著，所以這一世的眞如才會悟不了。**」沒這回事。悟不了，永遠是你五陰自己的事，與你的眞如心完全無關。眞如心，過去世就是本性涅槃、本性清淨，本來就有祂自己的七種性自性，而祂本來就是涅槃，本來就是眞實與如如，跟現在世的眞如是完全沒有改變、完全是相同的；你自己的法性眞如這種自性不會被改變，也無人能改變祂。而現在世諸法性中的眞如，跟未來世諸法性中的眞如也還是一樣，都不會被改變，都是本來就眞實與如如，三世都相同而不會改變，所以說「**法性眞如、三世眞如不相違逆**」；是說自己的眞如三世不相違逆，三世眞如也跟每一世的法性眞如不相違逆。聽我解說了這二句經文，你如果還沒有找到如來藏，現在就等於在聽一堆佛法的名相，無法如實理解其中講得很明白的第一義諦；雖然很想要把它組合貫串起來，很辛苦努力以後卻又組合不起來。可是你如果證得如來藏了，你都不必貫串，都不必組合，你聽聞時同時進行現觀——隨聞入觀，一一證實確實是如此；那麼你會說：「**這法界實相本來就是這樣，何必你蕭老師來講？**」事實是這樣呀！但是我講了，雖然你已經悟了，聽聞以後對你的智慧增長還是有幫助的，也因爲如此，世尊才要講十九年的眞如。但是如果還沒有眞的悟入，當然只能猜測其中的意涵，那你就當作熏習；就當作是在熏習正知見，把這些正知見熏習起來，將來證悟的時候，你可以拿這些來檢查，看自己悟的到底對不對。

經文中又說：「**過去眞如、未來眞如不相違逆，未來眞如、現在眞如不相違逆，現在眞如、過去眞如不相違逆；**」過去世的眞如心在捨棄過去世的蘊處界以後，會來到這一世，也會去到未來的無量世去，而這三世眞如根本就不會有所改變，永遠是同一個眞如心；而這個眞如心的眞如法性是永遠眞實、永遠如如不動的，不會三世有所不同而互相違逆，所以說：過去世的眞如與現在世、未來世的眞如不會互相違逆。既然過去世的眞如來到這一世再去到未來世時，都是同樣的法性，當然過去眞如一定不會與現在眞如互相違逆。既然過去眞如與現在眞如不會互相違逆，當然現在眞如也一定不會與未來眞如互相違逆。這就是爲我們說明，三世眞如不變，同一個眞如心歷經過去世無量劫，都同樣是眞實而如如的；來到這一世時依舊同樣是眞實而如如，從這一世再去到未來的無量世時仍將同樣眞實而如如，所以過去眞如、現在眞如、未來眞如，全都不會互相違逆。也就是說，不論歷經多麼久遠的三世，從無量的過去世來到今世，再從今世去到未來的無量世中，祂都同樣不會改變自己的眞如法性。

經文接著說：「三世眞如即蘊界處眞如。」這是說三世眞如就是蘊界處眞如。請問：過去世的眞如心，是不是出生了蘊處界？是。現在這一世的蘊界處，是不是由過去世那個眞如心來出生的？是。未來世的蘊處界，是不是仍然由同一個眞如心來出生？是。還是一樣。那麼三世的蘊處界裡的眞如，不都是同一個眞如心嗎？既然這樣子，當然三世眞如就是蘊界處眞如。而這個蘊處界的眞如，其實就是染淨眞如，祂既是清淨的，也是染汙的。這可奇怪了！既是清淨又是染汙，世間哪有這種東西？但是法界實相就是有這種事情，只因爲祂不屬於世間，所以世間還眞的沒有這種事情，只有眞如這個世出世間法才有這種事情。然而，世間眞的沒有這種法，你總不能每天吃過飯了以後就說：「夫人！幫我洗洗碗。」或者說：「老爺！幫我洗洗碗。」也許你找到理由跟我說：「你昨天講的，染汙就是清淨，那也就不用洗碗了。」那眞好，一套衣服也可以從出生穿到死，都不必洗，因爲清淨就是眞如，染汙就是眞如，染汙也是清淨。我告訴你，三界法中絕對沒有這種東西，可是實相法界中卻眞的有這種事情；但是你若想要找到這個染汙就是清淨的眞如，卻還是要在染污的三界法中找，因爲「法性眞如、諸佛眞如無二無別」。可是等你找到祂，你會發覺祂不屬於三界法；祂雖然在三界中示現，但祂不屬於三界法，可是三界全都從祂而生。

即使你住在染污的欲界中，你的欲界境界卻是祂生的；你有了禪定，生到色界去，你的色界境界也是祂生的；你有了四空定，死後生到無色界去，那個無色界境界也是祂生的；所以說三界唯心，都是祂這個心所生的。但是生到色界天去的時候你說：「我現在清淨了，我已經離開欲界天了。」從世間人類的層次來講，就說這叫作清淨眞如。如果更清淨，生到四禪天去；或者再轉生到四空天去，其實並沒有比四禪天清淨，只是一樣的清淨，但是境界不同。可是這樣相對而說的清淨眞如，跟你前世生在欲界人間貪著染汙境界中的眞如還是一樣的。

你要是不信，悟了以後修得初禪，你到初禪天去，或者進修而到二禪、三禪、四禪天去，你說：「**我記得我在人間的時候，蕭老師有說，清淨眞如也就是染汙眞如。我既然悟了，如今也生在天界，我就來看看，就用我的天眼看看現在的凡夫界人間；我不看別的，我只看正覺同修會那些還沒有悟的人，他們都還有染汙，我且看看他的染汙眞如，是不是跟我的清淨眞如一樣？**」你會發覺完全沒有差別，有差別的只是你的蘊處界。你看到的事實就是，你的眞如跟人間螞蟻的眞如、糞窖裡蛆蛆的眞如，都一樣沒有差別，所以說「**蘊界處眞如即染淨眞如**」。三界中一切染淨眞如全都是蘊界處的眞如，因爲你生到色界天去，你的清淨蘊處界中的眞如跟欲界人間染汙境界中的眞如是一樣的。所以只要有蘊處界存在，一切有蘊處界有情的眞如都是一樣，不論是天上人間，也不論是人間地獄，全都一樣，所以才能叫作「**心、佛、眾生，三無差別**」。

以意識心來看，是絕對有差別的；你生到色界天去了，表示你離開了欲界法，那是人類世間法中說的清淨眞如，你的意識心算是清淨的；但是還留在欲界中的人類，一天到晚還在追求五欲、五塵，貪著不已；剛剛吃飽飯就在想，明天還要換吃哪一家館子；這是染汙的心，意識心絕對不同於眞如心體的絕對清淨。你如果有神通，即使「上窮碧落下黃泉」，你全都去看；可是上窮碧落下黃泉以後，你一定會發覺所有有情的眞如都一樣，同樣都是清淨的、眞實的、如如的法性。因此說，所有蘊處界眞如，不管他是染汙的眾生或清淨的眾生，他們的眞如都一樣眞實、清淨、如如，而這個染淨眞如其實就是有情還在生死位的眞如，也是阿羅漢進入無餘涅槃中的眞如，而這個眞如本來就存在於染淨等一切法中，也存在於生死境界中，同樣也存在於無餘涅槃中，所以說：「**染淨眞如即生死、涅槃眞如，生死、涅槃眞如即一切法眞如。**」

這其實是在告訴我們，一切眾生本來涅槃，實際理地沒有生死與涅槃可說；因爲生死是依這個眞如心所生的五蘊來說有生死，涅槃是依這個眞如心不再出生五蘊而說涅槃。換句話說，涅槃就是這個眞如心自己的境界。既然這個眞如心從來不改變祂的涅槃性，也從來都存在於一切染淨法中，那麼祂目前在不在你們身上？（有人答：在。）既然在，那你五蘊有沒有生死？有！

可是祂有沒有生死呢？沒有。而你本來就歸屬於祂，本就生存於無生無死的眞如裡面，那不就是「一切有情本來涅槃」嗎？今天可以信我說的這句話了吧？那麼 佛講的「一切有情本來涅槃」，你就能確定而信受奉行了。如今在理上信受了，剩下的是，你要怎麼樣親自證實「**原來我本來就在涅槃中**」？因爲你是住在如來藏心中——你是住在眞如中而附屬於眞如，眞如本來就涅槃，那麼當然你也住在涅槃境界中，無妨示現這個化身五蘊有生死，其實眞正的你卻是眞如，而你的眞如本來就沒有生死，就是涅槃。

當你這麼一講，阿羅漢聽了說：「**這張三菩薩才剛剛開悟，講出這些法來，我怎麼聽不懂？**」阿羅漢聽不懂，有三明六通也是聽不懂。除非你在心裡面說：「**笨蛋！現在這個就是如來藏。**」你就在心裡面講出哪個是如來藏，祂沒有生死，不就是在涅槃中嗎？他就用他心通讀到了你心中所講的，那他也變成菩薩了，不再是阿羅漢了。你如果不這樣想，心裡面沒有喃喃自語，心中都沒有語言文字而住在眞如作意中，他就猜不透了。所以你們如果悟了，遇到鬼神的時候，可別在心裡面喃喃自語地說明眞如心是哪一個，不然你就會洩漏密意，「虧損法事、虧損如來」的重罪可就等著你了；因爲這個密意一旦洩漏到鬼神道去，在鬼神道中有許多事情的流通是很快速的，不必多久，一貫道的點傳師，在鬼神降乩的時候，突然來一個「觀世音菩薩降」，接著就公開講出來：「眞如就是什麼、什麼……。」他們的筆生就把你透露給鬼神的密意寫出來，你就完了，這個「虧損法事、虧損如來」三界最重罪就得要你背負了！懂嗎？千萬要小心呵！好在你們有無相念佛的功夫，這個難不倒你們。

接著依經文中的字句來向大家說明：生死中如是，涅槃中如是，所以生死與涅槃中的眞如，其實就是一切法眞如。因爲當你現前一切法在運作的當下，你的眞如是永遠那樣不變不動；既然是這樣，生死中也是這樣，涅槃中也是這樣，一切法中也是這樣，所以說「生死、涅槃眞如即一切法眞如」。也許有人想：「好極了！那我乾脆把我見、我執斷了，然後我就提前自殺，進入無餘涅槃中，那我不就知道涅槃中的眞如了嗎？」但我告訴你：「你這樣一定找不到涅槃中的眞如，因爲在無餘涅槃中，你已經沒有能證的五蘊了。」沒有能證的五蘊來覺知，就沒有所證的涅槃眞如可證了。所以千萬不要打妄想，禪淨班的老師怎麼教，你就怎麼作；不要自己突發奇想，就趕快依《識蘊眞義》、《阿含正義》努力去觀行，然後斷了我執就去抹脖子、入涅槃。我告訴你，你這樣還是成不了菩薩。不要想說：「我抹了脖子進入無餘涅槃中，就可以知道涅槃中的眞如，然後我再來投胎，我再發菩薩願投胎再來當菩薩。」我告訴你：這樣子作以後，既當不了菩薩，也悟不了般若。所以，一定要依照正確的教導去作，不要自作聰明，否則會耽誤自己。

接下來說：「天王當知，眞如名爲無異、無變、無生、無諍，自性眞實，以無諍故說名眞如。如實知見諸法不生，諸法雖生、眞如不動，**眞如雖生諸法而眞如不生，是名法身**。」佛就向最勝天王開示：「你應該要知道，眞如還有許多的名稱，又叫作無異、無變、無生、無諍，自性眞實，」爲什麼「無異」？因爲一切法即是眞如，都攝在眞如裡面，不能外於眞如。「無變」，是說這個眞如心的自性永遠不會改變；這不是只有在大乘經中才這麼說，四阿含諸經裡面不是也有說阿羅漢證得涅槃以後，是「清涼、眞實、寂滅」，也是「常住不變」嗎？三乘諸經中都是一樣的講法，並沒有矛盾；但那些六識論的法師們讀不懂，就說大、小乘經中 世尊的說法不一樣。其實都一樣，只有深廣淺狹的差別，只是他們都不懂，就誣謗 世尊前後所說不一樣。

「無生」，是眞如「此經」本來就沒有生，不論是誰，都無法往前追溯出眞如出生的時候，所以眞如無生。無生就無滅，因為「此經」眞如永遠無法毀壞，不管誰都毀壞不了眞如。這個眞如心，即使是微小到細菌的眞如，把諸佛的威神之力合為一力，已經是宇宙中最大的威神力，也毀壞不了那隻細菌的眞如；因為三界內外沒有一個法可以毀壞祂，所以說祂無滅。無生無滅即是不生不死，名為涅槃。阿羅漢入涅槃是了掉生死，所以入涅槃叫作不生不滅，也叫作不生不死。不生不死、無生無滅，就是涅槃；因為無餘涅槃中就是這個眞如心獨住的境界，所以涅槃就是講眞如。只有無生無滅而永遠不動的眞如才是眞實無諍之心，因為不論對什麼境界都是如如不動其心，永遠都對六塵中的一切境界無所諍論或爭執。

說祂「自性眞實」，不只是表示祂眞實存在，也是說明祂有功能，這些功能就是祂的功德。祂的功能就叫作能生萬法，所以眞如、涅槃並不是一個想像的東西。如果像釋印順那樣講，說涅槃是不可知、不可證的，他那個法就不是佛法，連羅漢法都不是。佛法不可以講得天華亂墜，結果竟是不可知、不可證的。如果是不可知、不可證，他寫上一萬冊的書籍出來，都還是戲論。

佛法不是玄學，而是義學；義學是表示說它是眞實法，是眞實可證的，是可以由不同的人再三同樣實證的，這樣才有眞實義。如果是不可知、不可證的，那純粹是思想，所以叫作玄學，沒有眞實義存在。玄就是烏漆墨黑，看不見，摸不著，也觸不到，就叫作玄。所以老子講「玄之又玄」，表示他的法是玄學，是一種思想而非眞實可證的義學。《道德經》，我在高中的時候就買了一本；那個時候讀不懂，後來初學佛時拿出來讀，在感覺上它說的好像也是遙不可及的；到後來明心以後，再拿來看，發覺它果然只是玄學。其中說的，大部分是人王之道，倒是世間法中還可以用的；但是只要一談到天界的事，它都涉及不到，更別說是實相或比較淺的解脫道，其中的人王之學倒是世間人可以實用的。

接著說「**自性眞實**」，這是表示什麼？表示眞如心有眞實的體性能生萬法，而且祂的清淨性是永遠不動的、不改變的。因為這樣，所以 佛作一個總結說：「**如實知見諸法不生，諸法雖生、眞如不動，眞如雖生諸法而眞如不生，是名法身。**」像這樣實證的菩薩們都是如實了知、如實親見諸法不生，因為把諸法收歸不生的眞如時，依附於不生的眞如時諸法就是不生的了，因爲這時是以眞如來含攝諸法的，諸法只是在眞如的表面生滅不停，如同鏡中的影像附屬於鏡子時就說不斷生滅的鏡中影像也是不生的了。猶如鏡中的各種影像不斷生起又變異而時時改變，可是鏡子本身卻是不動的；同理，眞如心的表面雖然有諸法不斷地出生，然而眞如自身卻是如如不動的，眞如才是諸法的根源。所以諸法之身，表示說祂是含攝諸法的，諸法都由祂所生，所以都以祂爲所依身，這樣才能稱爲法身。如果諸法不是以祂爲身，而是諸法各自獨立，不歸於祂所含攝，那祂就不能叫作法身。如果諸法不歸於祂，而諸法會自己不斷地起滅，那叫作什麼論呢？正是無因論，就是諸法無因自生、無因自滅。那麼接下來將會變成怎麼樣呢？今天你可以突然間開悟，不必具備什麼條件；而他昨天開悟了，今天醒來可能又變成沒開悟了，因爲諸法可以無因自生自滅。

所以諸法的生與滅都一定有個因，這個因叫作法身；諸法全都以祂爲身，這樣才不會今天我這個覺知心參禪開悟了，明天又突然變成沒有悟的凡夫。如果覺知心不屬於我自己的如來藏，那麼我今晚覺知心因爲睡著而中斷了，明天這個身體中的覺知心並不是從同一個我自己的如來藏中出生的覺知心，那麼明天我將會從昨天的悟者變成爲今天的另一個五陰中的凡夫，因爲覺知心是可以無因而間斷，然後又無因而生起，將不可能是前後同一個五陰所攝的覺知心；那你就不可能眞的開悟了，因爲你昨天悟了，今天早上醒來時又會迷糊無知了。但因爲你的一切諸法事實上都以自己的眞如心作爲所依身，所以永遠有祂的繫屬性；因此你今天悟了，晚上睡熟後覺知心雖然中斷了，但是明天醒來，你還是證悟的人；因爲你是同一個意識心，今天晚上斷了，明天還是在同樣的五色根、同樣的意根、同樣的眞如心中，再度出生的同一個意識心，所以同一世的前後意識覺知心是互相有關聯的。因此，絕對不會悟了以後就不許睡覺，不必害怕眠熟後使離念靈知中斷；所以悟了以後照樣可以呼呼大睡，明天起來照樣還是有開悟的見地。因此說，這個眞如心雖能生諸法，可是祂自己不生；祂自己從來沒有出生過，祂是無始劫以來本來而有。

以前常常有人問：「這個眞如是什麼時候出生的？」但始終沒有答案。佛陀也說祂本來而有，當你證悟祂以後，根本找不到祂有出生的時候。即使諸佛可以追溯到無量萬億恆河沙劫之前，始終都沒有限制，也查不到祂什麼時候出生。因爲眞如心就是諸法的本源，怎麼可能會是有生？若是有生的話，可就天下大亂了。可是明明現在看起來並沒有天下大亂，一切諸法都正常運行。也許有人說：「哪裡沒有大亂？台灣不是政治很亂嗎？」我告訴你，就是亂中有序、因果不昧呀！這並不算亂，因爲這是人間的常事，所以再怎麼亂都不算亂；你要能夠接受這一點，否則你沒有辦法在人間行菩薩道，因爲未來世中還有更亂的時候。所以說「眞如雖生諸法而眞如不生」，這個眞如心第八識就是法身。所以，法身只能夠作一個定義：祂就是諸法所依之身。必須是諸法的根源才能叫作法身，如果不是諸法的本源，全都不能稱爲法身。換句話說，諸地菩薩有五分法身，這個五分法身都要依這個眞實法眞如心才能說有法身。阿羅漢結集四阿含，聽取了大乘經中說的五分法身名相，也存在於原本屬於大乘經而被他們結集成小乘經的文字中；可是他們的五分法身沒有這個眞實身，所以只能夠說他們是方便說法身；所以我常說，阿羅漢的五分法身，有法而無身。他們說的五分法身是從大乘經典裡面聽來的，其實沒有眞的法身。

再來看第三個部分，第八識心體的眞如性，從來都不變異，所以才叫作眞如，因此用眞如來稱呼第八識。可是，有時候般若經中的眞如，不是指第八識心體，而是在指第八識心體顯示出來的眞實、如如的法性，是在指稱祂的眞如性。你們得要善於分別檢擇，不要把它混淆在一起。如果能夠在三惡道中證得眞如，不論他是鬼或畜生，那個有情依舊是賢聖，實相智慧就會跟著生起，因爲眞如沒有變異性的緣故。這表示證得眞如的人，他是證得恆不變異的法性。三界中一切諸法都有變異、都有生滅，但是這個眞如心，卻永遠顯示眞實與如如的法性。所以，能夠證得這個心，而現觀這個心是眞實與如如的法性，他就是親證實相般若的賢聖，不管他示現爲什麼模樣的有情。

如果一個五、六歲的小女孩，她證得這個心而能現觀祂的眞如法性，她就是賢聖。如果是一個九十幾歲老態龍鍾的老人，他已證得這個眞如心，能現觀祂的眞如法性，他也就是賢聖。這個賢聖無關表相，不分男女老少美醜、人或非人、出家或在家。佛法最公平，沒有限制說：「你想要成爲賢聖，一定得要身強力壯，一定得要英俊美麗，一定得要出家。」沒有這個規定。也沒有規定說：「只有人才可以當賢聖。」畜生也可以當賢聖，不信嗎？請問：大樹緊那羅王是人類還是歌神？是歌神，他可是摩訶薩，但他的證境不只是三賢位，而是入地的證境，但他卻示現爲忉利天中領受惡業果報的歌神。同理，如果你養了一條寵物狗，那狗剛好有神通可以跟你溝通；假使你幫牠開悟了，牠也就是賢聖。所以千萬不要在人間隨便亂講說：「末法時代沒有賢聖。」我告訴你：哪一天不曉得你踢了哪一隻狗，牠正好是賢聖。雖然希望很小，那可說不定呵！踢了賢聖一腳，你想想看：那個果報該當如何？你不要說這是個笑話呵！你看佛的本生談，祂往昔還當鹿王、還當畜生時，你能說不是賢聖嗎？祂是乘願去救度眾生的。所以只要能夠證得第八識，現觀祂顯示的眞實性與如如性，你就是證眞如。好，時間到了，這個證眞如，我們下週再來講。

今晚接著從上一回補充資料〈一體同觀分〉理說的第三個部分，繼續再來演說。上回講到最後，我們正要說「證眞如」時，時間就到了。今天就要繼續把證眞如，先跟大家講一下。在佛法中而不是在聲聞法中，也不是在緣覺法中，在眞正修學佛法之中，證眞如是最重要的一件事情。也就是說，要如何才能夠眞的進入大乘佛門中，而不是進入二乘佛門中，那就要先分清楚了。假使眞的進入二乘法中實證了，其實還不是眞的進入佛門；因爲二乘法只是佛法中的副產品，世尊慈悲，先把它拿出來跟大家分享。因爲那個副產品很容易得到，所以先傳給眾生，眾生有了信心，就很容易信受：原來 佛陀講的都是如實可證的法。信心具足了，當然就能夠轉入大乘法中。大乘法才是佛法，因爲只有對大乘法的修證才可以使人成佛。二乘法修到最究竟的極致，就是阿羅漢，就是辟支佛，所以嚴格來說還不是佛法，應該叫作羅漢法或者辟支佛法，不是眞的佛法，是佛法中的副產品。眞的佛法，是可以使人次第成佛的。

我們正覺同修會裡面三個法都有，但是這裡說的既然是《金剛經》的宗通，而這個宗通是通達大乘佛法的宗旨入門，所以它顯然是佛法。佛法眞正的入門是證眞如，要親自證得眞如法性了，才能夠說是佛門中的開悟者。如果沒有證得眞如法性，都不能稱爲佛法中的開悟者。我們弘法十幾年來，一直都如是說，從來都不改變的。不論有沒有人評論我們，永遠都不改變。過去如此，現在如此，未來幾個大劫以後，我們仍然會如此。因爲佛法的證悟，除此一家，別無分號；不管誰去十方世界拜見哪一尊佛，都同樣是這一家，叫作證眞如，沒有別家。當然，我們十幾年來都這樣主張，跟人家講的證離念靈知都不一樣，所以不被人家罵作邪魔外道，那才怪；被錯悟的一群人罵作邪魔跟外道，才是正常的。

什麼叫作證眞如？當然得要去探究一下。換句話說，在佛法中修學，一定是有一個法可以讓你實證，才是義學；佛法不是子虛烏有的假名施設，不是徒有名言施設。祂是眞實存在的法，而這個眞實存在的法，是三界一切諸法的根本，就是眞如心。可是證眞如，卻不在這個法能生萬法上面來現觀，而是要現觀這個法自身是具有眞實性，以及具有如如性的。當你證得某一個法，那個法你把祂叫作心、如來藏、本地風光、本來面目、吹毛劍、石上無根樹；不論你叫祂什麼都可以，你可以給祂無量無數的名稱。

或者有人乾脆說祂叫作「我」。五蘊、十二處、十八界都無我，因為全都無常必滅，所以無我。可是這個法，祂是永遠存在，沒有一法可以滅掉祂，性如金剛，所以稱為金剛心，才是一切有情五陰背後的眞我，祂就可以叫作「我」。你也可以把祂叫作「大梵天」，也可以像婆羅門把祂叫作「祖父」，又像外道所說的「極微、勝性、造物主、大自在天、冥性」；這些外道們所謂一切法的根本，所謂造物主，其實都是這個眞如心；只是他們弄錯了，把別的東西或想像出來的不存在的某一個法，當作是一切法的根本。可是外道們說的那些能生萬有的法，經過檢驗以後，可以證實全都沒有眞如法性。所謂萬法的根本，一切法的本源，阿含說的「諸法本母」，其實祂一定具有眞如性才能夠如此；如果沒有眞如性，就不可能是萬法的根本。

婆羅門稱大自在天是他們的祖父，所以他們遇見了佛陀的時候，知道佛陀的那種表面境界絕對不是一般諸天所能顯示出來的，他就問：「您是不是我的『祖父』？」佛說：「我不是『祖父』。」那婆羅門又問：「您是不是忉利天的天主——釋提桓因？」佛說：「我也不是釋提桓因。」「那您是三禪天、四禪天的天主嗎？」「都不是。」「請問您是誰？」佛陀答覆說：「我是世尊。」爲什麼能夠成爲世尊？這就值得讚歎了！也必須要去鑽研一番。世尊的佛國成就，是靠一切種智，要憑一切種智才能夠四智圓明。那麼一切種智，說穿了就是眞如心體如來藏中所含藏的一切種子的智慧；你親證了如來藏以後，可以觀察如來藏的眞實性與如如性，也漸漸可以觀察如來藏眞如心中的一切種子，當然是證悟者；次第漸修而圓滿了一切種子的智慧，那就是佛陀，這就是成佛之所依。

可是想要成就一切種智，得要先有道種智；因爲已經圓滿了如來藏所含藏一切種子的智慧了，才能叫作一切種智；在諸地還不圓滿的階位中，這個一切種智就叫作道種智，也就是修道位中的一切種智，不是圓滿位。可是若要進入諸地，必須先有證眞如的現觀能力；想要具有這個實相般若的功德，那又從哪裡來？要去證那個眞如法。眞如法證得以後，你可以從這個法上面來觀察：祂是眞實的，不是名言施設；而且祂永遠是如如的，不受任何影響。這樣具備了眞實性與如如性，已經能夠如實現觀了，就合稱爲證眞如——現觀第八識是有眞實性與如如性的法。

婆羅門教講的大自在天，一神教講的造物主，請問他們有沒有眞實性與如如性？我看見大部分人都是搖頭。你們爲什麼搖頭？且先來探探看，他們的大自在天、造物主有沒有眞實性？造物主，你從《舊約聖經》、《新約聖經》去看，所謂的造物主上帝，最多就只是欲界天的境界，根本就沒有超過欲界天。既然如此，他的壽量就是可以輕易記數的；當他壽命終了，終究會死滅；既然會死滅，當然就不是眞實法，就不是永生的了。再來看這個造物主或者大梵天，他是不是永遠對諸法如如？如果是一神教的造物主，你只要把《舊約聖經》、《新約聖經》取來讀讀看，就知道他是常常起瞋的神。他的瞋心很重，甚至起瞋而把異教徒交給他的信徒去殺掉，而不是教導信徒說：「**你要饒恕他、寬恕他。**」他的寬恕是有限制對象的，對自己人可以寬恕，對異教徒則說要「剪除」，是要用剪除的。造物主既然是這樣，可見他不是如如不動的；既非如如不動的，就一定不眞實，一定不是常住法；既非常住法，就不可能出生萬物。

再不然，我們說說台灣大家比較熟悉的一貫道好了。一貫道裡面，他們最近幾年可能沒有繼續這樣講了；早期他們的書都說「**釋迦牟尼佛是老母娘放出去的原人，將來要收歸母娘的理天。**」所以一貫道有三陽期的說法，現在好像是白陽期吧？然後說將來時間到了就要把 釋迦牟尼佛收歸她的理天，因爲他們說 釋迦佛也是老母娘所生的兒子。釋迦佛如果是老母娘生的孩子，將來要收歸老母娘的理天，那麼老母娘是不是應該有眞如性？應該是常住而永不壞滅，應該是對一切法永遠如如不動的，也應該是現前可以實證的，但從一貫道創立至今卻還沒有人實證過。能生萬法的一定是如如不動的，是不是應該如此？是呀！但，問題是老母娘她的壽算也有終了的時候，因為她就算是真的存在，也只是欲界天的天神，她連我見都還沒斷，只是一個凡夫呢！那顯然她還是女性的欲界天神，還是生滅法，那她就沒有真實性。我也要說她：老母娘也是活得無聊，她特地要生了釋迦牟尼佛，生了很多的原人出去流浪，然後再把所有的原人們收回來住在欲界境界中的理天。顯然她在欲界天中活得很無聊，所以要這樣弄一場，才不會覺得太無聊。然而諸位檢視一貫道這種思想，是不是跟上帝創造萬物、創造人類的說法一樣？這其實是從一神教偷竊了上帝創造萬物的思想而套用的。

上帝也是無聊，所以想著沒事可幹，就弄些泥巴，本來山河大地弄好也就算了，他竟然還弄些泥巴捏出個亞當，又想亞當一個人會像自己一樣很無聊，於是又把亞當的肋骨抽一根下來，再把它變成個夏娃來陪亞當。然後，再弄一棵蘋果樹，又說樹上那個蘋果不可以吃。弄個好吃的水果先誘惑人，再告訴亞當他們說：「你們不可以偷吃。」這不是無聊嗎？這亞當、夏娃都是由上帝分靈給他們，上帝再弄個蘋果樹生了蘋果來誘惑他們；明知他們抵抗不了誘惑，等他們吃了蘋果，再把他們趕到伊甸園外去。這不是誘惑自己、處罰自己分出去的靈嗎？豈不是自己跟自己過不去？真是無聊的作法。可是當上帝把亞當、夏娃趕出伊甸園外時，問題來了，伊甸園外有好多眾生本來就存在了，那些眾生是上帝創造的嗎？不是。原來伊甸園外有好多眾生都不是上帝造物主造的，而是造物主造了亞當、夏娃以前就有了。那這個造物主的說法，到底成不成立？

這且不談他，再回來說上帝多麼無聊。然後，亞當、夏娃生了一大堆孩子，一代又一代繼承下來都有吃蘋果的原罪，都是由子女繼承父母的罪。這眞是沒道理，智慧不如上帝的人類所制定的民法中，都規定子女可以拋棄繼承，父母的債務全都可以不要繼承。上帝竟然比人類還要狠毒，竟然要把這種莫須有的原罪由子孫一直繼承下去。這個原罪就這樣一直繁衍擴大，到今天，回教、基督教之間依舊互相殺個沒完沒了；現在那些恐怖行動與反恐行動，不都是這樣來的嗎？所以，我說上帝無聊。然後，上帝分了靈給人類以後，人類造了惡，上帝再把人類判下地獄去受苦，而且是永不超生。那麼請問：「當人類造惡而下地獄受苦時，那本質是誰下地獄受苦？」正是上帝分給人類的靈下去地獄裡受苦，本質正是上帝的靈被自己處罰下去地獄永遠受苦。然後，信徒們如果不像富人一樣（上帝說「富人要生我的國，就像駱駝穿過針眼那麼難」，所以富人不能生到他的天國去，上帝對富人就不肯攝受了，這事就先不談它），肯聽上帝的話，肯救濟貧窮人的好心信徒，將來生到了上帝的天國以後，到他的國裡去可就永遠當他的奴僕；那麼究竟是誰生到上帝的天國裡去享福呢？結論還是上帝自己；因爲那些行善而生天國的人類同樣都是由上帝分靈而出生的。

那你想，上帝是不是無聊？把自己分一部分靈，讓那些分靈一直孳生很多人類造惡，然後再把他們打入地獄，是上帝審判自己的靈下地獄受苦；上帝也分一部分靈給人類，再把那些人們教導好以後，讓他們回到他自己住的天國身邊來享福，一樣是由上帝分靈而生的人類來享受。結果，不論是造惡而下地獄的人類，或是行善而生天國的人類，其實全都是上帝自己的靈，不都是上帝自己嗎？這眞的是無聊嘛！所以，我說上帝無聊。回頭再來看一貫道說「老母娘生一切萬物、生釋迦牟尼佛」這個說法，是不是跟上帝造人一樣？全都一樣是造物主的思想嘛！這個道理都是一樣的，都是分靈出去以後，讓 釋迦佛去人間度眾生，再把祂收回理天來。老母娘創造了很多原人，放出去流轉生死以後再把他們收回來，所以才有三期收圓的說法。這是一貫道早期的說法，現在一貫道可能不敢再這樣講了，那我們就不管它了。

我說明這麼多外道思想的目的，是要讓大家瞭解：凡是眞實存在的，一定具有眞如性。假使沒有眞如性，它就不可能是萬法的根源。如果說，所有人都是上帝所創造，那麼《聖經》裡有許多地方都要先改寫，譬如伊甸園外要改爲沒有人類存在，亞當、夏娃被趕出去以後，伊甸園內也空了；而當時伊甸園外應該只有他們兩個人，不許有別人存在。他們的《聖經》眞的應該先修改這一點，然後再修改後面的一長串矛盾。言歸正傳，不管是耶和華、阿拉、老母娘，他們都不是眞實法，因爲他們都有壽命，他們都是具足五陰，依他們各自的五陰而施設爲神，所以是無常的有情眾生。既然具有五陰，那麼他們全都屬於五陰所攝的生滅法，當然就不是眞實法，不是眞如，就是有諍而非「無諍」了。既不是眞實法，而且常常起心動念：「**我這個放出去的人輪迴多久了？我什麼時候該把他收回來？**」是不是要起心動念？要！既然會起心動念，就不叫作如如不動了；不是眞如，就不可能是萬法的根源。

佛陀來人間也示現五蘊，可是佛陀的五蘊是用來作爲一個工具，用來告訴大家說：「**所有的人都有這麼一個如如不動的法，都是眞實而如如的法**

性。」佛陀來人間的唯一大事因緣，就是這一件事情，在告訴大家：「有這麼一個眞實如如的心，而這個心可以現起佛性來利樂一切眾生。」這個就是佛陀示現到人間來的唯一大事因緣。佛陀告訴我們的那個心就是第八識，這個識名爲如來藏，祂是眞實存在；只要你悟了祂，就生起實相般若；每一個人只要眞的開悟了，所悟皆同，都是同樣這個心。各人都有這個心，而這個心，你找不到一個方法可以把祂破壞，所以祂叫作眞實心；而且祂有眞實的自性，祂可以入母胎出生你的五陰，所以祂不是名言施設，不是假名施設。既然不是名言施設，就不能叫作性空唯名，所以祂有眞實性。祂雖然出生了五陰，可是祂在配合五陰、支持五陰的所有過程當中，祂自己卻永遠都是如如不動的，無始劫以來就是如此。所以把祂的眞實與如如二種法性合併起來，就叫作「眞如」。

一神教的教義，經過馬丁路德時代前的改革，稱爲三位一體，開始叫作聖靈、聖父、聖子，已經不是最早期的上帝一元論了。爲什麼要這樣改革？因爲他們或許發覺：「佛法講得妙，我們基督教沒有辦法相提並論。」所以必須要改革，因此他們就開始自我提升了。將來也許他們也說：「我們也有證眞如。」我們就恭喜他說：「恭喜你，原來你們也知道自己有眞如。然而問題是，你的眞如在哪裡？而你的上帝證了眞如沒有？」可就要問這一點了。將來一貫道也一定要改革，若不改革就沒有辦法在有佛法弘傳的地區好好的生存，將會開始成爲苟延殘喘的狀態，所以當然要改革。可是該怎麼改？只好跟進說：「我們也有眞如，也有佛性。」問題是：「你們老母娘有沒有證得眞如？有沒有眼見佛性？」如果老母娘眞的有證得眞如，還有眼見佛性了，正好來當我的徒弟，跟我修學一切種智。問題是，老母娘從來都沒有證眞如，也沒有看見佛性；如果他們站出來說：「有，我們老母娘確實有證。」「那麼請你證明給我看看，你們老母娘什麼時候講過眞如？眞如自性講得對不對？曾經在什麼處講過？佛性，她是怎麼見的？她見的狀況怎麼樣？老母娘何時眼見佛性而開示過？」他們能舉證得出來嗎？沒辦法！所以我說，眞實的佛法，只有眞正的佛門中才有。

當然，一貫道有一句話也講得不錯；我們也不能推翻它，因爲事實也是那樣；他們有一句話，叫作「道降火宅」。不過，我卻說：「那句話只講對一半。」火宅，就是說宅子裡面每天要生火，生火幹什麼呢？因爲要煮飯、炒菜呀！如果佛門出家人今天依舊如同古天竺一般是托鉢乞食的，道場裡都是不生火炊煮的，那就不叫作火宅；可是現在的寺院中也生火煮飯燒菜呢，算不算是火宅？所以「道降火宅」，一貫道是只講對一半，因爲眞正佛法，在家人、出家人都可以證，所以佛道也降在火宅中。但是在出家人所住的寺院雖然不稱爲火宅，如果他們證悟底因緣成熟了，一樣可以實證，哪裡一定只降在火宅中呢？但是二乘法之道，在像法時期大部分是出家人在證，原則上是這樣；到了末法時期，雖然是在家人證的比較多，但是出家人得證的因緣成熟時，也一樣可以實證；所以我說，一貫道這話只講對了一半。但因爲大乘菩薩中，本來就是在家人佔大多數，他們不能因此就否定出家的菩薩們，說他們不可能證得佛菩提道。因爲我兩千多年來也大多出家，很少在家；我上一輩子在江蘇才開始改爲在家相，那麼到底他們「道降火宅」講得對不對？這顯然不對嘛！所以證眞如這個法，你只能夠說，在眞正的佛門中才有，在二乘門中就沒有。你要是眞的在二乘法中詢問，想要看看有誰證眞如？你還眞找不到。不論是從文獻上，或者實際的狀況上，都是如此。

現在，還常常有六識論者說：「南洋有阿羅漢。」可是，那些所謂阿羅漢們弘揚佛法的法義根據，以及所修學的佛法根據，都是根據什麼呢？他們五百年來都是根據覺音論師所寫的《清淨道論》。而他的《清淨道論》，你如果詳細把它讀完，就會發覺：其實覺音論師還沒有斷我見。他既然還沒有斷我見，是連聲聞初果都還沒有實證的凡夫，那你說，五百多年來跟著他寫的論著學習下來的所謂阿羅漢，會是眞的阿羅漢嗎？眞正的阿羅漢會瞧不出覺音論師還沒有斷三縛結嗎？顯然現代南洋那些所謂的阿羅漢們，是連聲聞初果都證不到。要是有人不信，可以回去把覺音論師那三巨冊的論著好好去讀，看有哪個地方，你可以證明他是斷了我見的？你找不到一個地方可以證明他是斷了我見的，因爲他還是落在意識上面，專門教人在我所上面努力，這已足夠證明他還是凡夫；那麼顯然他們也都還沒有證眞如，因爲證眞如的人一定不可能還有我見繼續留存著。所以證眞如，是只有在大乘中才有，也是眞正的佛門中才有，在二乘門中沒有。

現在我講了一大堆，說你要證得一個法而可以現前觀察那個法：祂是眞實與如如的，永遠是如，不是只有打坐一念不生之時才如。打坐的時候一念不生時，假使有人拿了支雞毛、鴨毛或者一根草，把他鼻子搔一搔、耳朵搔一搔，你再看他如不如？他一定不如。可是，大家要知道呵！當他不如的時候，他自己的第八識金剛心還是如，永遠是如。這樣實證了，可以這樣現觀了，才叫作證眞如。像這樣的證眞如，只有大乘法中才有。可是這個證眞如，是證得什麼才叫作證眞如？是因爲你證得你的第八識，也就是阿含講的入胎識、本識。這個眞實存在的第八識，阿含裡面又講祂是「諸法本母」，是說一切諸法以祂爲本、以祂爲母，因爲一切諸法都從祂而生。不論你想到什麼法，都是從祂而來；甚至會想的這個你，也都是從祂而來，所以 世尊說祂叫作「諸法本母」。這個法出生了意根、出生了五色根、出生了六塵、出生了六識，所以阿含才會講外六入、內六入、十八界。所以有情無始以來，一世又一世地改換五陰，每一世的五陰所接觸的六塵都是由祂生的，因爲有情的覺知心所接觸到的六塵都是內六入，是十八界裡的六塵而非外六塵。所以證眞如時，一定是有一個法可以讓你去觀察祂，證明祂永遠是眞實性、永遠是如如性。當你能夠觀察那個法是眞如法性的時候，你就是證眞如的大乘賢聖了。

接著，就要探問：「到底哪一個法，有眞實性與如如性呢？」答案就是阿賴耶識，又名如來藏，佛地改名爲無垢識，在這部《金剛經》中又說爲「此經」。在《楞嚴經》中提示我們要檢查所證的眞心時說：「因地心與果地覺，爲同爲異？」所有證悟實相的人都必須要先探究這一點：「你在因地所證悟的這個因地眞心，跟將來成佛時的果地覺悟的眞心，是不是同一個心？」這才是最重要的檢驗基準。將來成佛一定是憑第八識如來藏無垢識，而現在因地所開悟的如果是悟得意識心——第六識離念靈知；那麼因地心與果地覺，顯然不是同一個心，這樣子繼續修行下去，就叫作心地不直、心地迂曲，將來就無法成佛了。

所以證眞如的基礎，就是找到你自己的常住不壞心，也就是阿含講的「諸法本母」。能夠出生你的五陰，也能夠出生你所見的六塵相分，這個心才是諸法本母。當祂被你找到了，你一把抓住祂了，你說：「我就來觀察看看，你是不是眞的有眞實性？」你就開始推究，開始觀察這個心：昨天如何、今天如何，去年如何、今年如何，年輕時如何、現在如何，少年時如何、現在年長時如何，剛出生的時候如何、現在又如何。你可以一直把祂觀察，再繼續往前觀察，一直向過去加以推究：那我這一世五陰出生的時候祂如何？在此之前處於母胎之中祂又如何？也許你說：「在母胎中，我什麼都不懂，你叫我推究個什麼？」那沒關係！現量上面若是不行，用比量推究也可以呀！結果你一定會發覺：「原來現在我的五陰七老八十了，祂是這個樣子；當年處於母胎中時，祂也還是那個老樣子。」然後，就可以用這個比量繼續往前推究了：過去世是否也如此？無量劫前是否也如此？你想要推究到祂是什麼時候出生的，永遠都推究不到，因爲祂是本來而有，也沒有任何一個法能出生祂，而祂也不必藉緣而有。這樣子，「此經」如來藏的眞實性，你就現觀成功了。

然後，你再來找找看，你有沒有辦法想出一個方法把祂滅掉？你將會發覺，根本找不到一個方法可以滅掉祂。你說：「那也許是我笨，所以我沒有辦法找到一個方法滅掉祂，也許佛陀有辦法滅祂，可是佛陀二千五百年前就不在人間了，我哪裡問去？」那我就告訴你，還有個辦法，可以擲筊杯呀！這也可以嘛！神都可以跟你應杯了，那佛陀的威神之力難道辦不到嗎？當然也可以呀！你就問問看：「有沒有辦法把祂滅掉？」答案永遠都是「沒有」，因爲祂是連諸佛都無法滅掉祂。那麼，祂具有這樣的金剛不壞性，當然應該是眞實法啦！當你一把抓住了祂以後，你就抓著祂去觀察是不是如此，最後你只好證明確實是如此。

然後，你再來觀察：「一切時中，祂是否永遠如如？永遠不動心？」如果要激烈一點的話，找個人來當面羞辱自己也可以，叫別人在大庭廣眾中羞辱自己，結果自己已經氣呼呼地，一面生氣一面觀察看看：你抓住了祂觀察祂時，祂會不會生氣？你發覺祂根本不會生氣。也可以考驗看看：祂會不會起貪？結論也是不會。再觀察看看，祂會不會有無明？祂也不會有無明，因爲祂不曾住在明或無明裡面。當你開悟了，很有智慧，你再來看看祂有沒有智慧？祂也沒有智慧，但祂也沒有無明。由此你就可以知道，祂一定是如如不動的。有智慧的心，多少都會生氣，越聰明的人越會生氣。佛法中越有智慧的、修行越好的人，越不會發脾氣，可是生氣的習氣還是會有呀！阿羅漢都還會發脾氣，等覺菩薩雖然已斷盡瞋習，但爲了對方的道業著想，有時候還會訓人呢！那十大弟子不都被 維摩詰大士教訓了嗎？那你看看，他的如來藏以及你自己底如來藏，會不會有一點點的瞋？你會發覺絲毫都沒有。

你找到了這個心，發覺祂確實是具足眞如法性了，你就有智慧可以檢查所有三界一切的有情。哪一天，也許你打坐的時候耶和華來了，你就考驗他，你可以直呼其名：「耶和華！你說你創造一切物，我請問你，你眞的創造了嗎？」那時候，他就支支吾吾不敢答你了；因爲沒有人敢這樣質疑他，只有你敢，但他也知道自己其實沒有創造萬物。他如果說：「有呀！我有創造呀！」你就說：「請問，你創造哪一個？」他說：「亞當，夏娃。」你就告訴他：「你別打誑語，你打了誑語有因果呵！亞當、夏娃如果是你創造的；來！你現前再創造一個給我看。」他只好承認他沒有創造亞當與夏娃。如果他堅持說有，你就問他：「耶和華！創造亞當與夏娃的，跟創造你這個五陰的，是同一個，你知道是哪個嗎？」他只好搔腦袋，因爲弄不清楚了，因爲他自己也不知道。

所以你只要證了眞如，不論是誰來，不管是哪個天神、哪個天主來，鬼神也一樣；不管是誰來了，如果他們有誰宣稱是造物主，那就是有證眞如了，你就問他們：「你是眞如，你是常住的；請問，你能生一切法嗎？你一直都是如如不動的嗎？」他說：「對呀！我是如如不動的。」好啦！因爲他們畢竟在人們心中是有些地位的，你稍微尊重他一點，這回就不給他五爪金龍了，你就說：「我一直在問你話，你也一直在答我話，請問你，覺知心有沒有動了？」這一下，他的嘴巴就掛到壁上去了，他臉上那個嘴巴已經不屬於他所有了，沒辦法用了；因為既然懂得答話，就表示心有動了嘛！心動了就不是真如了，這還能狡辯嗎？不行呀！所以，你就指著他的鼻頭罵：「你這個說謊者！」因為他真的說謊了。

所以說證真如，不是外道法中有，也不是二乘法中有，只有大乘菩薩才有，這才是真正的佛子。那麼證得真如，就是大乘法中的賢聖了，他就不再是二乘法中的賢聖了。所以，須菩提、阿難尊者這些聲聞聖者，他們後來都成為大乘法中的賢聖；只是成為大乘法的賢聖以後，在 文殊、普賢面前，在 觀音、勢至面前，在 維摩詰面前時，都還是沒有開口的餘地，因為一時之間還沒有無生法忍。後來有無生法忍了，好比阿難尊者等人都是迴心大乘的菩薩了，結果還是要靠 文殊、普賢幫忙憶起往世的修證。請問諸位：文殊、普賢，你們曾經看過誰畫 文殊、普賢是剃了光頭、穿袈裟嗎？都沒有！可是，我告訴諸位，他們都是真正的出家菩薩，他們都不是在家菩薩。頭戴寶冠、胸佩瓔珞，雖然沒有戴手環，但是有臂釧，還穿著很華麗的衣服，可是他們都是出家菩薩。他們都不受聲聞戒，但是結夏安居時，他們還得要跟著結夏安居。

當然，如果有特殊的事情，等覺菩薩也會在外面到處去，他不一定會結夏安居；沒事情時他也會跟著大眾結夏安居，所以才會有一個很有名的典故。有一次，結夏安居三個月之中，文殊菩薩三個月都在波斯匿王王宮等三個地方住，在跟那些宮女們說法。等到解夏時，文殊菩薩回來道場中，聲聞聖者大迦葉聽說他三個月都跟宮女們在一起，於是拿了雲板想要集合大眾，想要把文殊菩薩趕出道場去，他指責 文殊菩薩：**「你為什麼沒有結夏安居？跑到皇宮去跟宮女們住在一起，我要把你趕出僧團去！」**因為在聲聞法中，沒有結夏安居是重罪，何況 文殊還跟宮女們在一起。可是他不曉得大菩薩們是十方世界到處去的，根本不受這個聲聞法所拘束的；沒事時就跟你一樣結夏安居，有事時就不跟你結夏安居，而是弘法利生比較重要。當大迦葉舉起木槌想要打雲板集眾時，文殊突然化現出來千百億文殊，這時可弄不清楚誰才是本尊，糟了！現在迦葉尊者不曉得要趕出哪一個 文殊菩薩了，這才知道菩薩的證境不是他所能想像的。這時 佛陀就問他：**「汝欲擯出哪個文殊？」**於是大迦葉那個木槌就只好停留在空中，沒辦法打下去了。

所以，證眞如這個法，是只有菩薩才有的，二乘法中是沒有的；除非他們後來迴小向大，在大乘法中修學實證了。因此，證得眞如，依《菩薩瓔珞本業經》所說，在有善知識攝護而不退失的情況下，才能出到第七住位而不退失。可是如果在沒有善知識攝護的情況下，將無法出到第七住，還會停留在第六住位中，常常在那邊懸疑，心裡面老是掛著疑問在那邊：「這是眞的嗎？」老是疑，所以證眞如而且不退失，這眞的不容易。因此，那些初學人常常講：「你們正覺何必要評論別人呢？大家一樣是學佛嘛！」然而那只是他自以爲學佛，我卻認爲他們都不是學佛。他們都是在學羅漢而不是學佛，因爲他們一天到晚講的都是聲聞法中的四聖諦、八正道、十二因緣，都是在講那些二乘菩提，講來講去都是在聲聞解脫道的範圍裡，跟大乘法中的四聖諦、八正道、十二因緣都無關，也跟證眞如而發起實相般若完全無關，那怎麼能叫作學佛？我們要顯示學佛與學羅漢的不同，當然我就要將這二個法的差異加以說明，不然大家怎麼會瞭解說：原來學佛與學羅漢不一樣。所以他們不該說我是在評論別人，我只是依據三乘菩提的法義如實演述，讓大家區別出其中的相同與相異處罷了。而他們幾十年來都是把學羅漢當作學佛，偏偏又把羅漢法給誤會了，教導給眾生又不是眞正的羅漢法而成爲常見外道法了，你說嚴重不嚴重？今天講了這麼一席話，諸位就瞭解了。這個「證眞如」三個字，還講了快一個鐘頭了。

聽過今天這一席話，諸位就瞭解什麼叫作證眞如。你已經知道說，我一定是證得一個心，這個心不屬於意根，也不屬於識陰等六識，而是能夠出生識陰、出生六根、出生六塵、出生我們五陰的心；這個心是眞實的，永遠眞實也永遠如如；現在如如，過去如如，未來無量劫以後還是如如。證得這個心，現前觀察、現前檢驗，祂確實是如此眞實與如如，那就是證眞如了。如果你承擔下來而不退失了，你就是三賢位中的第七住位菩薩，這就是不退位的菩薩。在六住位前都只能熏習，還不能實證；而你實證並且不退失了，能夠如實現觀而心中無疑了，智慧跟著生起了，這樣就是證眞如了。

所以，假使過去曾經有人發了大願，因爲過去某一個特殊的因緣，所以他發願受生去畜生道，要去救護他原來的法眷屬，想要救他們回到人間，那他就去受生當狗或者其他的畜生類，當什麼都可能。他當了狗以後，自我觀察有沒有眞如呢？還是有。所以在法界中，這種情況是不能排除的；因此在屋外，特別是在野外的那一些動物，你千萬要尊敬一點。萬一某一群狗，剛好其中有一隻狗王，如果那條狗王剛好是菩薩發大願去當的；這種狗王一定不會隨意吠人、咬人的，你如果踢了牠一腳，可要小心以後的果報了。這可是眞的，不是隨便講的。那些流浪狗，你可千萬不要隨便打，因爲打了、踢了以後，有可能後果將會很嚴重；因爲這個眞如法性，假使牠是悟後已經修得宿命通再往生去救護墮落狗道中的法眷屬，牠這個智慧一定還會繼續存在。如果牠是可以跟你溝通的，雖然牠不能用語言來講，但是可以用肢體語言來溝通，那你就要小心，這條狗不能隨便打。除非牠很笨，你告訴牠過來吃飯，牠都聽不懂，又不乖，那你盡可以打得，只是有傷慈悲而已。

這意思就是說，證眞如者就是賢聖，不管他現爲狗身、蛇身、人身、天身，全都一樣，就是賢聖。如果不證眞如，最多是二乘法中的聖人；但是二乘法中的聖人來到大乘法中就不算聖人了，最多只有在三賢位的六住位。如果身爲六欲天或者四禪天的天主，他們如果還沒有證眞如，雖然在三界中的身世顯赫、威德廣大，其實依舊是個凡夫。所以我們說法時，可以就事論事，說那些不是由菩薩去當的諸天天主都是凡夫，講了都沒關係；但那些凡夫天主如果敢說蕭平實是凡夫，他們將來就會有不可愛的果報了，問題就在是否已經證眞如，是否已經有道種智。這就是說，證眞如時一定是有一個法，可以讓你現前觀察祂是眞實與如如的；而且這個眞實與如如，是永遠都眞實與如如；不是打坐的時候才眞實、如如，下座了就沒有眞實與如如。這個眞實與如如是不變異性的，只有永遠都不變異性的眞如，你才可以說是證眞如了。如果所證的眞如是會變異的，有時不眞、有時不如，就不是眞的證眞如。正因爲這個緣故，所以禪宗祖師常常會說：「你證得眞如沒有？」用這個證眞如來代表說：你有沒有證得本地風光，有沒有證得眞心、本來面目。所以禪門裡面，有時候他是用眞如來講第八識。現在我們再來看看教門裡面又怎麼說，剛剛講的都是從理證上來說的，現在就從教證上來講：

（未完，詳續第六輯。）

佛菩提二主要道次第概要表——二道並修，以外無別佛法

佛菩提道——大菩提道

遠波羅蜜多

資糧位

十信位修集信心——一劫乃至一萬劫

初住位修集布施功德（以財施爲主）。

二住位修集持戒功德。

三住位修集忍辱功德。

四住位修集精進功德。

五住位修集禪定功德。

六住位修集般若功德（熏習般若中觀及斷我見，加行位也）。

外門廣修六度萬行

見道位

七住位明心般若正觀現前，親證本來自性清淨涅槃。

八住位於一切法現觀般若中道。漸除性障。

十住位眼見佛性，世界如幻觀成就。

一至十行位，於廣行六度萬行中，依般若中道慧，現觀陰處界猶如陽焰，至第十行滿心位，陽焰觀成就。

一至十迴向位熏習一切種智；修除性障，唯留最後一分思惑不斷。第十迴向滿心位成就菩薩道如夢觀。

內門廣修六度萬行

初地：第十迴向位滿心時，成就道種智一分（八識心王一一親證後，領受五法、三自性、七種第一義、七種性自性、二種無我法）復由勇發十無盡願，成通達位菩薩。復又永伏性障而不具斷，能證慧解脫而不取證，由大願故留惑潤生。此地主修法施波羅蜜多及百法明門。證「猶如鏡像」現觀，故滿初地心。

二地：初地功德滿足以後，再成就道種智一分而入二地；主修戒波羅蜜多及一切種智。滿心位成就「猶如光影」現觀，戒行自然清淨。

解脫道：二乘菩提

→ 斷三縛結，成初果解脫

→ 薄貪瞋癡，成二果解脫

→ 斷五下分結，成三果解脫

入地前的四加行令煩惱障現行悉斷，成四果解脫，留惑潤生。分段生死已斷，煩惱障習氣種子開始斷除，兼斷無始無明上煩惱。

近波羅蜜多　　大波羅蜜多　　圓滿波羅蜜多

修道位　　究竟位

心、五神通。能成就俱解脫果而不取證，留惑潤生。滿心位成就「猶如谷響」現觀及無漏妙定意生身。

四地：由三地再證道種智一分故入四地。主修精進波羅蜜多，於此土及他方世界廣度有緣，無有疲倦。進修一切種智，滿心位成就「如水中月」現觀。

五地：由四地再證道種智一分故入五地。主修禪定波羅蜜多及一切種智，斷除下乘涅槃貪。滿心位成就「變化所成」現觀。

六地：由五地再證道種智一分故入六地。此地主修般若波羅蜜多——依道種智現觀十二因緣一一有支及意生身化身，皆自心眞如變化所現，「非有似有」，成就細相觀，不由加行而自然證得滅盡定，成俱解脫大乘無學。

七地：由六地「非有似有」現觀，再證道種智一分故入七地。此地主修一切種智及方便波羅蜜多，由重觀十二有支一一支中之流轉門及還滅門一切細相，成就方便善巧，念念隨入滅盡定。滿心位證得「如犍闥婆城」現觀。

八地：由七地極細相觀成就故再證道種智一分而入八地。此地主修一切種智及願波羅蜜多。至滿心位純無相觀任運恆起，故於相土自在，滿心位復證「如實覺知諸法相意生身」故。

九地：由八地再證道種智一分故入九地。主修力波羅蜜多及一切種智，成就四無礙，滿心位證得「種類俱生無行作意生身」。

十地：由九地再證道種智一分故入此地。此地主修一切種智——智波羅蜜多。滿心位起大法智雲，及現起大法智雲所含藏種種功德，成受職菩薩。

等覺：由十地道種智成就故入此地。此地應修一切種智，圓滿等覺地無生法忍；於百劫中修集極廣大福德，以之圓滿三十二大人相及無量隨形好。

妙覺：示現受生人間已斷盡煩惱障一切習氣種子，並斷盡所知障一切隨眠，永斷變易生死無明，成就大般涅槃，四智圓明。人間捨壽後，報身常住色究竟天利樂十方地上菩薩；以諸化身利樂有情，永無盡期，成就究竟佛道。

→ 七地滿心斷除故意保留之最後一分思惑時，煩惱障所攝色、受、想三陰有漏習氣種子全部斷盡。

煩惱障所攝行、識二陰無漏習氣種子任運漸斷，所知障所攝上煩惱任運漸斷。 → 斷盡變易生死成就大般涅槃

圓滿成就究竟佛果

佛子蕭平實　謹製
（二〇〇九、〇二　修訂）
（二〇一二、〇二　增補）

佛教正覺同修會〈修學佛道次第表〉

第一階段

* 以憶佛及拜佛方式修習動中定力。
* 學第一義佛法及禪法知見。
* 無相拜佛功夫成就。
* 具備一念相續功夫—動靜中皆能看話頭。
* 努力培植福德資糧，勤修三福淨業。

第二階段

* 參話頭，參公案。
* 開悟明心，一片悟境。
* 鍛鍊功夫求見佛性。
* 眼見佛性〈餘五根亦如是〉親見世界如幻，成就如幻觀。
* 學習禪門差別智。
* 深入第一義經典。
* 修除性障及隨分修學禪定。
* 修證十行位陽焰觀。

第三階段

* 學一切種智真實正理—楞伽經、解深密經、成唯識論…。
* 參究末後句。
* 解悟末後句。
* 透牢關—親自體驗所悟末後句境界，親見實相，無得無失。
* 救護一切衆生迴向正道。護持了義正法，修證十迴向位如夢觀。
* 發十無盡願，修習百法明門，親證猶如鏡像現觀。
* 修除五蓋，發起禪定。持一切善法戒。親證猶如光影現觀。
* 進修四禪八定、四無量心、五神通。進修大乘種智，求證猶如谷響現觀。

佛教正覺同修會 共修現況 及 招生公告 2016/1/16

一、共修現況：（請在共修時間來電，以免無人接聽。）

台北正覺講堂 103 台北市承德路三段 277 號九樓 捷運淡水線圓山站旁

Tel..總機 02-25957295（晚上）（分機：九樓辦公室 10、11；知客櫃檯 12、13。 十樓知客櫃檯 15、16；書局櫃檯 14。 五樓辦公室 18；知客櫃檯 19。二樓辦公室 20；知客櫃檯 21。）

Fax..25954493

第一講堂 台北市承德路三段 277 號九樓

禪淨班：週一晚上班、週三晚上班、週四晚上班、週五晚上班、週六下午班、週六上午班（皆須報名建立學籍後始可參加共修，欲報名者詳見本公告末頁）

增上班：**瑜伽師地論詳解**：每月第一、三、五週之週末 17.50～20.50 平實導師講解（僅限已明心之會員參加）

禪門差別智：每月第一週日全天 平實導師主講（事冗暫停）。

佛藏經詳解 平實導師主講。已於 2013/12/17 開講，歡迎已發成佛大願的菩薩種性學人，攜眷共同參與此殊勝法會聽講。詳解 釋迦世尊於《佛藏經》中所開示的眞實義理，更爲今時後世佛子四眾，闡述佛陀演說此經的本懷。眞實尋求佛菩提道的有緣佛子，親承聽聞如是勝妙開示，當能如實理解經中義理，亦能了知於大乘法中：如何是諸法實相？善知識、惡知識要如何簡擇？如何才是清淨持戒？如何才能清淨說法？於此末法之世，眾生五濁益重，不知佛、不解法、不識僧，唯見表相，不信眞實，貪著五欲，諸方大師不淨說法，各各將導大量徒眾趣入三塗，如是師徒俱堪憐憫。是故，平實導師以大慈悲心，用淺白易懂之語句，佐以實例、譬喻而爲演說，普令聞者易解佛意，皆得契入佛法正道，如實了知佛法大藏。

此經中，對於實相念佛多所著墨，亦指出念佛要點：以實相爲依，念佛者應依止淨戒、依止清淨僧寶，捨離違犯重戒之師僧，應受學清淨之法，遠離邪見。本經是現代佛門大法師所厭惡之經典：一者由於大法師們已全都落入意識境界而無法親證實相，故於此經中所說實相全無所知，都不樂有人聞此經名，以免讀後提出問疑時無法回答；二者現代大乘佛法地區，已經普被藏密喇嘛教滲透，許多有名之大法師們大多已曾或繼續在修練雙身法，都已失去聲聞戒體及菩薩戒體，成爲地獄種姓人，已非眞正出家之人，本質只是身著僧衣而住在寺院中的世俗人。這些人對於此經都是讀不懂的，也是極爲厭惡的；他們尚不樂見此經之印行，何況流通與講解？今爲救護廣大學佛人，兼欲護持佛教血脈永續常傳，特選此經宣講之。每逢週二 18.50~20.50 開示，不限制聽講資格。會外人士需憑身分證件換證入內聽講（此是大樓管理處之安全規定，敬請見諒）。桃園、台中、台南、高雄等地講堂，亦於每週二晚上播放平實導師所講本經之 DVD，不必出示身分證件即可入內聽講，歡迎各地善信同霑法益。

第二講堂　台北市承德路三段 267 號十樓。

禪淨班：週一晚上班、週六下午班。

進階班：週三晚上班、週四晚上班、週五晚上班（禪淨班結業後轉入共修）。

佛藏經詳解：平實導師講解。每週二 18.50~20.50（影像音聲即時傳輸）。本會學員憑上課證進入聽講，會外學人請以身分證件換證進入聽講（此爲大樓管理處安全管理規定之要求，敬請諒解）。

第三講堂　台北市承德路三段 277 號五樓。

進階班：週一晚上班、週三晚上班、週四晚上班、週五晚上班。

佛藏經詳解：平實導師講解。每週二 18.50~20.50（影像音聲即時傳輸）。本會學員憑上課證進入聽講，會外學人請以身分證件換證進入聽講（此爲大樓管理處安全管理規定之要求，敬請諒解）。

第四講堂　台北市承德路三段 267 號二樓。

進階班：週一晚上班、週三晚上班、週四晚上班、週五晚上班（禪淨班結業後轉入共修）。

佛藏經詳解：平實導師講解。每週二 18.50~20.50（影像音聲即時傳輸）。本會學員憑上課證進入聽講，會外學人請以身分證件換證進入聽講（此爲大樓管理處安全管理規定之要求，敬請諒解）。

第五、第六講堂　爲**開放式講堂**，不需以身分證件換證即可進入聽講，台北市承德路三段 267 號地下一樓、地下二樓。已規劃整修完成，每逢週二晚上講經時段開放給會外人士自由聽經，請由大樓側面梯階逕行進入聽講。**聽講者請尊重講者的著作權及肖像權，請勿錄音錄影，以免違法；若有錄音錄影被查獲者，將依法處理。**

正覺祖師堂　大溪鎮美華里信義路 650 巷坑底 5 之 6 號（台 3 號省道 34 公里處　妙法寺對面斜坡道進入）電話 03-3886110　傳眞 03-3881692 本堂供奉　克勤圓悟大師，專供會員每年四月、十月各二次精進禪三共修，兼作本會出家菩薩掛單常住之用。除禪三時間以外，每逢單月第一週之週日 9:00~17:00 開放會內、外人士參訪，當天並提供午齋結緣。教內共修團體或道場，得另申請其餘時間作團體參訪，務請事先與常住確定日期，以便安排常住菩薩接引導覽，亦免妨礙常住菩薩之日常作息及修行。

桃園正覺講堂（第一、第二講堂）：桃園市介壽路 286、288 號 10 樓（陽明運動公園對面）電話：03-3749363（請於共修時聯繫，或與台北聯繫）

禪淨班：週一晚上班、週三晚上班、週四晚上班、週五晚上班。

進階班：週六上午班、週五晚上班。

佛藏經詳解：平實導師講解。每週二晚上，以台北正覺講堂所錄 DVD 放映；歡迎會外學人共同聽講，不需出示身分證件。

新竹正覺講堂 新竹市東光路 55 號二樓之一　電話 03-5724297（晚上）

第一講堂：

禪淨班：週一晚上班、週五晚上班、週六上午班。

進階班：週三晚上班、週四晚上班（由禪淨班結業後轉入共修）。

佛藏經詳解：平實導師講解。每週二晚上，以台北正覺講堂所錄 DVD 放映。歡迎會外學人共同聽講，不需出示身分證件。

第二講堂：

禪淨班：週三晚上班、週四晚上班。

佛藏經詳解：每週二晚上與第一講堂同時播放佛藏經詳解 DVD。

台中正覺講堂 04-23816090（晚上）

第一講堂 台中市南屯區五權西路二段 666 號 13 樓之四（國泰世華銀行樓上。鄰近縣市經第一高速公路前來者，由五權西路交流道可以快速到達，大樓旁有停車場，對面有素食館）。

禪淨班：週三晚上班、週四晚上班。

進階班：週一晚上班、週六上午班（由禪淨班結業後轉入共修）。

增上班：單週週末以台北增上班課程錄成 DVD 放映之，限已明心之會員參加。

佛藏經詳解：平實導師講解。每週二晚上，以台北正覺講堂所錄 DVD 放映。歡迎會外學人共同聽講，不需出示身分證件。

第二講堂 台中市南屯區五權西路二段 666 號 4 樓

禪淨班：週一晚上班、週三晚上班、週六上午班。

進階班：週五晚上班（由禪淨班結業後轉入共修）。

佛藏經詳解：每週二晚上與第一講堂同時播放佛藏經詳解 DVD。

第三講堂、第四講堂：台中市南屯區五權西路二段 666 號 4 樓。

嘉義正覺講堂 嘉義市友愛路 288 號八樓之一　電話：05-2318228

第一講堂：

禪淨班：週一晚上班、週四晚上班、週五晚上班。

進階班：週三晚上班（由禪淨班結業後轉入共修）。

佛藏經詳解：平實導師講解。每週二晚上，以台北正覺講堂所錄 DVD 放映。歡迎會外學人共同聽講，不需出示身分證件。

第二講堂 嘉義市友愛路 288 號八樓之二。

台南正覺講堂

第一講堂 台南市西門路四段 15 號 4 樓。06-2820541（晚上）

禪淨班：週一晚上班、週三晚上班、週四晚上班、週五晚上班、週六下午班。

增上班：單週週末下午，以台北增上班課程錄成 DVD 放映之，限已明心之會員參加。

佛藏經詳解：平實導師講解。每週二晚上，以台北正覺講堂所錄 DVD 放映。歡迎會外學人共同聽講，不需出示身分證件。

第二講堂　台南市西門路四段 15 號 3 樓。

佛藏經詳解：每週二晚上與第一講堂同時播放佛藏經詳解 DVD。

第三講堂　台南市西門路四段 15 號 3 樓。

進階班：週三晚上班、週四晚上班、週六上午班（由禪淨班結業後轉入共修）。

佛藏經詳解：每週二晚上與第一講堂同時播放佛藏經詳解 DVD。

高雄正覺講堂　高雄市新興區中正三路 45 號五樓 07-2234248（晚上）

第一講堂（五樓）：

禪淨班：週一晚上班、週三晚上班、週四晚上班、週五晚上班、週六上午班。

增上班：單週週末下午，以台北增上班課程錄成 DVD 放映之，限已明心之會員參加。

佛藏經詳解：平實導師講解。每週二晚上，以台北正覺講堂所錄 DVD 放映。歡迎會外學人共同聽講，不需出示身分證件。

第二講堂（四樓）：

進階班：週三晚上班、週四晚上班、週六上午班（由禪淨班結業後轉入共修）。

佛藏經詳解：每週二晚上與第一講堂同時播放佛藏經詳解 DVD。

第三講堂（三樓）：

進階班：週四晚上班（由禪淨班結業後轉入共修）。

香港正覺講堂　☆已遷移新址☆

九龍觀塘，成業街 10 號，電訊一代廣場 27 樓 E 室。

（觀塘地鐵站 B1 出口，步行約 4 分鐘）。電話：(852) 23262231

英文地址：Unit E, 27th Floor, TG Place, 10 Shing Yip Street, Kwun Tong, Kowloon

禪淨班：雙週六下午班 14:30-17:30，已經額滿。
雙週日下午班 14:30-17:30，2016 年 4 月底前尚可報名。

進階班：雙週五晚上班（由禪淨班結業後轉入共修）。

增上班：單週週末上午，以台北增上班課程錄成 DVD 放映之，限已明心之會員參加。

妙法蓮華經詳解：平實導師講解。雙週六 19:00-21:00，以台北正覺講堂所錄 DVD 放映；歡迎會外學人共同聽講，不需出示身分證件。

美國洛杉磯正覺講堂　☆已遷移新址☆

825 S. Lemon Ave Diamond Bar, CA 91798 U.S.A.

Tel. (909) 595-5222（請於週六 9:00~18:00 之間聯繫）

Cell. (626) 454-0607

禪淨班：每逢週末 15：30~17：30 上課。

進階班：每逢週末上午 10：00~12：00 上課。

佛藏經詳解：平實導師講解。每週六下午 13：00~15：00，以台北正覺講堂所錄 DVD 放映。歡迎各界人士共享第一義諦無上法益，不需報名。

二、招生公告　**本會台北講堂及全省各講堂，每逢四月、十月下旬開新班，每週共修一次**（每次二小時。開課日起三個月內仍可插班）；**但美國洛杉磯共修處之禪淨班得隨時插班共修。各班共修期間皆爲二年半，欲參加者請向本會函索報名表**（各共修處皆於共修時間方有人執事，非共修時間請勿電詢或前來洽詢、請書），**或直接從本會官方網站**(http://www.enlighten.org.tw/newsflash/class)**或成佛之道網站下載報名表**。共修期滿時，若經報名禪三審核通過者，可參加四天三夜之禪三精進共修，有機會明心、取證如來藏，發起般若實相智慧，成爲實義菩薩，脫離凡夫菩薩位。

三、新春禮佛祈福　農曆年假期間停止共修：自農曆新年前七天起停止共修與弘法，正月 8 日起回復共修、弘法事務。新春期間正月初一～初七 9.00～17.00 開放台北講堂、正月初一~初三開放新竹講堂、台中講堂、台南講堂、高雄講堂，以及大溪禪三道場（正覺祖師堂），方便會員供佛、祈福及會外人士請書。美國洛杉磯共修處之休假時間，請逕詢該共修處。

密宗四大派修雙身法，是外道性力派的邪法；又以生滅的識陰作為常住法，是常見外道，是假的藏傳佛教。

西藏覺囊巴以他空見弘揚第八識如來藏勝法，才是真藏傳佛教

佛教正覺同修會　弘法行事表

2014/08/19

1、**禪淨班**　以無相念佛及拜佛方式修習動中定力，實證一心不亂功夫。傳授解脫道正理及第一義諦佛法，以及參禪知見。共修期間：二年六個月。每逢四月、十月開新班，詳見招生公告表。

2、**《佛藏經》詳解**　平實導師主講。已於 2013/12/17 開講，歡迎已發成佛大願的菩薩種性學人，攜眷共同參與此殊勝法會聽講。詳解釋迦世尊於《佛藏經》中所開示的眞實義理，更爲今時後世佛子四眾，闡述 佛陀演說此經的本懷。眞實尋求佛菩提道的有緣佛子，親承聽聞如是勝妙開示，當能如實理解經中義理，亦能了知於大乘法中：如何是諸法實相？善知識、惡知識要如何簡擇？如何才是清淨持戒？如何才能清淨說法？於此末法之世，眾生五濁益重，不知佛、不解法、不識僧，唯見表相，不信眞實，貪著五欲，諸方大師不淨說法，各各將導大量徒眾趣入三塗，如是師徒俱堪憐憫。是故，平實導師以大慈悲心，用淺白易懂之語句，佐以實例、譬喻而爲演說，普令聞者易解佛意，皆得契入佛法正道，如實了知佛法大藏。每逢週二 18.50~20.50 開示，不限制聽講資格。會外人士需憑身分證件換證入內聽講（此是大樓管理處之安全規定，敬請見諒）。桃園、新竹、台中、台南、高雄等地講堂，亦於每週二晚上播放平實導師講經之 DVD，不必出示身分證件即可入內聽講，歡迎各地善信同霑法益。

有某道場專弘淨土法門數十年，於教導信徒研讀《佛藏經》時，往往告誡信徒曰：「後半部不許閱讀。」由此緣故坐令信徒失去提升念佛層次之機緣，師徒只能低品位往生淨土，令人深覺愚癡無智。由有多人建議故，平實導師開始宣講《佛藏經》，藉以轉易如是邪見，並提升念佛人之知見與往生品位。此經中，對於實相念佛多所著墨，亦指出念佛要點：以實相爲依，念佛者應依止淨戒、依止清淨僧寶，捨離違犯重戒之師僧，應受學清淨之法，遠離邪見。本經是現代佛門大法師所厭惡之經典：一者由於大法師們已全都落入意識境界而無法親證實相，故於此經中所說實相全無所知，都不樂有人聞此經名，以免讀後提出問疑時無法回答；二者現代大乘佛法地區，已經普被藏密喇嘛教滲透，許多有名之大法師們大多已曾或繼續在修練雙身法，都已失去聲聞戒體及菩薩戒體，成爲地獄種姓人，已非眞正出家之人，本質上只是身著僧衣而住在寺院中的世俗人。這些人對於此經都是讀不懂的，也是極爲厭惡的；他們尚不樂見此經之印行，何況流通與講解？今爲救護廣大學佛人，兼欲護持佛教血脈永續常傳，特選此經宣講之，主講者平實導師。

3、**瑜伽師地論**詳解　詳解論中所言凡夫地至佛地等 17 師之修證境界與理論，從凡夫地、聲聞地……宣演到諸地所證一切種智之眞實正理。由平實導師開講，每逢一、三、五週之週末晚上開示，僅限已明心之會員參加。

4、**精進禪三**　主三和尚：平實導師。於四天三夜中，以克勤圓悟大師及大慧宗杲之禪風，施設機鋒與小參、公案密意之開示，幫助會員剋期取證，親證不生不滅之眞實心——人人本有之如來藏。每年四月、十月各舉辦二個梯次；平實導師主持。僅限本會會員參加禪淨班共修期滿，報名審核通過者，方可參加。並選擇會中定力、慧力、福德三條件皆已具足之已明心會員，給以指引，令得眼見自己無形無相之佛性遍佈山河大地，眞實而無障礙，得以肉眼現觀世界身心悉皆如幻，具足成就如幻觀，圓滿十住菩薩之證境。

5、**阿含經**詳解　選擇重要之阿含部經典，依無餘涅槃之實際而加以詳解，令大眾得以現觀諸法緣起性空，亦復不墮斷滅見中，顯示經中所隱說之涅槃實際—如來藏—確實已於四阿含中隱說；令大眾得以聞後觀行，確實斷除我見乃至我執，證得**見到**眞現觀，乃至**身證**……等眞現觀；已得大乘或二乘見道者，亦可由此聞熏及聞後之觀行，除斷我所之貪著，成就慧解脫果。由平實導師詳解。不限制聽講資格。

6、**大法鼓經**詳解　詳解末法時代大乘佛法修行之道。佛教正法消毒妙藥塗於大鼓而以擊之，凡有眾生聞之者，一切邪見鉅毒悉皆消殞；此經即是大法鼓之正義，凡聞之者，所有邪見之毒悉皆滅除，見道不難；亦能發起菩薩無量功德，是故諸大菩薩遠從諸方佛土來此娑婆聞修此經。由平實導師詳解。不限制聽講資格。

7、**解深密經**詳解　重講本經之目的，在於令諸已悟之人明解大乘法道之成佛次第，以及悟後進修一切種智之內涵，確實證知三種自性性，並得據此證解七眞如、十眞如等正理。每逢週二 18.50~20.50 開示，由平實導師詳解。將於《大法鼓經》講畢後開講。不限制聽講資格。

8、**成唯識論**詳解　詳解一切種智眞實正理，詳細剖析一切種智之微細深妙廣大正理；並加以舉例說明，使已悟之會員深入體驗所證如來藏之微密行相；及證驗見分相分與所生一切法，皆由如來藏—阿賴耶識—直接或展轉而生，因此證知一切法無我，證知無餘涅槃之本際。將於增上班《瑜伽師地論》講畢後，由平實導師重講。僅限已明心之會員參加。

9、**精選如來藏系經典**詳解　精選如來藏系經典一部，詳細解說，以此完全印證會員所悟如來藏之眞實，得入不退轉住。另行擇期詳細解說之，由平實導師講解。僅限已明心之會員參加。

10、**禪門差別智**　藉禪宗公案之微細淆訛難知難解之處，加以宣說及剖析，以增進明心、見性之功德，啓發差別智，建立擇法眼。每月第一週日全天，由平實導師開示，僅限破參明心後，復又眼見佛性者參加（事冗暫停）。

11、**枯木禪**　先講智者大師的《小止觀》，後說《釋禪波羅蜜》，詳解四禪八定之修證理論與實修方法，細述一般學人修定之邪見與岔路，及對禪定證境之誤會，消除枉用功夫、浪費生命之現象。已悟般若者，可以藉此而實修初禪，進入大乘通教及聲聞教的三果心解脫境界，配合應有的大福德及後得無分別智、十無盡願，即可進入初地心中。親教師：平實導師。未來緣熟時將於大溪正覺寺開講。不限制聽講資格。

註：本會例行年假，自 2004 年起，改為每年農曆新年前七天開始停息弘法事務及共修課程，農曆正月 8 日回復所有共修及弘法事務。新春期間（每日 9.00~17.00）開放台北講堂，方便會員禮佛祈福及會外人士請書。大溪鎮的正覺祖師堂，開放參訪時間，詳見〈正覺電子報〉或成佛之道網站。本表得因時節因緣需要而隨時修改之，不另作通知。

佛教正覺同修會　贈閱書籍 目錄　2015/09/29

1.**無相念佛**　平實導師著　回郵 10 元
2.**念佛三昧修學次第**　平實導師述著　回郵 25 元
3.**正法眼藏—護法集**　平實導師述著　回郵 35 元
4.**真假開悟簡易辨正法＆佛子之省思**　平實導師著　回郵 3.5 元
5.**生命實相之辨正**　平實導師著　回郵 10 元
6.**如何契入念佛法門**（附：印順法師否定極樂世界）平實導師著　回郵 3.5 元
7.**平實書箋**—答元覽居士書　平實導師著　回郵 35 元
8.**三乘唯識**—如來藏系經律彙編　平實導師編　回郵 80 元
（精裝本　長 27 ㎝　寬 21 ㎝　高 7.5 ㎝　重 2.8 公斤）
9.**三時繫念全集**—修正本　回郵掛號 40 元（長 26.5 ㎝×寬 19 ㎝）
10.**明心與初地**　平實導師述　回郵 3.5 元
11.**邪見與佛法**　平實導師述著　回郵 20 元
12.**菩薩正道**—回應義雲高、釋性圓…等外道之邪見　正燦居士著　回郵 20 元
13.**甘露法雨**　平實導師述　回郵 20 元
14.**我與無我**　平實導師述　回郵 20 元
15.**學佛之心態**—修正錯誤之學佛心態始能與正法相應　孫正德老師著　回郵35元
附錄：平實導師著**《略說八、九識並存…等之過失》**
16.**大乘無我觀**—《悟前與悟後》別說　平實導師述著　回郵 20 元
17.**佛教之危機**—中國台灣地區現代佛教之真相（附錄：公案拈提六則）
平實導師著　回郵 25 元
18.**燈　影**—燈下黑（覆「求教後學」來函等）　平實導師著　回郵 35 元
19.**護法與毀法**—覆上平居士與徐恒志居士網站毀法二文
張正圜老師著　回郵 35 元
20.**淨土聖道**—兼評選擇本願念佛　正德老師著　由正覺同修會購贈　回郵 25 元
21.**辨唯識性相**—對「紫蓮心海《辯唯識性相》書中否定阿賴耶識」之回應
正覺同修會 台南共修處法義組 著　回郵 25 元
22.**假如來藏**—對法蓮法師《如來藏與阿賴耶識》書中否定阿賴耶識之回應
正覺同修會 台南共修處法義組 著　回郵 35 元
23.**入不二門**—公案拈提集錦 第一輯（於平實導師公案拈提諸書中選錄約二十則，
合輯爲一冊流通之）平實導師著　回郵 20 元
24.**真假邪說**—西藏密宗索達吉喇嘛《破除邪說論》真是邪說
釋正安法師著　回郵 35 元
25.**真假開悟**—真如、如來藏、阿賴耶識間之關係　平實導師述著　回郵 35 元
26.**真假禪和**—辨正釋傳聖之謗法謬說　孫正德老師著　回郵 30 元

27.**眼見佛性**—駁慧廣法師眼見佛性的含義文中謬說
游正光老師著　回郵 25 元
28.**普門自在**—公案拈提集錦 第二輯（於平實導師公案拈提諸書中選錄約二十則，合輯爲一冊流通之）平實導師著　回郵 25 元
29.**印順法師的悲哀**—以現代禪的質疑為線索　恒毓博士著　回郵 25 元
30.**識蘊真義**—現觀識蘊內涵、取證初果、親斷三縛結之具體行門。
—依《成唯識論》及《惟識述記》正義，略顯安慧《大乘廣五蘊論》之邪謬
平實導師著　回郵 35 元
31.**正覺電子報** 各期紙版本　免附回郵　每次最多函索三期或三本。
（已無存書之較早各期，不另增印贈閱）
32.**現代人應有的宗教觀**　蔡正禮老師 著　回郵3.5元
33.**遠惑趣道**—正覺電子報般若信箱問答錄　第一輯　回郵20元
34.**遠惑趣道**—正覺電子報般若信箱問答錄　第二輯　回郵20元
35.**確保您的權益**—器官捐贈應注意自我保護　游正光老師 著　回郵10元
36.**正覺教團電視弘法三乘菩提 DVD 光碟（一）**
由正覺教團多位親教師共同講述錄製 DVD 8 片，MP3 一片，共 9 片。有二大講題：一爲「三乘菩提之意涵」，二爲「學佛的正知見」。內容精闢，深入淺出，精彩絕倫，幫助大眾快速建立三乘法道的正知見，免被外道邪見所誤導。有志修學三乘佛法之學人不可不看。（製作工本費 100 元，回郵 25 元）
37.**正覺教團電視弘法 DVD 專輯（二）**
總有二大講題：一爲「三乘菩提之念佛法門」，一爲「學佛正知見（第二篇）」，由正覺教團多位親教師輪番講述，內容詳細闡述如何修學念佛法門、實證念佛三昧，以及學佛應具有的正確知見，可以幫助發願往生西方極樂淨土之學人，得以把握往生，更可令學人快速建立三乘法道的正知見，免於被外道邪見所誤導。有志修學三乘佛法之學人不可不看。（一套 17 片，工本費 160 元。回郵 35 元）
38.**佛藏經** 燙金精裝本　每冊回郵 20 元。正修佛法之道場欲大量索取者，請正式發函並蓋用大印寄來索取（2008.04.30 起開始敬贈）
39.**喇嘛性世界**—揭開假藏傳佛教譚崔瑜伽的面紗　張善思 等人合著
由正覺同修會購贈　回郵 20 元
40.**假藏傳佛教的神話**—性、謊言、喇嘛教　張正玄教授編著　回郵 20 元
由正覺同修會購贈　回郵 20 元
41.**隨　緣**—理隨緣與事隨緣　平實導師述　回郵 20 元。
42.**學佛的覺醒**　正枝居士 著　回郵 25 元
43.**導師之真實義**　蔡正禮老師 著　回郵 10 元
44.**淺談達賴喇嘛之雙身法**—兼論解讀「密續」之達文西密碼
吳明芷居士 著　回郵 10 元
45.**魔界轉世**　張正玄居士 著　回郵 10 元
46.**一貫道與開悟**　蔡正禮老師 著　回郵 10 元

47.**博愛**—愛盡天下女人　正覺教育基金會 編印　回郵10元
48.**意識虛妄經教彙編**—實證解脫道的關鍵經文　正覺同修會編印　回郵25元
49.**邪箭囈語**—破斥藏密外道多識仁波切《破魔金剛箭雨論》之邪說
陸正元老師著　上、下冊回郵各30元
50.**真假沙門**—依 佛聖教闡釋佛教僧寶之定義
蔡正禮老師著　俟正覺電子報連載後結集出版
51.**真假禪宗**—藉評論釋性廣《印順導師對變質禪法之批判
及對禪宗之肯定》以顯示真假禪宗
附論一：凡夫知見 無助於佛法之信解行證
附論二：世間與出世間一切法皆從如來藏實際而生而顯
余正偉老師著　俟正覺電子報連載後結集出版　回郵未定
52.**假鋒虛焰金剛乘**—揭示顯密正理，兼破索達吉師徒《般若鋒兮金剛焰》。
釋正安 法師著　俟正覺電子報連載後結集出版

★ 上列贈書之郵資，係台灣本島地區郵資，大陸、港、澳地區及外國地區，請另計酌增（大陸、港、澳、國外地區之郵票不許通用）。尚未出版之書，請勿先寄來郵資，以免增加作業煩擾。

★ 本目錄若有變動，唯於後印之書籍及「成佛之道」網站上修正公佈之，不另行個別通知。

函索書籍請寄：佛教正覺同修會　103台北市承德路3段277號9樓
台灣地區函索書籍者請附寄郵票，無時間購買郵票者可以等值現金抵用，但不接受郵政劃撥、支票、匯票。大陸地區得以人民幣計算，國外地區請以美元計算（請勿寄來當地郵票，在台灣地區不能使用）。欲以掛號寄遞者，請另附掛號郵資。

親自索閱：正覺同修會各共修處。　★請於共修時間前往取書，餘時無人在道場，請勿前往索取；共修時間與地點，詳見書末正覺同修會共修現況表（以近期之共修現況表爲準）。

註：正智出版社發售之局版書，請向各大書局購閱。若書局之書架上已經售出而無陳列者，請向書局櫃台指定洽購；若書局不便代購者，請於正覺同修會共修時間前往各共修處請購，正智出版社已派人於共修時間送書前往各共修處流通。 郵政劃撥購書及 大陸地區 購書，請詳別頁正智出版社發售書籍目錄最後頁之說明。

成佛之道 網站：http://www.a202.idv.tw　正覺同修會已出版之結緣書籍，多已登載於 成佛之道 網站，若住外國、或住處遙遠，不便取得正覺同修會贈閱書籍者，可以從本網站閱讀及下載。　書局版之《宗通與說通》亦已上網，台灣讀者可向書局洽購，售價300元。《狂密與眞密》第一輯~第四輯，亦於 2003.5.1.全部於本網站登載完畢；台灣地區讀者請向書局洽購，每輯約400頁，售價300元（網站下載紙張費用較貴，容易散失，難以保存，亦較不精美）。

＊＊假藏傳佛教修雙身法，非佛教＊＊

正智出版社 籌募弘法基金發售書籍目錄 2016/11/11

1.**宗門正眼**—公案拈提 第一輯 重拈 平實導師著 500元
因重寫內容大幅度增加故，字體必須改小，並增爲576頁 主文546頁。比初版更精彩、更有內容。初版《禪門摩尼寶聚》之讀者，可寄回本公司免費調換新版書。免附回郵，亦無截止期限。（2007年起，每冊附贈本公司精製公案拈提〈超意境〉CD一片。市售價格280元，多購多贈。）
2.**禪淨圓融** 平實導師著 200元（第一版舊書可換新版書。）
3.**真實如來藏** 平實導師著 400元
4.**禪—悟前與悟後** 平實導師著 上、下冊，每冊250元
5.**宗門法眼**—公案拈提 第二輯 平實導師著 500元
（2007年起，每冊附贈本公司精製公案拈提〈超意境〉CD一片）
6.**楞伽經詳解** 平實導師著 全套共10輯 每輯250元
7.**宗門道眼**—公案拈提 第三輯 平實導師著 500元
（2007年起，每冊附贈本公司精製公案拈提〈超意境〉CD一片）
8.**宗門血脈**—公案拈提 第四輯 平實導師著 500元
（2007年起，每冊附贈本公司精製公案拈提〈超意境〉CD一片）
9.**宗通與說通**—成佛之道 平實導師著 主文381頁 全書400頁售價300元
10.**宗門正道**—公案拈提 第五輯 平實導師著 500元
（2007年起，每冊附贈本公司精製公案拈提〈超意境〉CD一片）
11.**狂密與真密 一～四輯** 平實導師著 西藏密宗是人間最邪淫的宗教，本質不是佛教，只是披著佛教外衣的印度教性力派流毒的喇嘛教。此書中將西藏密宗密傳之男女雙身合修樂空雙運所有祕密與修法，毫無保留完全公開，並將全部喇嘛們所不知道的部分也一併公開。內容比大辣出版社喧騰一時的《西藏慾經》更詳細。並且函蓋藏密的所有祕密及其錯誤的中觀見、如來藏見……等，藏密的所有法義都在書中詳述、分析、辨正。每輯主文三百餘頁 每輯全書約400頁 售價每輯300元
12.**宗門正義**—公案拈提 第六輯 平實導師著 500元
（2007年起，每冊附贈本公司精製公案拈提〈超意境〉CD一片）
13.**心經密意**—心經與解脫道、佛菩提道、祖師公案之關係與密意 平實導師述 300元
14.**宗門密意**—公案拈提 第七輯 平實導師著 500元
（2007年起，每冊附贈本公司精製公案拈提〈超意境〉CD一片）
15.**淨土聖道**—兼評「選擇本願念佛」 正德老師著 200元
16.**起信論講記** 平實導師述著 共六輯 每輯三百餘頁 售價各250元
17.**優婆塞戒經講記** 平實導師述著 共八輯 每輯三百餘頁 售價各250元
18.**真假活佛**—略論附佛外道盧勝彥之邪說（對前岳靈犀網站主張「盧勝彥是證悟者」之修正） 正犀居士（岳靈犀）著 流通價140元
19.**阿含正義**—唯識學探源 平實導師著 共七輯 每輯300元

20.**超意境** CD 以平實導師公案拈提書中超越意境之頌詞，加上曲風優美的旋律，錄成令人嚮往的超意境歌曲，其中包括正覺發願文及平實導師親自譜成的黃梅調歌曲一首。詞曲雋永，殊堪翫味，可供學禪者吟詠，有助於見道。內附設計精美的彩色小冊，解說每一首詞的背景本事。每片 280 元。【每購買公案拈提書籍一冊，即贈送一片。】

21.**菩薩底憂鬱** CD 將菩薩情懷及禪宗公案寫成新詞，並製作成超越意境的優美歌曲。 1.主題曲〈菩薩底憂鬱〉，描述地後菩薩能離三界生死而迴向繼續生在人間，但因尚未斷盡習氣種子而有極深沈之憂鬱，非三賢位菩薩及二乘聖者所知，此憂鬱在七地滿心位方才斷盡；本曲之詞中所說義理極深，昔來所未曾見；此曲係以優美的情歌風格寫詞及作曲，聞者得以激發嚮往諸地菩薩境界之大心，詞、曲都非常優美，難得一見；其中勝妙義理之解說，已印在附贈之彩色小冊中。 2.以各輯公案拈提中直示禪門入處之頌文，作成各種不同曲風之超意境歌曲，值得玩味、參究；聆聽公案拈提之優美歌曲時，請同時閱讀內附之印刷精美說明小冊，可以領會超越三界的證悟境界；未悟者可以因此引發求悟之意向及疑情，眞發菩提心而邁向求悟之途，乃至因此眞實悟入般若，成眞菩薩。 3.正覺總持咒新曲，總持佛法大意；總持咒之義理，已加以解說並印在隨附之小冊中。本 CD 共有十首歌曲，長達 63 分鐘。每盒各附贈二張購書優惠券。每片 280 元。

22.**禪意無限** CD 平實導師以公案拈提書中偈頌寫成不同風格曲子，與他人所寫不同風格曲子共同錄製出版，幫助參禪人進入禪門超越意識之境界。盒中附贈彩色印製的精美解說小冊，以供聆聽時閱讀，令參禪人得以發起參禪之疑情，即有機會證悟本來面目而發起實相智慧，實證大乘菩提般若，能如實證知般若經中的眞實意。本 CD 共有十首歌曲，長達 69 分鐘，每盒各附贈二張購書優惠券。每片 280 元。

23.**我的菩提路**第一輯　釋悟圓、釋善藏等人合著　售價 300 元

24.**我的菩提路**第二輯　郭正益、張志成等人合著　售價 300 元

25.**鈍鳥與靈龜**—考證後代凡夫對大慧宗杲禪師的無根誹謗。

平實導師著 共 458 頁 售價 350 元

26.**維摩詰經講記** 平實導師述 共六輯 每輯三百餘頁 售價各 250 元

27.**真假外道**—破劉東亮、杜大威、釋證嚴常見外道見　正光老師著　200 元

28.**勝鬘經講記**—兼論印順《勝鬘經講記》對於《勝鬘經》之誤解。

平實導師述　共六輯　每輯三百餘頁　售價 250 元

29.**楞嚴經講記** 平實導師述 共 **15** 輯，每輯三百餘頁 售價 300 元

30.**明心與眼見佛性**—駁慧廣〈蕭氏「眼見佛性」與「明心」之非〉文中謬說

正光老師著　共 448 頁　售價 300 元

31.**見性與看話頭** 黃正倖老師 著，本書是禪宗參禪的方法論。

內文 375 頁，全書 416 頁，售價 300 元。

32.**達賴真面目**—玩盡天下女人 白正偉老師 等著 中英對照彩色精裝大本 800 元

33.**喇嘛性世界**—揭開假藏傳佛教譚崔瑜伽的面紗　張善思 等人著　200 元
34.**假藏傳佛教的神話**—性、謊言、喇嘛教　正玄教授編著　200 元
35.**金剛經宗通**　平實導師述　共九輯　每輯售價 250 元。
36.**空行母**—性別、身分定位，以及藏傳佛教。
珍妮·坎貝爾著 呂艾倫 中譯 售價 250 元
37.**末代達賴**—性交教主的悲歌　張善思、呂艾倫、辛燕編著 售價 250 元
38.**霧峰無霧**—給哥哥的信　辨正釋印順對佛法的無量誤解
游宗明 老師著　售價 250 元
39.**第七意識與第八意識？**—穿越時空「超意識」
平實導師述　每冊 300 元
40.**黯淡的達賴**—失去光彩的諾貝爾和平獎
正覺教育基金會編著　每冊 250 元
41.**童女迦葉考**—論呂凱文〈佛教輪迴思想的論述分析〉之謬。
平實導師 著 定價 180 元
42.**人間佛教**—實證者必定不悖三乘菩提
平實導師 述，定價 400 元
43.**實相經宗通**　平實導師述　共八輯　每輯 250 元
44.**真心告訴您(一)**—達賴喇嘛在幹什麼？
正覺教育基金會編著　售價 250 元
45.**中觀金鑑**—詳述應成派中觀的起源與其破法本質
孫正德老師著　分為上、中、下三冊，每冊 250 元
46.**佛法入門**—迅速進入三乘佛法大門，消除久學佛法漫無方向之窘境。
○○居士著　將於正覺電子報連載後出版。售價 250 元
47.**藏傳佛教要義**—《狂密與真密》之簡體字版　平實導師 著 上、下冊
僅在大陸流通　每冊 300 元
48.**法華經講義**　平實導師述　共二十五輯　每輯 300 元
已於 2015/05/31 起開始出版，每二個月出版一輯
49.**西藏「活佛轉世」制度**—附佛、造神、世俗法
許正豐、張正玄老師合著　定價 150 元
50.**廣論三部曲**　郭正益老師著　定價 150 元
51.**真心告訴您(二)**—達賴喇嘛是佛教僧侶嗎？
—補祝達賴喇嘛八十大壽
正覺教育基金會編著　售價 300 元
52.**廣論之平議**—宗喀巴《菩提道次第廣論》之平議　正雄居士著
約二或三輯　俟正覺電子報連載後結集出版　書價未定
53.**末法導護**—對印順法師中心思想之綜合判攝　正慶老師著　書價未定
54.**菩薩學處**—菩薩四攝六度之要義　陸正元老師著　出版日期未定。
55.**八識規矩頌**詳解　○○居士 註解　出版日期另訂　書價未定。
56.**印度佛教史**—法義與考證。依法義史實評論印順《印度佛教思想史、佛教史地考論》之謬說　正偉老師著　出版日期未定　書價未定

57.**中國佛教史**—依中國佛教正法史實而論。 ○○老師 著 書價未定。
58.**中論正義**—釋龍樹菩薩《中論》頌正理。
孫正德老師著 出版日期未定 書價未定
59.**中觀正義**—註解平實導師《中論正義頌》。
○○法師（居士）著 出版日期未定 書價未定
60.**佛藏經講記** 平實導師述 出版日期未定 書價未定
61.**阿含經講記**—將選錄四阿含中數部重要經典全經講解之，講後整理出版。
平實導師述 約二輯 每輯300元 出版日期未定
62.**寶積經講記** 平實導師述 每輯三百餘頁 優惠價300元 出版日期未定
63.**解深密經講記** 平實導師述 約四輯 將於重講後整理出版
64.**成唯識論略解** 平實導師著 五～六輯 每輯300元 出版日期未定
65.**修習止觀坐禪法要講記** 平實導師述 每輯三百餘頁
將於正覺寺建成後重講、以講記逐輯出版 出版日期未定
66.**無門關**—《無門關》公案拈提 平實導師著 出版日期未定
67.**中觀再論**—兼述印順《中觀今論》謬誤之平議。正光老師著 出版日期未定
68.**輪迴與超度**—佛教超度法會之真義。
○○法師（居士）著 出版日期未定 書價未定
69.**《釋摩訶衍論》平議**—對偽稱龍樹所造《釋摩訶衍論》之平議
○○法師（居士）著 出版日期未定 書價未定
70.**正覺發願文**註解—以真實大願為因 得證菩提
正德老師著 出版日期未定 書價未定
71.**正覺總持咒**—佛法之總持 正圜老師著 出版日期未定 書價未定
72.**涅槃**—論四種涅槃 平實導師著 出版日期未定 書價未定
73.**三自性**—依四食、五蘊、十二因緣、十八界法，說三性三無性。
作者未定 出版日期未定
74.**道品**—從三自性說大小乘三十七道品 作者未定 出版日期未定
75.**大乘緣起觀**—依四聖諦七真如現觀十二緣起 作者未定 出版日期未定
76.**三德**—論解脫德、法身德、般若德。 作者未定 出版日期未定
77.**真假如來藏**—對印順《如來藏之研究》謬說之平議 作者未定 出版日期未定
78.**大乘道次第** 作者未定 出版日期未定 書價未定
79.**四緣**—依如來藏故有四緣。 作者未定 出版日期未定
80.**空之探究**—印順《空之探究》謬誤之平議 作者未定 出版日期未定
81.**十法義**—論阿含經中十法之正義 作者未定 出版日期未定
82.**外道見**—論述外道六十二見 作者未定 出版日期未定

正智出版社有限公司 書籍介紹

禪淨圓融：言淨土諸祖所未曾言，示諸宗祖師所未曾示；禪淨圓融，另闢成佛捷徑，兼顧自力他力，闡釋淨土門之速行易行道，亦同時揭櫫聖教門之速行易行道；令廣大淨土行者得免緩行難證之苦，亦令聖道門行者得以藉著淨土速行道而加快成佛之時劫。乃前無古人之超勝見地，非一般弘揚禪淨法門典籍也，先讀爲快。平實導師著 200元。

宗門正眼—**公案拈提**第一輯：繼承克勤圜悟大師碧巖錄宗旨之禪門鉅作。先則舉示當代大法師之邪說，消弭當代禪門大師鄉愿之心態，摧破當今禪門「世俗禪」之妄談；次則旁通教法，表顯宗門正理；繼以道之次第，消弭古今狂禪；後藉言語及文字機鋒，直示宗門入處。悲智雙運，禪味十足，數百年來難得一睹之禪門鉅著也。平實導師著 500元（原初版書《禪門摩尼寶聚》，改版後補充爲五百餘頁新書，總計多達二十四萬字，內容更精彩，並改名爲《宗門正眼》，讀者原購初版《禪門摩尼寶聚》皆可寄回本公司免費換新，免附回郵，亦無截止期限）（2007年起，凡購買公案拈提第一輯至第七輯，每購一輯皆贈送本公司精製公案拈提〈超意境〉CD一片，市售價格280元，多購多贈）。

禪—悟前與悟後：本書能建立學人悟道之信心與正確知見，圓滿具足而有次第地詳述禪悟之功夫與禪悟之內容，指陳參禪中細微淆訛之處，能使學人明自眞心、見自本性。若未能悟入，亦能以正確知見辨別古今中外一切大師究係眞悟？或屬錯悟？便有能力揀擇，捨名師而選明師，後時必有悟道之緣。一旦悟道，遲者七次人天往返，便出三界，速者一生取辦。學人欲求開悟者，不可不讀。 平實導師著。上、下冊共500元，單冊250元。

真實如來藏：如來藏眞實存在，乃宇宙萬有之本體，並非印順法師、達賴喇嘛等人所說之「唯有名相、無此心體」。如來藏是涅槃之本際，是一切有智之人竭盡心智、不斷探索而不能得之生命實相；是古今中外許多大師自以爲悟而當面錯過之生命實相。如來藏即是阿賴耶識，乃是一切有情本自具足、不生不滅之眞實心。當代中外大師於此書出版之前所未能言者，作者於本書中盡情流露、詳細闡釋。眞悟者讀之，必能增益悟境、智慧增上；錯悟者讀之，必能檢討自己之錯誤，免犯大妄語業；未悟者讀之，能知參禪之理路，亦能以之檢查一切名師是否眞悟。此書是一切哲學家、宗教家、學佛者及欲昇華心智之人必讀之鉅著。 平實導師著 售價400元。

宗門法眼—**公案拈提**第二輯：列舉實例，闡釋土城廣欽老和尚之悟處；並直示這位不識字的老和尚妙智橫生之根由，繼而剖析禪宗歷代大德之開悟公案，解析當代密宗高僧卡盧仁波切之錯悟證據，並例舉當代顯宗高僧、大居士之錯悟證據（凡健在者，爲免影響其名聞利養，皆隱其名）。藉辨正當代名師之邪見，向廣大佛子指陳禪悟之正道，彰顯宗門法眼。悲勇兼出，強捋虎鬚；慈智雙運，巧探驪龍；摩尼寶珠在手，直示宗門入處，禪味十足；若非大悟徹底，不能爲之。禪門精奇人物，允宜人手一冊，供作參究及悟後印證之圭臬。本書於2008年4月改版，增寫為大約500頁篇幅，以利學人研讀參究時更易悟入宗門正法，以前所購初版首刷及初版二刷舊書，皆可免費換取新書。平實導師著 500元（2007年起，凡購買公案拈提第一輯至第七輯，每購一輯皆贈送本公司精製公案拈提〈超意境〉CD一片，市售價格280元，多購多贈）。

宗門道眼—**公案拈提**第三輯：繼宗門法眼之後，再以金剛之作略、慈悲之胸懷、犀利之筆觸，舉示寒山、拾得、布袋三大士之悟處，消弭當代錯悟者對於寒山大士……等之誤會及誹謗。亦舉出民初以來與虛雲和尚齊名之蜀郡鹽亭袁煥仙夫子——南懷瑾老師之師，其「悟處」何在？並蒐羅許多眞悟祖師之證悟公案，顯示禪宗歷代祖師之睿智，指陳部分祖師、奧修及當代顯密大師之謬悟，作爲殷鑑，幫助禪子建立及修正參禪之方向及知見。假使讀者閱此書已，一時尚未能悟，亦可一面加功用行，一面以此宗門道眼辨別眞假善知識，避開錯誤之印證及歧路，可免大妄語業之長劫慘痛果報。欲修禪宗之禪者，務請細讀。平實導師著 售價500元（2007年起，凡購買公案拈提第一輯至第七輯，每購一輯皆贈送本公司精製公案拈提〈超意境〉CD一片，市售價格280元，多購多贈）。

楞伽經詳解：本經是禪宗見道者印證所悟眞僞之根本經典，亦是禪宗見道者悟後起修之依據經典；故達摩祖師於印證二祖慧可大師之後，將此經典連同佛缽祖衣一併交付二祖，令其依此經典佛示金言、進入修道位，修學一切種智。由此可知此經對於眞悟之人修學佛道，是非常重要之一部經典。此經能破外道邪說，亦破佛門中錯悟名師之謬說，亦破禪宗部分祖師之狂禪：不讀經典、一向主張「一悟即成究竟佛」之謬執。並開示愚夫所行禪、觀察義禪、攀緣如禪、如來禪等差別，令行者對於三乘禪法差異有所分辨；亦糾正禪宗祖師古來對於如來禪之誤解，嗣後可免以訛傳訛之弊。此經亦是法相唯識宗之根本經典，禪者悟後欲修一切種智而入初地者，必須詳讀。　平實導師著，全套共十輯，已全部出版完畢，每輯主文約320頁，每冊約352頁，定價250元。

宗門血脈—**公案拈提第四輯**：末法怪象—許多修行人自以爲悟，每將無念靈知認作眞實；崇尚二乘法諸師及其徒眾，則將外於如來藏之緣起性空—無因論之無常空、斷滅空、一切法空—錯認爲佛所說之般若空性。這兩種現象已於當今海峽兩岸及美加地區顯密大師之中普遍存在；人人自以爲悟，心高氣壯，便敢寫書解釋祖師證悟之公案，大多出於意識思惟所得，言不及義，錯誤百出，因此誤導廣大佛子同陷大妄語之地獄業中而不能自知。彼等書中所說之悟處，其實處處違背第一義經典之聖言量。彼等諸人不論是否身披袈裟，都非佛法宗門血脈，或雖有禪宗法脈之傳承，亦只徒具形式；猶如螟蛉，非眞血脈，未悟得根本眞實故。禪子欲知佛、祖之眞血脈者，請讀此書，便知分曉。平實導師著，主文452頁，全書464頁，定價500元（2007年起，凡購買公案拈提第一輯至第七輯，每購一輯皆贈送本公司精製公案拈提〈超意境〉CD一片，市售價格280元，多購多贈）。

宗通與說通：古今中外，錯誤之人如麻似粟，每以常見外道所說之靈知心，認作眞心；或妄想虛空之勝性能量爲眞如，或錯認物質四大元素藉冥性（靈知心本體）能成就吾人色身及知覺，或認初禪至四禪中之了知心爲不生不滅之涅槃心。此等皆非通宗者之見地。復有錯悟之人一向主張「宗門與教門不相干」，此即尚未通達宗門之人也。其實宗門與教門互通不二，宗門所證者乃是眞如與佛性，教門所說者乃說宗門證悟之眞如佛性，故教門與宗門不二。本書作者以宗教二門互通之見地，細說「宗通與說通」，從初見道至悟後起修之道、細說分明；並將諸宗諸派在整體佛教中之地位與次第，加以明確之教判，學人讀之即可了知佛法之梗概也。欲擇明師學法之前，允宜先讀。平實導師著，主文共381頁，全書392頁，只售成本價300元。

宗門正道—**公案拈提第五輯**：修學大乘佛法有二果須證解脫果及大菩提果。二乘人不證大菩提果，唯證解脫果；此果之智慧，名爲聲聞菩提、緣覺菩提。大乘佛子所證二果之菩提果爲佛菩提，故名大菩提果，其慧名爲一切種智函蓋二乘解脫果。然此大乘二果修證，須經由禪宗之宗門證悟方能相應。而宗門證悟極難，自古已然；其所以難者，咎在古今佛教界普遍存在三種邪見：1.以修定認作佛法，2.以無因論之緣起性空—否定涅槃本際如來藏以後之一切法空作爲佛法，3.以常見外道邪見（離語言妄念之靈知性）作爲佛法。如是邪見，或因自身正見未立所致，或因邪師之邪教導所致，或因無始劫來虛妄熏習所致。若不破除此三種邪見，永劫不悟宗門眞義、不入大乘正道，唯能外門廣修菩薩行。平實導師於此書中，有極爲詳細之說明，有志佛子欲摧邪見、入於內門修菩薩行者，當閱此書。主文共496頁，全書512頁。售價500元（2007年起，凡購買公案拈提第一輯至第七輯，每購一輯皆贈送本公司精製公案拈提〈超意境〉CD一片，市售價格280元，多購多贈）。

狂密與真密：密教之修學，皆由有相之觀行法門而入，其最終目標仍不離顯教經典所說第一義諦之修證；若離顯教第一義經典、或違背顯教第一義經典，即非佛教。西藏密教之觀行法，如灌頂、觀想、遷識法、寶瓶氣、大聖歡喜雙身修法、喜金剛、無上瑜伽、大樂光明、樂空雙運等，皆是印度教兩性生生不息思想之轉化，自始至終皆以如何能運用交合淫樂之法達到全身受樂爲其中心思想，純屬欲界五欲的貪愛，不能令人超出欲界輪迴，更不能令人斷除我見；何況大乘之明心與見性，更無論矣！故密宗之法絕非佛法也。而其明光大手印、大圓滿法教，又皆同以常見外道所說離語言妄念之無念靈知心錯認爲佛地之眞如，不能直指不生不滅之眞如。西藏密宗所有法王與徒眾，都尚未開頂門眼，不能辨別眞僞，以依人不依法、依密續不依經典故，不肯將其上師喇嘛所說對照第一義經典，純依密續之藏密祖師所說爲準，因此而誇大其證德與證量，動輒謂彼祖師上師爲究竟佛、爲地上菩薩；如今台海兩岸亦有自謂其師證量高於 釋迦文佛者，然觀其師所述，猶未見道，仍在觀行即佛階段，尚未到禪宗相似即佛、分證即佛階位，竟敢標榜爲究竟佛及地上法王，誑惑初機學人。凡此怪象皆是狂密，不同於眞密之修行者。近年狂密盛行，密宗行者被誤導者極眾，動輒自謂已證佛地眞如，自視爲究竟佛，陷於大妄語業中而不知自省，反謗顯宗眞修實證者之證量粗淺；或如義雲高與釋性圓…等人，於報紙上公然誹謗眞實證道者爲「騙子、無道人、人妖、癩蛤蟆…」等，造下誹謗大乘勝義僧之大惡業；或以外道法中有爲有作之甘露、魔術……等法，誑騙初機學人，狂言彼外道法爲眞佛法。如是怪象，在西藏密宗及附藏密之外道中，不一而足，舉之不盡，學人宜應愼思明辨，以免上當後又犯毀破菩薩戒之重罪。密宗學人若欲遠離邪知邪見者，請閱此書，即能了知密宗之邪謬，從此遠離邪見與邪修，轉入眞正之佛道。

平實導師著 共四輯 每輯約400頁（主文約340頁）每輯售價300元。

宗門正義—公案拈提第六輯：佛教有六大危機，乃是藏密化、世俗化、膚淺化、學術化、宗門密意失傳、悟後進修諸地之次第混淆；其中尤以宗門密意之失傳，爲當代佛教最大之危機。由宗門密意失傳故，易令世尊本懷普被錯解，易令 世尊正法被轉易爲外道法，以及加以淺化、世俗化，是故宗門密意之廣泛弘傳與具緣佛弟子，極爲重要。然而欲令宗門密意之廣泛弘傳予具緣之佛弟子者，必須同時配合錯誤知見之解析、普令佛弟子知之，然後輔以公案解析之直示入處，方能令具緣之佛弟子悟入。而此二者，皆須以公案拈提之方式爲之，方易成其功、竟其業，是故平實導師續作宗門正義一書，以利學人。 全書500餘頁，售價500元（2007年起，凡購買公案拈提第一輯至第七輯，每購一輯皆贈送本公司精製公案拈提〈超意境〉CD一片，市售價格280元，多購多贈）。

心經密意—心經與解脫道、佛菩提道、祖師公案之關係與密意。二乘菩提所證之解脫道，實依第八識心之斷除煩惱障現行而立解脫之名；大乘菩提所證之佛菩提道，實依親證第八識如來藏之涅槃性、清淨自性、及其中道性而立般若之名；禪宗祖師公案所證之眞心，即是此第八識如來藏；是故三乘佛法所修所證之三乘菩提，皆依此如來藏心而立名也。此第八識心，即是《心經》所說之心也。證得此如來藏已，即能漸入大乘佛菩提道，亦可因證知此心而了知二乘無學所不能知之無餘涅槃本際，是故《心經》之密意，與三乘佛菩提之關係極爲密切、不可分割，三乘佛法皆依此心而立名故。今者平實導師以其所證解脫道之無生智及佛菩提之般若種智，將《心經》與解脫道、佛菩提道、祖師公案之關係與密意，以演講之方式，用淺顯之語句和盤托出，發前人所未言，呈三乘菩提之眞義，令人藉此《心經密意》一舉而窺三乘菩提之堂奧，迴異諸方言不及義之說；欲求眞實佛智者、不可不讀！主文317頁，連同跋文及序文…等共384頁，售價300元。

宗門密意—公案拈提第七輯：佛教之世俗化，將導致學人以信仰作爲學佛，則將以感應及世間法之庇祐，作爲學佛之主要目標，不能了知學佛之主要目標爲親證三乘菩提。大乘菩提則以般若實相智慧爲主要修習目標，以二乘菩提解脫道爲附帶修習之標的；是故學習大乘法者，應以禪宗之證悟爲要務，能親入大乘菩提之實相般若智慧中故，般若實相智慧非二乘聖人所能知故。此書則以台灣世俗化佛教之三大法師，說法似是而非之實例，配合眞悟祖師之公案解析，提示證悟般若之關節，令學人易得悟入。平實導師著，全書五百餘頁，售價500元（2007年起，凡購買公案拈提第一輯至第七輯，每購一輯皆贈送本公司精製公案拈提〈超意境〉CD一片，市售價格280元，多購多贈）。

淨土聖道—兼評選擇本願念佛：佛法甚深極廣，般若玄微，非諸二乘聖僧所能知之，一切凡夫更無論矣！所謂一切證量皆歸淨土是也！是故大乘法中「聖道之淨土、淨土之聖道」，其義甚深，難可了知；乃至眞悟之人，初心亦難知也。今有正德老師眞實證悟後，復能深探淨土與聖道之緊密關係，憐憫眾生之誤會淨土實義，亦欲利益廣大淨土行人同入聖道，同獲淨土中之聖道門要義，乃振奮心神、書以成文，今得刊行天下。主文279頁，連同序文等共301頁，總有十一萬六千餘字，正德老師著，成本價200元。

起信論講記：詳解大乘起信論**心生滅門**與**心眞如門**之眞實意旨，消除以往大師與學人對起信論所說**心生滅門**之誤解，由是而得了知眞心如來藏之非常非斷中道正理；亦因此一講解，令此論以往隱晦而被誤解之眞實義，得以如實顯示，令大乘佛菩提道之正理得以顯揚光大；初機學者亦可藉此正論所顯示之法義，對大乘法理生起正信，從此得以眞發菩提心，眞入大乘法中修學，世世常修菩薩正行。平實導師演述，共六輯，都已出版，每輯三百餘頁，售價250元。

優婆塞戒經講記：本經詳述在家菩薩修學大乘佛法，應如何受持菩薩戒？對人間善行應如何看待？對三寶應如何護持？應如何正確地修集此世後世證法之福德？應如何修集後世「行菩薩道之資糧」？並詳述第一義諦之正義：五蘊非我非異我、自作自受、異作異受、不作不受……等深妙法義，乃是修學大乘佛法、行菩薩行之在家菩薩所應當了知者。出家菩薩今世或未來世登地已，捨報之後多數將如華嚴經中諸大菩薩，以在家菩薩身而修行菩薩行，故亦應以此經所述正理而修之，配合《楞伽經、解深密經、楞嚴經、華嚴經》等道次第正理，方得漸次成就佛道；故此經是一切大乘行者皆應證知之正法。平實導師講述，每輯三百餘頁，售價各250元；共八輯，已全部出版。

真假活佛—略論附佛外道盧勝彥之邪說：人人身中都有眞活佛，永生不滅而有大神用，但眾生都不了知，所以常被身外的西藏密宗假活佛籠罩欺瞞。本來就眞實存在的眞活佛，才是眞正的密宗無上密！諾那活佛因此而說禪宗是大密宗，但藏密的所有活佛都不知道、也不曾實證自身中的眞活佛。本書詳實宣示眞活佛的道理，舉證盧勝彥的「佛法」不是眞佛法，也顯示盧勝彥是假活佛，直接的闡釋第一義佛法見道的眞實正理。眞佛宗的所有上師與學人們，都應該詳細閱讀，包括盧勝彥個人在內。正犀居士著，優惠價140元。

阿含正義—唯識學探源：廣說四大部《阿含經》諸經中隱說之眞正義理，一一舉示佛陀本懷，令阿含時期初轉法輪根本經典之眞義，如實顯現於佛子眼前。並提示末法大師對於阿含眞義誤解之實例，一一比對之，證實唯識增上慧學確於原始佛法之阿含諸經中已隱覆密意而略說之，證實世尊確於原始佛法中已曾密意而說第八識如來藏之總相；亦證實世尊在四阿含中已說此藏識是名色十八界之因、之本—證明如來藏是能生萬法之根本心。佛子可據此修正以往受諸大師（譬如西藏密宗應成派中觀師：印順、昭慧、性廣、大願、達賴、宗喀巴、寂天、月稱、……等人）誤導之邪見，建立正見，轉入正道乃至親證初果而無困難；書中並詳說三果所證的**心解脫**，以及四果**慧解脫**的親證，都是如實可行的具體知見與行門。全書共七輯，已出版完畢。平實導師著，每輯三百餘頁，售價300元。

超意境CD：以平實導師公案拈提書中超越意境之頌詞，加上曲風優美的旋律，錄成令人嚮往的超意境歌曲，其中包括正覺發願文及平實導師親自譜成的黃梅調歌曲一首。詞曲雋永，殊堪翫味，可供學禪者吟詠，有助於見道。內附設計精美的彩色小冊，解說每一首詞的背景本事。每片280元。【每購買公案拈提書籍一冊，即贈送一片。】

鈍鳥與靈龜：鈍鳥及靈龜二物，被宗門證悟者說爲二種人：前者是精修禪定而無智慧者，也是以定爲禪的愚癡禪人；後者是或有禪定、或無禪定的宗門證悟者，凡已證悟者皆是靈龜。但後來被人虛造事實，用以嘲笑大慧宗杲禪師，說他雖是靈龜，卻不免被天童禪師預記「患背」痛苦而亡：「**鈍鳥離巢易，靈龜脫殼難。**」藉以貶低大慧宗杲的證量。同時將天童禪師實證如來藏的證量，曲解爲意識境界的離念靈知。自從大慧禪師入滅以後，錯悟凡夫對他的不實毀謗就一直存在著，不曾止息，並且捏造的假事實也隨著年月的增加而越來越多，終至編成「鈍鳥與靈龜」的假公案、假故事。本書是考證大慧與天童之間的不朽情誼，顯現這件假公案的虛妄不實；更見大慧宗杲面對惡勢力時的正直不阿，亦顯示大慧對天童禪師的至情深義，將使後人對大慧宗杲的誣謗至此而止，不再有人誤犯毀謗賢聖的惡業。書中亦舉證宗門的所悟確以第八識如來藏爲標的，詳讀之後必可改正以前被錯悟大師誤導的參禪知見，日後必定有助於實證禪宗的開悟境界，得階大乘眞見道位中，即是實證般若之賢聖。全書459頁，售價350元。

我的菩提路第一輯：凡夫及二乘聖人不能實證的佛菩提證悟，末法時代的今天仍然有人能得實證，由正覺同修會釋悟圓、釋善藏法師等二十餘位實證如來藏者所寫的見道報告，已爲當代學人見證宗門正法之絲縷不絕，證明大乘義學的法脈仍然存在，爲末法時代求悟般若之學人照耀出光明的坦途。由二十餘位大乘見道者所繕，敘述各種不同的學法、見道因緣與過程，參禪求悟者必讀。全書三百餘頁，售價300元。

我的菩提路第二輯：由郭正益老師等人合著，書中詳述彼等諸人歷經各處道場學法，一一修學而加以檢擇之不同過程以後，因閱讀正覺同修會、正智出版社書籍而發起抉擇分，轉入正覺同修會中修學；乃至學法及見道之過程，都一一詳述之。其中張志成等人係由前現代禪轉進正覺同修會，張志成原爲現代禪副宗長，以前未閱本會書籍時，曾被人藉其名義著文評論 平實導師（詳見《宗通與說通》辨正及《眼見佛性》書末附錄…等）；後因偶然接觸正覺同修會書籍，深覺以前聽人評論平實導師之語不實，於是投入極多時間閱讀本會書籍、深入思辨，詳細探索中觀與唯識之關聯與異同，認爲正覺之法義方是正法，深覺相應；亦解開多年來對佛法的迷雲，確定應依八識論正理修學方是正法。乃不顧面子，毅然前往正覺同修會面見平實導師懺悔，並正式學法求悟。今已與其同修王美伶（亦爲前現代禪傳法老師），同樣證悟如來藏而證得法界實相，生起實相般若眞智。此書中尚有七年來本會第一位眼見佛性者之見性報告一篇，一同供養大乘佛弟子。全書共四百頁，售價300元。

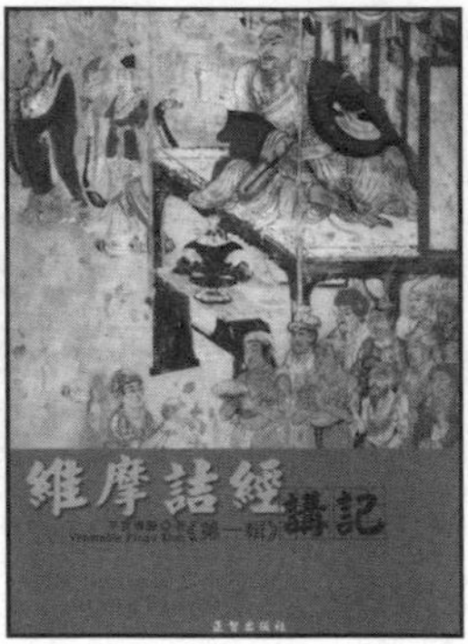

維摩詰經講記：本經係 世尊在世時，由等覺菩薩維摩詰居士藉疾病而演說之大乘菩提無上妙義，所說函蓋甚廣，然極簡略，是故今時諸方大師與學人讀之悉皆錯解，何況能知其中隱含之深妙正義，是故普遍無法爲人解說；若強爲人說，則成依文解義而有諸多過失。今由平實導師公開宣講之後，詳實解釋其中密意，令維摩詰菩薩所說大乘不可思議解脫之深妙正法得以正確宣流於人間，利益當代學人及與諸方大師。書中詳實演述大乘佛法深妙不共二乘之智慧境界，顯示諸法之中絕待之實相境界，建立大乘菩薩妙道於永遠不敗不壞之地，以此成就護法偉功，欲冀永利娑婆人天。已經宣講圓滿整理成書流通，以利諸方大師及諸學人。全書共六輯，每輯三百餘頁，售價各250元。

真假外道：本書具體舉證佛門中的常見外道知見實例，並加以教證及理證上的辨正，幫助讀者輕鬆而快速的了知常見外道的錯誤知見，進而遠離佛門內外的常見外道知見，因此即能改正修學方向而快速實證佛法。 游正光老師著 。成本價200元。

勝鬘經講記：如來藏爲三乘菩提之所依，若離如來藏心體及其含藏之一切種子，即無三界有情及一切世間法，亦無二乘菩提緣起性空之出世間法；本經詳說無始無明、一念無明皆依如來藏而有之正理，藉著詳解煩惱障與所知障間之關係，令學人深入了知二乘菩提與佛菩提相異之妙理；聞後即可了知佛菩提之特勝處及三乘修道之方向與原理，邁向攝受正法而速成佛道的境界中。平實導師講述，共六輯，每輯三百餘頁，售價各250元。

楞嚴經講記：楞嚴經係密教部之重要經典，亦是顯教中普受重視之經典；經中宣說明心與見性之內涵極爲詳細，將一切法都會歸如來藏及佛性—妙眞如性；亦闡釋佛菩提道修學過程中之種種魔境，以及外道誤會涅槃之狀況，旁及三界世間之起源。然因言句深澀難解，法義亦復深妙寬廣，學人讀之普難通達，是故讀者大多誤會，不能如實理解佛所說之明心與見性內涵，亦因是故多有悟錯之人引爲開悟之證言，成就大妄語罪。今由平實導師詳細講解之後，整理成文，以易讀易懂之語體文刊行天下，以利學人。全書十五輯，全部出版完畢。每輯三百餘頁，售價每輯300元。

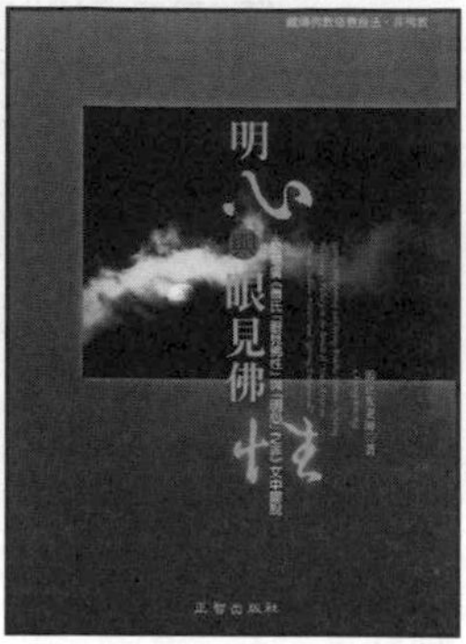

明心與眼見佛性：本書細述明心與眼見佛性之異同，同時顯示了中國禪宗破初參明心與重關眼見佛性二關之間的關聯；書中又藉法義辨正而旁述其他許多勝妙法義，讀後必能遠離佛門長久以來積非成是的錯誤知見，令讀者在佛法的實證上有極大助益。也藉慧廣法師的謬論來教導佛門學人回歸正知正見，遠離古今禪門錯悟者所墮的意識境界，非唯有助於斷我見，也對未來的開悟明心實證第八識如來藏有所助益，是故學禪者都應細讀之。游正光老師著　共448頁　售價300元。

菩薩底憂鬱CD將菩薩情懷及禪宗公案寫成新詞，並製作成超越意境的優美歌曲。1.主題曲〈菩薩底憂鬱〉，描述地後菩薩能離三界生死而迴向繼續生在人間，但因尚未斷盡習氣種子而有極深沈之憂鬱，非三賢位菩薩及二乘聖者所知，此憂鬱在七地滿心位方才斷盡；本曲之詞中所說義理極深，昔來所未曾見；此曲係以優美的情歌風格寫詞及作曲，聞者得以激發嚮往諸地菩薩境界之大心，詞、曲都非常優美，難得一見；其中勝妙義理之解說，已印在附贈之彩色小冊中。2.以各輯公案拈提中直示禪門入處之頌文，作成各種不同曲風之超意境歌曲，值得玩味、參究；聆聽公案拈提之優美歌曲時，請同時閱讀內附之印刷精美說明小冊，可以領會超越三界的證悟境界；未悟者可以因此引發求悟之意向及疑情，眞發菩提心而邁向求悟之途，乃至因此眞實悟入般若，成眞菩薩。3.正覺總持咒新曲，總持佛法大意；總持咒之義理，已加以解說並印在隨附之小冊中。本CD共有十首歌曲，長達63分鐘，附贈二張購書優惠券。每片280元。

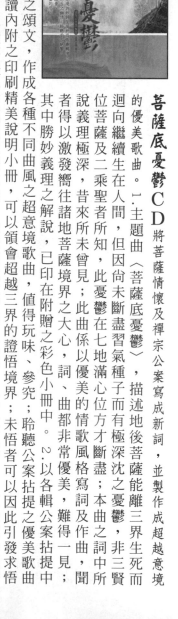

禪意無限CD平實導師以公案拈提書中偈頌寫成不同風格曲子，與他人所寫不同風格曲子共同錄製出版，幫助參禪人進入禪門超越意識之境界。盒中附贈彩色印製的精美解說小冊，以供聆聽時閱讀，令參禪人得以發起參禪之疑情，即有機會證悟本來面目，實證大乘菩提般若。本CD共有十首歌曲，長達69分鐘，每盒各附贈二張購書優惠券。每片280元。

金剛經宗通：三界唯心，萬法唯識，是成佛之修證內容，是諸地菩薩之所修；般若則是成佛之道（實證三界唯心、萬法唯識）的入門，若未證悟實相般若，即無成佛之可能，必將永在外門廣行菩薩六度，永在凡夫位中。然而實相般若的發起，全賴實證萬法的實相；若欲證知萬法的眞相，則必須探究萬法之所從來，則須實證自心如來—金剛心如來藏，然後現觀這個金剛心的金剛性、眞實性、如如性、清淨性、涅槃性、能生萬法的自性性、本住性，名爲證眞如；進而現觀三界六道唯是此金剛心所成，人間萬法須藉八識心王和合運作方能現起。如是實證《華嚴經》的「三界唯心、萬法唯識」以後，由此等現觀而發起實相般若智慧，繼續進修第十住位的如幻觀、第十行位的陽焰觀、第十迴向位的如夢觀，再生起增上意樂而勇發十無盡願，方能滿足三賢位的實證，轉入初地；自知成佛之道而無偏倚，從此按部就班、次第進修乃至成佛。第八識自心如來是般若智慧之所依，般若智慧的修證則要從實證金剛心自心如來開始；《金剛經》則是解說自心如來之經典，是一切三賢位菩薩所應進修之實相般若經典。這一套書，是將平實導師宣講的《金剛經宗通》內容，整理成文字而流通之；書中所說義理，迴異古今諸家依文解義之說，指出大乘見道方向與理路，有益於禪宗學人求開悟見道，及轉入內門廣修六度萬行。講述完畢後結集出版，總共9輯，每輯約三百餘頁，售價各250元。

空行母—性別、身分定位，以及藏傳佛教：本書作者爲蘇格蘭哲學家，因爲嚮往佛教深妙的哲學內涵，於是進入當年盛行於歐美的假藏傳佛教密宗，擔任卡盧仁波切的翻譯工作多年以後，被邀請成爲卡盧的空行母（又名佛母、明妃），開始了她在密宗裡的實修過程；後來發覺在密宗雙身法中的修行，其實無法使自己成佛，也發覺密宗對女性岐視而處處貶抑，並剝奪女性在雙身法中擔任一半角色時應有的身分定位。當她發覺自己只是雙身法中被喇嘛利用的工具，沒有獲得絲毫應有的尊重與基本定位時，發現了密宗的父權社會控制女性的本質；於是作者傷心地離開了卡盧仁波切與密宗，但是卻被恐嚇不許講出她在密宗裡的經歷，也不許她說出自己對密宗的教義與教制下對女性剝削的本質，否則將被咒殺死亡。後來她去加拿大定居，十餘年後方才擺脫這個恐嚇陰影，下定決心將親身經歷的實情及觀察到的事實寫下來並且出版，公諸於世。出版之後，她被流亡的達賴集團人士大力攻訐，誣指她爲精神狀態失常、說謊……等。但有智之士並未被達賴集團的政治操作及各國政府政治運作吹捧達賴的表相所欺，使她的書銷售無阻而又再版。正智出版社鑑於作者此書是親身經歷的事實，所說具有針對「藏傳佛教」而作學術研究的價值，也有使人認清假藏傳佛教剝削佛母、明妃的男性本位實質，因此洽請作者同意中譯而出版於華人地區。珍妮·坎貝爾女士著，呂艾倫 中譯，每冊250元。

霧峰無霧—給哥哥的信：本書作者藉兄弟之間信件往來論義，略述佛法大義；並以多篇短文辨義，舉出釋印順對佛法的無量誤解證據，並一一給予簡單而清晰的辨正，令人一讀即知。久讀、多讀之後即能認清楚釋印順的六識論見解，與眞實佛法之牴觸是多麼嚴重；於是在久讀、多讀之後，於不知不覺之間提升了對佛法的極深入理解，正知正見就在不知不覺間建立起來了。當三乘佛法的正知見建立起來之後，對於三乘菩提的見道條件便將隨之具足，於是聲聞解脫道的見道也就水到渠成；接著大乘見道的因緣也將次第成熟，未來自然也會有親見大乘菩提之道的因緣，悟入大乘實相般若也將自然成功，自能通達般若系列諸經而成實義菩薩。作者居住於南投縣霧峰鄉，自喻見道之後不復再見霧峰之霧，故鄉原野美景一一明見，於是立此書名爲《霧峰無霧》；讀者若欲撥霧見月，可以此書爲緣。游宗明 老師著 售價250元。

假藏傳佛教的神話—性、謊言、喇嘛教：本書編著者是由一首名叫「阿姊鼓」的歌曲為緣起，展開了序幕，揭開假藏傳佛教—喇嘛教—的神祕面紗。其重點是蒐集、摘錄網路上質疑「喇嘛教」的帖子，以揭穿「假藏傳佛教的神話」為主題，串聯成書，並附加彩色插圖以及說明，讓讀者們瞭解西藏密宗及相關人事如何被操作為「神話」的過程，以及神話背後的眞相。作者：張正玄教授。售價200元。

達賴真面目—玩盡天下女人：假使您不想戴綠帽子，請記得詳細閱讀此書；假使您不想讓好朋友戴綠帽子，請您將此書介紹給您的好朋友。假使您想保護家中的女性，也想要保護好朋友的女眷，請記得將此書送給家中的女性和好友的女眷都來閱讀。本書為印刷精美的大本彩色中英對照精裝本，為您揭開達賴喇嘛的眞面目，內容精彩不容錯過，為利益社會大眾，特別以優惠價格嘉惠所有讀者。編著者：白志偉等。大開版雪銅紙彩色精裝本。售價800元。

喇嘛性世界—揭開假藏傳佛教譚崔瑜伽的面紗：這個世界中的喇嘛，號稱來自世外桃源的香格里拉，穿著或紅或黃的喇嘛長袍，散布於我們的身邊傳教灌頂，吸引了無數的人嚮往學習；這些喇嘛虔誠地為大眾祈福，手中拿著寶杵（金剛）與寶鈴（蓮花），口中唸著咒語：「唵．嘛呢．叭咪．吽……」，咒語的意思是說：「我至誠歸命金剛杵上的寶珠伸向蓮花寶穴之中」！「喇嘛性世界」是什麼樣的「世界」呢？本書將為您呈現喇嘛世界的面貌。當您發現眞相以後，您將會唸：「噢！喇嘛．性．世界，譚崔性交嘛！」作者：張善思、呂艾倫。售價200元。

末代達賴—性交教主的悲歌：簡介從藏傳僞佛教（喇嘛教）的修行核心—性力派男女雙修，探討達賴喇嘛及藏傳僞佛教的修行內涵。書中引用外國知名學者著作、世界各地新聞報導，包含：歷代達賴喇嘛的祕史、達賴六世修雙身法的事蹟，以及《時輪續》中的性交灌頂儀式……等；達賴喇嘛書中開示的雙修法、達賴喇嘛的黑暗政治手段；達賴喇嘛所領導的寺院爆發喇嘛性侵兒童；新聞報導《西藏生死書》作者索甲仁波切性侵女信徒、澳洲喇嘛秋達公開道歉、美國最大假藏傳佛教組織領導人邱陽創巴仁波切的性氾濫；等等事件背後眞相的揭露。作者：張善思、呂艾倫、辛燕。售價250元。

第七意識與第八意識？—穿越時空「超意識」：「三界唯心，萬法唯識」是佛教中應該實證的聖教，也是《華嚴經》中明載而可以實證的法界實相。唯心者，三界一切境界、一切諸法唯是一心所成就，即是每一個有情的第八識如來藏，不是意識心。唯識者，即是人類各各都具足的八識心王——眼識、耳鼻舌身意識、意根、阿賴耶識，第八阿賴耶識又名如來藏，人類五陰相應的萬法，莫不由八識心王共同運作而成就，故說萬法唯識。依聖教量及現量、比量，都可以證明意識是二法因緣生，是由第八識藉意根與法塵二法爲因緣而出生，又是夜夜斷滅不存之生滅心，即無可能反過來出生第七識意根、第八識如來藏，當知不可能從生滅性的意識心中，細分出恆審思量的第七識意根，更無可能細分出恆而不審的第八識如來藏。本書是將演講內容整理成文字，細說如是內容，並已在〈正覺電子報〉連載完畢，今彙集成書以廣流通，欲幫助佛門有緣人斷除意識我見，跳脫於識陰之外而取證聲聞初果；嗣後修學禪宗時即得不墮外道神我之中，得以求證第八識金剛心而發起般若實智。平實導師 述，每冊300元。

黯淡的達賴—失去光彩的諾貝爾和平獎：本書舉出很多證據與論述，詳述達賴喇嘛不為世人所知的一面，顯示達賴喇嘛並不是眞正的和平使者，而是假借諾貝爾和平獎的光環來欺騙世人；透過本書的說明與舉證，讀者可以更清楚的瞭解，達賴喇嘛是結合暴力、黑暗、淫欲於喇嘛教裡的集團首領，其政治行為與宗教主張，早已讓諾貝爾和平獎的光環染污了。　本書由財團法人正覺教育基金會寫作、編輯，由正覺出版社印行，每冊250元。

童女迦葉考—論呂凱文〈佛教輪迴思想的論述分析〉之謬：童女迦葉是佛世率領五百大比丘遊行於人間的歷史事實，是以童貞行而依止菩薩戒弘化於人間的大菩薩，不依別解脫戒（聲聞戒）來弘化於人間。這是大乘佛教與聲聞佛教同時存在於佛世的歷史明證，證明大乘佛教不是從聲聞法中分裂出來的部派佛教的產物，卻是聲聞佛教分裂出來的部派佛教聲聞凡夫僧所不樂見的史實；於是古今聲聞法中的凡夫都欲加以扭曲而作詭說，更是末法時代高聲大呼「大乘非佛說」的六識論聲聞凡夫極力想要扭曲的佛教史實之一，於是想方設法扭曲迦葉菩薩為聲聞僧，以及扭曲迦葉童女為比丘僧等荒謬不實之論著便陸續出現，古時聲聞僧寫作的《分別功德論》是最具體之事例，現代之代表作則是呂凱文先生的〈佛教輪迴思想的論述分析〉論文。鑑於如是假藉學術考證以籠罩大眾之不實謬論，未來仍將繼續造作及流竄於佛教界，繼續扼殺大乘佛教學人法身慧命，必須舉證辨正之，遂成此書。平實導師 著，每冊180元。

人間佛教—實證者必定不悖三乘菩提：「大乘非佛說」的講法似乎流傳已久，卻只是日本人企圖擺脫中國正統佛教的影響，而在明治維新時期才開始提出來的說法；台灣佛教、大陸佛教的淺學無智之人，由於未曾實證佛法而迷信日本人錯誤的學術考證，錯認爲這些別有用心的日本佛學考證的講法爲天竺佛教的眞實歷史；甚至還有更激進的反對佛教者提出「釋迦牟尼佛並非眞實存在，只是後人捏造的假歷史人物」，竟然也有少數人願意跟著「學術」的假光環而信受不疑，於是開始有一些佛教界人士造作了反對中國佛教而推崇南洋小乘佛教的行爲，使佛教的信仰者難以檢擇，導致一般大陸人士開始轉入基督教的盲目迷信中。在這些佛教及外教人士之中，也就有一分人根據此邪說而大聲主張「大乘非佛說」的謬論，這些人以「人間佛教」的名義來抵制中國正統佛教，公然宣稱中國的大乘佛教是由聲聞部派佛教的凡夫僧所創造出來的。這樣的說法流傳於台灣及大陸佛教界凡夫僧之中已久，卻非眞正的佛教歷史中曾經發生過的事，只是繼承六識論的聲聞法中凡夫僧依自己的意識境界立場，純憑臆想而編造出來的妄想說法，卻已經影響許多無智之凡夫僧俗信受不移。本書則是從佛教的經藏法義實質及實證的現量內涵本質立論，證明大乘佛法本是佛說，是從《阿含正義》尚未說過的不同面向來討論「人間佛教」的議題，證明「大乘眞佛說」。閱讀本書可以斷除六識論邪見，迴入三乘菩提正道發起實證的因緣；也能斷除禪宗學人學禪時普遍存在之錯誤知見，對於建立參禪時的正知見有很深的著墨。平實導師 述，內文488頁，全書528頁，定價400元。

見性與看話頭：黃正倖老師的《見性與看話頭》於《正覺電子報》連載完畢，今集結出版。書中詳說禪宗看話頭的詳細方法，並細說看話頭與眼見佛性的關係，以及眼見佛性者求見佛性前必須具備的條件。本書是禪宗實修者追求明心開悟時參禪的方法書，也是求見佛性者作功夫時必讀的方法書，內容兼顧眼見佛性的理論與實修之方法，是依實修之體驗配合理論而詳述，條理分明而且極爲詳實、周全、深入。本書內文375頁，全書416頁，售價300元。

中觀金鑑—詳述應成派中觀的起源與其破法本質：學佛人往往迷於中觀學派之不同學說，被應成派與自續派所迷惑；修學般若中觀二十年後自以爲實證般若中觀了，卻仍不曾入門，甫聞實證般若中觀者之所說，則茫無所知，迷惑不解；隨後信心盡失，不知如何實證佛法；凡此，皆因惑於這二派中觀學說所致。自續派中觀所說同於常見，以意識境界立爲第八識如來藏之境界，應成派所說則同於斷見，但又同立意識爲常住法，故亦具足斷常二見。今者孫正德老師有鑑於此，乃將起源於密宗的應成派中觀學說，追本溯源，詳考其來源之外，亦一一舉證其立論內容，詳加辨正，令密宗雙身法祖師以識陰境界而造之應成派中觀學說本質，詳細呈現於學人眼前，令其維護雙身法之目的無所遁形。若欲遠離密宗此二大派中觀謬說，欲於三乘菩提有所進道者，允宜具足閱讀並細加思惟，反覆讀之以後將可捨棄邪道返歸正道，則於般若之實證即有可能，證後自能現觀如來藏之中道境界而成就中觀。本書分上、中、下三冊，每冊250元，已全部出版完畢。

眞心告訴您（一）—達賴喇嘛在幹什麼？這是一本報導篇章的選集，更是「破邪顯正」的暮鼓晨鐘。「破邪」是戳破假象，說明達賴喇嘛及其所率領的密宗四大派法王、喇嘛們，弘傳的佛法是仿冒的佛法；他們是假藏傳佛教，是坦特羅(譚崔性交)外道法和藏地崇奉鬼神的苯教混合成的「喇嘛教」，推廣的是以所謂「無上瑜伽」的男女雙身法冒充佛法的假佛教，詐財騙色誤導衆生，常常造成信徒家庭破碎、家中兒少失怙的嚴重後果。「顯正」是揭櫫眞相，指出眞正的藏傳佛教只有一個，就是覺囊巴，傳的是 釋迦牟尼佛演繹的第八識如來藏妙法，稱爲他空見大中觀。正覺教育基金會即以此古今輝映的如來藏正法正知見，在眞心新聞網中逐次報導出來，將箇中原委「眞心告訴您」，如今結集成書，與想要知道密宗眞相的您分享。售價250元。

實相經宗通：學佛之目的在於實證一切法界背後之實相，禪宗稱之爲本來面目或本地風光，佛菩提道中稱之爲實相法界；此實相法界即是金剛藏，又名佛法之祕密藏，即是能生有情五陰、十八界及宇宙萬有（山河大地、諸天、三惡道世間）的第八識如來藏，又名阿賴耶識心，即是禪宗祖師所說的眞如心，此心即是三界萬有背後的實相。證得此第八識心時，自能瞭解般若諸經中隱說的種種密意，即得發起實相般若——實相智慧。每見學佛人修學佛法二十年後仍對實相般若茫然無知，亦不知如何入門，茫無所趣；更因不知三乘菩提的互異互同，是故越是久學者對佛法越覺茫然，都肇因於尚未瞭解佛法的全貌，亦未瞭解佛法的修證內容即是第八識心所致。本書對於修學佛法者所應實證的實相境界提出明確解析，並提示趣入佛菩提道的入手處，有心親證實相般若的佛法實修者，宜詳讀之，於佛菩提道之實證即有下手處。平實導師述著，共八輯，全部出版完畢，每輯成本價250元。

法華經講義：此書爲平實導師始從2009/7/21演述至2014/1/14之講經錄音整理所成。世尊一代時教，總分五時三教，即是華嚴時、聲聞緣覺教、般若教、種智唯識教、法華時；依此五時三教區分爲藏、通、別、圓四教。本經是最後一時的圓教經典，圓滿收攝一切法教於本經中，是故最後的圓教聖訓中，特地指出無有三乘菩提，其實唯有一佛乘；皆因眾生愚迷故，方便區分爲三乘菩提以助眾生證道。世尊於此經中特地說明如來示現於人間的唯一大事因緣，便是爲有緣眾生「開、示、悟、入」諸佛的所知所見——第八識如來藏妙眞如心，並於諸品中隱說「妙法蓮花」如來藏心的密意。然因此經所說甚深難解，眞義隱晦，古來難得有人能窺堂奧；平實導師以知如是密意故，特爲末法佛門四眾演述《妙法蓮華經》中各品蘊含之密意，使古來未曾被古德註解出來的「此經」密意，如實顯示於當代學人眼前。乃至〈藥王菩薩本事品〉、〈妙音菩薩品〉、〈觀世音菩薩普門品〉、〈普賢菩薩勸發品〉中的微細密意，亦皆一併詳述之，開前人所未曾言之密意，示前人所未見之妙法。最後乃至以〈法華大意〉而總其成，全經妙旨貫通始終，而依佛旨圓攝於一心如來藏妙心，厥爲曠古未有之大說也。平實導師述　已於2015/5/31起出版第一輯，每兩個月出版一輯，共有25輯。每輯300元。

西藏「活佛轉世」制度—附佛、造神、世俗法：歷來關於喇嘛教活佛轉世的研究，多針對歷史及文化兩部分，於其所以成立的理論基礎，較少系統化的探討。尤其是此制度是否依據「佛法」而施設？是否合乎佛法眞實義？現有的文獻大多含糊其詞，或人云亦云，不曾有明確的闡釋與如實的見解。因此本文先從活佛轉世的由來，探索此制度的起源、背景與功能，並進而從活佛的尋訪與認證之過程，發掘活佛轉世的特徵，以確認「活佛轉世」在佛法中應具足何種果德。定價150元。

真心告訴您（二）—達賴喇嘛是佛教僧侶嗎？補祝達賴喇嘛八十大壽：這是一本針對當今達賴喇嘛所領導的喇嘛教，冒用佛教名相、於師徒間或師兄姊間，實修男女邪淫，而從佛法三乘菩提的現量與聖教量，揭發其謊言與邪術，證明達賴及其喇嘛教是仿冒佛教的外道，是「假藏傳佛教」。藏密四大派教義雖有「八識論」與「六識論」的表面差異，然其實修之內容，皆共許「無上瑜伽」四部灌頂爲究竟「成佛」之法門，也就是共以男女雙修之邪淫法爲「即身成佛」之密要，雖美其名曰「欲貪爲道」之「金剛乘」，並誇稱其成就超越於（應身佛）釋迦牟尼佛所傳之顯教般若乘之上；然詳考其理論，則或以意識離念時之粗細心爲第八識如來藏，或以中脈裡的明點爲第八識如來藏，或如宗喀巴與達賴堅決主張第六意識爲常恆不變之眞心者，分別墮於外道之常見與斷見中；全然違背　佛說能生五蘊之如來藏的實質。售價300元。

修習止觀坐禪法要講記：修學四禪八定之人，往往錯會禪定之修學知見，欲以無止盡之坐禪而證禪定境界，卻不知修除性障之行門才是修證四禪八定不可或缺之要素，故智者大師云「性障初禪」；性障不除，初禪永不現前，云何修證二禪等？又：行者學定，若唯知數息，而不解六妙門之方便善巧者，欲求一心入定，極難可得，智者大師名之爲「事障未來」：障礙未到地定之修證。又禪定之修證，不可違背二乘菩提及第一義法，否則縱使具足四禪八定，亦不能實證涅槃而出三界。此諸知見，智者大師於《修習止觀坐禪法要》中皆有闡釋。作者平實導師以其第一義之見地及禪定之實證證量，曾加以詳細解析。將俟正覺寺竣工啓用後重講，不限制聽講者資格；講後將以語體文整理出版。欲修習世間定及增上定之學者，宜細讀之。平實導師述著。

解深密經講記：本經係 世尊晚年第三轉法輪，宣說地上菩薩所應熏修之唯識正義經典，經中所說義理乃是大乘一切種智增上慧學，以阿陀那識—如來藏—阿賴耶識爲主體。禪宗之證悟者，若欲修證初地無生法忍乃至八地無生法忍者，必須修學《楞伽經、解深密經》所說之八識心王一切種智；此二經所說正法，方是眞正成佛之道；印順法師否定如來藏之後所說萬法緣起性空之法，是以誤會後之二乘解脫道取代大乘眞正成佛之道，亦已墮於斷滅見中，不可謂爲成佛之道也。平實導師曾於本會郭故理事長往生時，於喪宅中從初七至第十七，宣講圓滿，作爲郭老之往生佛事功德，迴向郭老早證八地、速返娑婆住持正法；茲爲今時後世學人故，將擇期重講《解深密經》，以淺顯之語句講畢後將會整理成文，用供證悟者進道；亦令諸方未悟者，據此經中佛語正義，修正邪見，依之速能入道。平實導師述著，全書輯數未定，每輯三百餘頁，將於未來重講完畢後逐輯出版。

佛法入門：學佛人往往修學二十年後仍不知如何入門，茫無所入漫無方向，不知如何實證佛法；更因不知三乘菩提的互異互同之處，導致越是久學者越覺茫然，都是肇因於尚未瞭解佛法的全貌所致。本書對於佛法的全貌提出明確的輪廓，並說明三乘菩提的異同處，讀後即可輕易瞭解佛法全貌，數日內即可明瞭三乘菩提入門方向與下手處。〇〇菩薩著 出版日期未定。

阿含講記——小乘解脫道之修證：數百年來，南傳佛法所說證果之不實，所說解脫道之虛妄，所弘解脫道法義之世俗化，皆已少人知之；從南洋傳入台灣與大陸之後，所說法義虛謬之事，亦復少人知之；今時台灣全島印順系統之法師居士，多不知南傳佛法數百年來所說解脫道之義理已然偏斜、已然世俗化、已非眞正之二乘解脫正道，猶極力推崇與弘揚。彼等南傳佛法近代所謂之證果者多非眞實證果者，譬如阿迦曼、葛印卡、帕奧禪師、一行禪師……等人，悉皆未斷我見故。近年更有台灣南部大願法師，高抬南傳佛法之二乘修證行門為「捷徑究竟解脫之道」者，然而南傳佛法縱使眞修實證，得成阿羅漢，至高唯是二乘菩提解脫之道，絕非究竟解脫，無餘涅槃中之實際尚未得證故，法界之實相尚未了知故，習氣種子待除故，一切種智未實證故，焉得謂為「究竟解脫」？即使南傳佛法近代眞有實證之阿羅漢，尚且不及三賢位中之七住明心菩薩本來自性清淨涅槃智慧境界，不知此賢位菩薩所證之無餘涅槃實際，仍非大乘佛法中之見道者，何況普未實證聲聞果乃至未斷我見之人？謬充證果已屬逾越，更何況是誤會二乘菩提之後，以未斷我見之凡夫知見所說之二乘菩提解脫偏斜法道，焉可高抬為「究竟解脫」？而且自稱「捷徑之道」？又妄言解脫之道即是成佛之道，完全否定般若實智、否定三乘菩提所依之如來藏心體，此理大大不通也！平實導師為令修學二乘菩提欲證解脫果者，普得迴入二乘菩提正見、正道中，是故選錄四阿含諸經中，對於二乘解脫道法義有具足圓滿說明之經典，預定未來十年內將會加以詳細講解，令學佛人得以了知二乘解脫道之修證理路與行門，庶免被人誤導之後，未證言證，干犯道禁，成大妄語，欲升反墮。本書首重斷除我見，以助行者斷除我見而實證初果為著眼之目標，若能根據此書內容，配合平實老師所著《識蘊眞義》《阿含正義》內涵而作實地觀行，實證初果為非為難事，行者可以藉此三書自行確認聲聞初果為實際可得現觀成就之事。此書中除依二乘經典所說加以宣示外，亦依斷除我見等之證量，及大乘法中道種智之證量，對於意識心之體性加以細述，令諸二乘學人必定得斷我見、常見，免除三縛結之繫縛。次則宣示斷除我執之理，欲令升進而得薄貪瞋痴，乃至斷五下分結…等。平實導師述，共二冊，每冊三百餘頁。每輯300元。

總經銷： 飛鴻 國際行銷股份有限公司
231 新北市新店市中正路 501 之 9 號 2 樓
Tel.02－82186688（五線代表號） Fax.02-82186458、82186459

零售：1.**全台連鎖經銷書局：**
三民書局、誠品書局、何嘉仁書店
敦煌書店、紀伊國屋、金石堂書局、建宏書局

2.**台北市：**佛化人生 羅斯福路 3 段 325 號 6 樓之 4 台電大樓對面

3.**新北市：**春大地書店 **蘆洲**中正路 117 號

4.**桃園市縣：**誠品書局 **桃園市**中正路 20 號遠東百貨地下室一樓
金石堂 **桃園市**大同路 24 號 金石堂 **桃園**八德市介壽路 1 段 987 號
諾貝爾圖書城 **桃園市**中正路 56 號地下室 御書堂 **龍潭**中正路 123 號
墊腳石文化書店 **中壢市**中正路 89 號

5.**新竹市縣：**大學書局 **新竹**建功路 10 號 誠品書局 **新竹**東區信義街 68 號
誠品書局 **新竹**東區中央路 229 號 5 樓 誠品書局 **新竹**東區力行二路 3 號
墊腳石文化書店 **新竹**中正路 38 號

6.**台中市：** 瑞成書局、各大連鎖書店。
詠春書局 台中市永春東路 884 號 文春書局 **霧峰**中正路 1087 號

7.**彰化市縣：**心泉佛教流通處 **彰化市**南瑤路 286 號
員林鎮：墊腳石圖書文化廣場 中山路 2 段 49 號（04-8338485）

8.**台南市：**博大書局 **新營**三民路 128 號
藝美書局 **善化**中山路 436 號 宏欣書局 **佳里**光復路 214 號

9.**高雄市：**各大連鎖書店、**瑞成**書局
政大書城 **三民區**明仁路 161 號 政大書城 **苓雅區**光華路 148-83 號
明儀書局 **三民區**明福街 2 號 明儀書局 三多四路 63 號
青年書局 青年一路 141 號

10.**宜蘭縣市：**金隆書局 宜蘭市中山路 3 段 43 號
宋太太梅鋪 羅東鎮中正北路 101 號（039-534909）

11.**台東市：**東普佛教文物流通處 台東市博愛路 282 號

12.**其餘鄉鎮市經銷書局：**請電詢總經銷**飛鴻**公司。

13.**大陸地區請洽：**

香港：樂文書店
旺角店 :香港九龍旺角西洋菜街 62 號 3 樓
電話 : (852) 2390 3723 email: luckwinbooks@gmail.com
銅鑼灣店 :香港銅鑼灣駱克道 506 號 2 樓
電話 : (852) 2881 1150 email: luckwinbs@gmail.com

廈門：廈門外圖臺灣書店有限公司
地址：廈門市思明區湖濱南路809 號 廈門外圖書城3 樓 郵編：361004
電話：0592-5061658（臺灣地區請撥打 86-592-5061658）
E-mail：JKB118＠188.COM

14.**美國：世界日報圖書部**：紐約圖書部　電話 7187468889#6262
洛杉磯圖書部　電話 3232616972#202

15.**國內外地區網路購書**：

正智出版社　書香園地　http://books.enlighten.org.tw/
（書籍簡介、直接聯結下列網路書局購書）

三民　網路書局　http://www.Sanmin.com.tw

誠品　網路書局　http://www.eslitebooks.com

博客來　網路書局　http://www.books.com.tw

金石堂　網路書局　http://www.kingstone.com.tw

飛鴻　網路書局　http://fh6688.com.tw

附註：1.請儘量向各經銷書局購買：郵政劃撥需要十天才能寄到（本公司在您劃撥後第四天才能接到劃撥單，次日寄出後第四天您才能收到書籍，此八天中一定會遇到週休二日，是故共需十天才能收到書籍）若想要早日收到書籍者，請劃撥完畢後，將劃撥收據貼在紙上，旁邊寫上您的姓名、住址、郵區、電話、買書詳細內容，直接傳真到本公司 02-28344822，並來電 02-28316727、28327495 確認是否已收到您的傳眞，即可提前收到書籍。 2.因台灣每月皆有五十餘種宗教類書籍上架，書局書架空間有限，故唯有新書方有機會上架，通常每次只能有一本新書上架；本公司出版新書，大多上架不久便已售出，若書局未再叫貨補充者，書架上即無新書陳列，則請直接向書局櫃台訂購。 3.若書局不便代購時，可於晚上共修時間向正覺同修會各共修處請購（共修時間及地點，詳閱**共修現況表**。每年例行年假期間請勿前往請書，年假期間請見共修現況表）。 4.郵購：郵政劃撥帳號 19068241。 5.正覺同修會會員購書都以八折計價（戶籍台北市者爲一般會員，外縣市爲護持會員）都可獲得優待，欲一次購買全部書籍者，可以考慮入會，節省書費。入會費一千元（第一年初加入時才需要繳），年費二千元。**6.尚未出版之書籍，請勿預先郵寄書款與本公司，謝謝您！** 7.若欲一次購齊本公司書籍，或同時取得正覺同修會贈閱之全部書籍者，請於正覺同修會共修時間，親到各共修處請購及索取；**台北市讀者**請洽：103 台北市承德路三段 267 號 10 樓（捷運淡水線　圓山站旁）請書時間：週一至週五爲 18.00~21.00，第一、三、五週週六爲 10.00~21.00，雙週之週六爲 10.00~18.00 請購處專線電話：25957295-分機 14（於請書時間方有人接聽）。

敬告大陸讀者：

大陸讀者購書、索書捷徑（尚未在大陸出版的書籍，以下二個途徑都可以購得，電子書另包括結緣書籍）：

1.廈門外國圖書公司：廈門市思明區湖濱南路 809 號　廈門外圖書城 3F
郵編：361004　電話：0592-5061658　網址：JKB118@188.COM

2 .電子書：正智出版社有限公司及正覺同修會在台灣印行的各種局版書、結緣書，已有『**正覺電子書**』陸續上線中，提供讀者於手機、平板電腦上購書、下載、閱讀正智出版社、正覺同修會及正覺教育基金會所出版之電子書，詳細訊息敬請參閱『正覺電子書』專頁：http://books.enlighten.org.tw/ebook

關於平實導師的書訊，請上網查閱：

成佛之道　http://www.a202.idv.tw

正智出版社 書香園地　http://books.enlighten.org.tw/

中國網採訪佛教正覺同修會、正覺教育基金會訊息：

http://big5.china.com.cn/gate/big5/fangtan.china.com.cn/2014-06/19/content_32714638.htm

http://pinpai.china.com.cn/

★ 正智出版社有限公司售書之稅後盈餘，全部捐助財團法人正覺寺籌備處、佛教正覺同修會、正覺教育基金會，供作弘法及購建道場之用；懇請諸方大德支持，功德無量。

★ 聲　明 ★

本社於 2015/01/01 開始調整本目錄中部分書籍之售價，以因應各項成本的持續增加。

＊ 喇嘛教修外道雙身法、墮識陰境界，非佛教 ＊

＊ 弘揚如來藏他空見的覺囊派才是真正藏傳佛教 ＊

售後服務—換書啓事（免附回郵）　2012/09/24

《楞嚴經講記》第 14 輯初版首刷本免費調換新書啓事：本講記第 14 輯出版前因 平實導師諸事繁忙，未將之重新閱讀而只改正校對時發現的錯別字，故未能發覺十年前所說法義有部分錯誤，於第 15 輯付印前重閱時才發覺第 14 輯中有部分錯誤尚未改正。今已重新審閱修改並已重印完成，煩請所有讀者將以前所購第 14 輯初版首刷本，寄回本社免費換新（初版二刷本無錯誤），本社將於寄回新書時同時附上您寄書回來換新時所付的郵資，並在此向所有讀者致上最誠懇的歉意。

《心經密意》初版書免費調換二版新書啓事：本書係演講錄音整理成書，講時因時間所限，省略部分段落未講。後於再版時補寫增加 13 頁，維持原價流通之。茲爲顧及初版讀者權益，自 2003/9/30 開始免費調換新書，原有初版一刷、二刷書籍，皆可寄來本來公司換書。

《宗門法眼》已經增寫改版爲 464 頁新書，2008 年 6 月中旬出版。讀者原有初版之第一刷、第二刷書本，都可以寄回本社免費調換改版新書。改版後之公案及錯悟事例維持不變，但將內容加以增說，較改版前更具有廣度與深度，將更能助益讀者參究實相。

換書者免附回郵，亦無截止期限；舊書請寄：111 台北郵政 73-151 號信箱 或 103 台北市承德路三段 267 號 10 樓 正智出版社有限公司。舊書若有塗鴨、殘缺、破損者，仍可換取新書；但缺頁之舊書至少應仍有五分之三頁數，方可換書。所有讀者不必顧念本公司是否有盈餘之問題，都請踴躍寄來換書；本公司成立之目的不是營利，只要能眞實利益學人，即已達到成立及運作之目的。若以郵寄方式換書者，免附回郵；並於寄回新書時，由本社附上您寄來書籍時耗用的郵資。造成您不便之處，再次致上萬分的歉意。

正智出版社有限公司 啓

國家圖書館出版品預行編目(CIP)資料

金剛經宗通／平實導師述. -- 初版. -- 臺北市：
正智，2013.01
冊；　公分
ISBN 978-986-6431-33-3（第 1 輯：平裝）
ISBN 978-986-6431-37-1（第 2 輯：平裝）
ISBN 978-986-6431-38-8（第 3 輯：平裝）
ISBN 978-986-6431-39-5（第 4 輯：平裝）
ISBN 978-986-6431-48-7（第 5 輯：平裝）
ISBN 978-986-6431-49-4（第 6 輯：平裝）
ISBN 978-986-6431-50-0（第 7 輯：平裝）
ISBN 978-986-6431-51-7（第 8 輯：平裝）
ISBN 978-986-6431-60-9（第 9 輯：平裝）
1.般若部
221.44　　101007242

金剛經宗通——第五輯

著述者：平實導師
音文轉換：劉惠莉
校對：章乃鈞 陳介源 孫淑貞 傅素嫻 王美伶
出版者：**正智出版社**有限公司
電話：〇二 28327495　28316727（白天）
傳眞：〇二 28344822
111 台北郵政 73-151 號信箱
郵政劃撥帳號：一九〇六八二四一
正覺講堂：總機〇二 25957295（夜間）
總經銷：飛鴻國際行銷股份有限公司
231 新北市新店區中正路 501-9 號 2 樓
電話：〇二 82186688（五線代表號）
傳眞：〇二 82186458　82186459
初版首刷：二〇一三年元月三十一日　二千冊
初版七刷：二〇一七年二月　二千冊
定價：二五〇元